湛庐 CHEERS

与最聪明的人共同进化

HERE COMES EVERYBODY

PETER
DIAMANDIS

全球商业太空探索的领军人
和 X 大奖创始人

彼得·戴曼迪斯

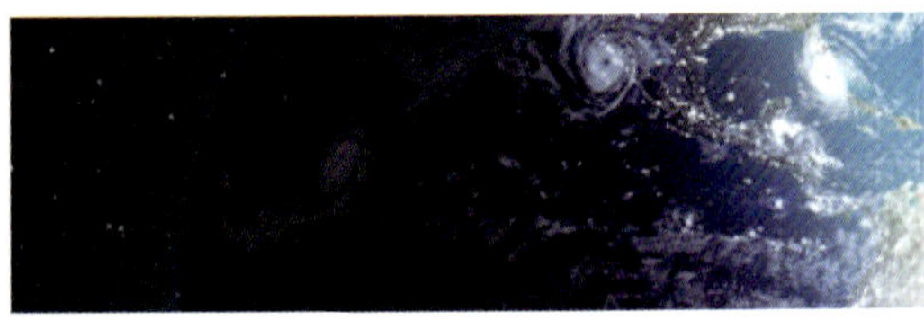

全球商业太空探索的领军人

戴曼迪斯从小就喜欢太空探索。8 岁时，他就坐在父母旁边给他们讲阿波罗登月的故事。结果，爸爸给了他 5 美元，这是戴曼迪斯在太空探索方面赚到的第一笔钱。12 岁时，他设计的“三箭齐发”发射系统，在“埃斯蒂斯火箭设计大赛”（Estes Rocket Design Competition）中一举夺魁。

高中毕业后，戴曼迪斯进入麻省理工学院（MIT）学习生物学和物理学，并在 MIT 获得航空航天工程学士和硕士学位。戴曼迪斯的父亲是个医生，在父亲的影响下，戴曼迪斯进入哈佛大学医学院，并获得医学博士学位。

戴曼迪斯是商业性太空探索的领导者，他共创立了十几家商业太空探索公司。2007 年 4 月 26 日，作为零重力公司（Zero Gravity Corporation）的总裁，彼得 · 戴曼迪斯陪伴当时 65 岁的著名物理学家史蒂芬 · 霍金体验了 8 轮次的“零重力”抛物线飞行。

自 2001 年以来，戴曼迪斯创立的太空探险公司（Space Adventures, Ltd.）已将 8 位顾客送上了国际空间站。

PETER DIAMANDIS

X 大奖创始人

戴曼迪斯的童年，正是阿波罗登月的时代。此后的几十年，他对美国国家宇航局在太空探索上的作为彻底失望。他确信，只有鼓励私人太空探索才是正途。于是，戴曼迪斯决定创立X大奖基金会，邀请埃隆·马斯克、拉里·佩奇加入理事会并亲任主席兼首席执行官，用X大奖的形式鼓励私人太空探索。2004年10月，微软公司联合创始人保罗·艾伦资助的“太空船一号”赢得了1 000万美元的太空飞行“安萨里X大奖”（Ansari X Prize）。

在此之后，为了激励人们的创新活动，X大奖基金会在环保、汽车、健康等领域陆续设立了其他X大奖：

- 每加仑汽油可行驶100英里的汽车X大奖（Progressive Insurance Automotive X PRIZE），奖金高达1 000万美元，引发了提高燃油效率的创新热潮；
- 0.9版三录仪X大奖（Qualcomm Tricorder X Prize）的1 000万美元奖金，将颁发给首个非侵入性的健康诊断工具；
- Tri-State碳捕获X大奖（Carbon Capture X Prize），只要有团队能够开发利用煤电厂的排放物，捕获最多的二氧化碳，并将它制作成最有价值的产品，就可以获奖；
- 谷歌月球X大奖，第一名奖金2 000万美元。目标：送一辆月球车到月球表面，月球车至少行驶500米，并实现与地球通信。2014年2月19日，组织者宣布共有5个团队进入决赛。这项大奖的截止日期是2015年12月。

X大奖真的成了一个效果奇佳的创新引擎。

奇点大学执行主席

为了训练人们思考技术变革的指数型增长步伐，从容应对科技的快速发展以及科技给人类带来的重大挑战，戴曼迪斯和库兹韦尔提出：要聚集世界上最聪明的大脑，让他们学习最前沿的未来科学，去解决世界上最宏大的问题。这两位老朋友的观点得到了美国国家宇航局和谷歌公司的支持，他们共同创立了“奇点大学”（Singularity University），并任命戴曼迪斯为奇点大学执行主席。

奇点大学的神圣使命，就是培养面向未来的、有“全球性”和“指数性”思维方式的人才。奇点大学精心挑选了 8 个指数型增长的领域，以此为标准来设置奇点大学的核心课程：生物技术和生物信息学、计算系统、网络和传感器、人工智能、机器人科学、数字化制造、医学、纳米材料和纳米技术。

奇点大学催生了很多创业公司，有些项目还拿了大奖。戴曼迪斯说：“X 大奖设置了目标，给人以启发，而奇点大学则是催化剂，是创新的推动力。”

BOLD

创业无畏

指数级成长路线图

[美] 彼得·戴曼迪斯（Peter H. Diamandis）
史蒂芬·科特勒（Steven Kotler） /著

贾拥民 /译

HOW TO GO BIG,
CREATE WEALTH AND
IMPACT THE WORLD

浙江人民出版社
ZHEJIANG PEOPLE'S PUBLISHING HOUSE

BOLD

创业者应该大胆尝试探索型项目吗？

扫码下载“湛庐阅读”APP，
搜索“创业无畏”，
立即查看作者彼得·戴曼迪斯在腾讯 WE 大会上
关于这个问题的精彩分享。

赞 誉

在海尔平台上创业，《创业无畏》一书给我启发最大的是两句话：1. 世界上最大的问题等于最大的商机；2. 预测未来最好的方法是你自己创造一个未来。

张瑞敏

海尔集团董事局主席、首席执行官

无论是时刻处于台风口的中国移动互联网行业领军者，还是胸怀创业憧憬、在理想之路上执着前行的新生代人才，都可以从《创业无畏》中获得全新的启示与精神给养。这本书也引发了我很多的思考，感觉获益匪浅。

张亚勤

百度公司总裁

戴曼迪斯提出的指数型技术 6D 框架，深刻揭示了柯达落幕和 Instagram 崛起的原因。他们总结出的 4 个指数型工具，就是企业实现指数级成长的最好加速器。《创业无畏》不但解读了让人们迷惑不解的众多“Why”，还会告诉你足够多的“How”。

李开复

创新工场董事长兼首席执行官

《创业无畏》揭开了指数时代的神秘面纱，是一部不可多得的佳作！《创业无畏》告诉我们，以智能手机用户为代表的大众，正成为颠覆世界的最重要力量。在今天，我们完全可以去开创一项过去连想都不敢想的事业，因为大众可以成为你的员工或投资人，甚至是问题解决者。

徐小平

著名投资人，真格基金创始人

如果你想成为改变世界的英雄，千万不要错过《创业无畏》！这本书不但分享了成功创业家的真知灼见，更为我们绘制了一幅激情创业的行动路线图。读过这本书，你就能将一个好主意快速转化为一家几百亿甚至几千亿元的公司，从而改变数十亿人的生活。

毛大庆

优客工场创始人兼董事长

一张A4纸对折30次后，会不会比珠穆朗玛峰更高？这个不常遇见的逻辑设问，现今转化为了商业领域的热词——“指数级增长”。《创业无畏》为我们揭示了其神秘的幕后进程，比如：新事物的数字化呈现，萌芽期的能量蓄积，突破关键点后的颠覆性影响，免费商业模式，商品和服务种类的快速迭代，科技成果为大众的普遍享用，等等。在指数型技术不断拓展商业边界的巨变时代，企业家们如何重塑思维、变革商业模式与企业战略、全面实现组织转型从而获得重生，然后顺便“在宇宙中留下独有的印记”，本书作者戴曼迪斯和科特勒对其深刻洞察并给出了实用的建议。

高红冰

阿里巴巴集团副总裁，阿里研究院院长

《创业无畏》这本书的读者应该是那些处于创业时期的跨国企业家们。就中国读者而言，了解与学习国际上已有的惯例和工具对于打理自己的公司大有裨益。在当今社会，我们完全可以快速找到机会，进入全球市场。这本书会带给你如何开创企业以及怎样利用国际资源的灵感。

网大为（David Wallerstein）

腾讯公司首席探索官

《创业无畏》深刻揭示了在全球化和互联网社会背景下，科技指数级增长给企业家带来的巨大机遇，作者在书中强调了创业精神和勇气对于改变世界的重要性，因此是“两创”时代的必读书。

陈劲

清华大学教授，知名创新学者

对于那些相信自己能够改变世界的人来说，《创业无畏》就是切实可行的路线图。关于各路高手如何充分利用技术的力量，实现改变世界的梦想，《创业无畏》给出了最为宝贵的建议。

比尔·克林顿

美国前总统

《富足》告诉我们 20 年后的世界将会怎样，而《创业无畏》则是企业家帮我们抵达未来世界的行动路线图。

埃里克·施密特

谷歌公司董事长

如果在 21 世纪要选一本商业书来读的话，那一定非《创业无畏》莫属！我与戴曼迪斯共同创办奇点大学时，奉行的理念就是“指数级改变”和“做中学”。关于如何用这些思想去改变世界，《创业无畏》给出了最好的答案。

雷·库兹韦尔

谷歌工程总监，奇点大学校长

对于那些与时俱进的首席执行官来说，《创业无畏》是必不可少的导航工具。我们有理由相信，在未来 10 年，一些顶尖的《财富》500 强企业将会被指数型企业所取代。历史告诉我们，如果我们不主动去改变和适应，我们将不得不被动地接受改变。对于正在重塑世界的指数级改变，《创业无畏》阐明了它的深刻影响以及带给我们的机会。

吉姆·莫法特

美国德勤咨询公司首席执行官

戴曼迪斯和科特勒的新书《创业无畏》，阐明了指数型企业家精神的内涵：既充满激情又是行为导向的。

帕德马锡·沃里奥

思科公司首席技术官和首席战略官

我特别喜欢彼得·戴曼迪斯和史蒂芬·科特勒合著的《富足》，也喜欢他们的文风和视角。这两位作者的新书《创业无畏》又给我们带来了惊喜！这是企业家的必读之作。关于如何干成大事和影响世界，这本书不仅提供了让人意想不到的深刻见解，还为我们绘制了切实可行的行动路线图。

迈克尔·戴尔

戴尔公司首席执行官

拥抱指数型机遇，创造倍乘效应

张亚勤 百度公司总裁

2012年，彼得·戴曼迪斯和史蒂芬·科特勒合著的《富足：改变人类未来的4大力量》（*Abundance: The future is better than you think*）[①]一书一经出版便在全球商业界引发了强烈反响。《财富》和《金钱》杂志将之评为年度Top 5好书。在《富足》中，两位作者基于长期的研究和思考，率先提出"以指数级增长的技术正成为改变世界的最重要力量"这一观点——对于无数渴望以灵感和雄心更快地改造世界的创业者而言，《富足》这部著作不啻为点亮梦想、照映前路的火炬；而对于许多创新资源更丰富、能力更强大却因为陷入增长困境而苦恼的传统企业家来说，《富足》则揭示了某种突破线性延伸的思维范式、重启指数级业务成长轨迹的可能性。

我也曾深入阅读过《富足》一书，并为该书的中文版写过推荐语。而今，作为曾引发全球商业界广泛讨论的《富足》一书的续作，《创业无畏：指数级成长路线图》

① 本书已由湛庐文化策划，浙江人民出版社2014年出版。——编者注

又被湛庐文化第一时间引介给中国读者。我想，无论是时刻处于台风口的中国移动互联网行业领军者，还是胸怀创业梦想、在理想之路上执着前行的新生代人才，都可以从《创业无畏》中获得全新的启示与精神给养——特别是在中国政府提出了“互联网+”与“大众创业、万众创新”等激动人心的理念的时代背景下，《创业无畏》中文版的付梓显得格外应景和及时。

如果说《富足》揭示的是当指数型技术与人类自身努力交汇后整个社会的美好前景，那么《创业无畏》则展现了两位作者对通往一个富足世界的种种可行途径的判断和相当实用的指南。这本书也引发我很多思考，感觉获益匪浅。

首先，正是个人电脑和互联网的普及让所谓的“指数型技术”和“指数型企业”成为可能。数字化、欺骗性、颠覆性、非货币化、非物质化和大众化是《创业无畏》的作者所描摹的“指数时代的‘6D’框架”，其中数字化是超常规创新的基础，也是一切神奇变化的发端。两位作者认为，“任何成为数字化的东西（生物学、医学、制造业等），其计算能力的提高都遵循摩尔定律，都将跳跃式发展”。事实的确如此。互联网先是以个人电脑为节点，随后将智能手机、智能家电、可穿戴设备和更多类型的终端变为节点，而用户需求则在这个进程中完成了由“连接人与信息”到“连接人与服务”的升级。

其次，就像我在 2015 年博鳌论坛上所指出的，互联网与传统行业的融合将发挥出倍乘效应——未来 5~10 年，不仅是一些顶尖的企业将被指数型企业所取代，甚至一些行业的规则与格局也将因指数型企业的崛起而随之崩解和重构。举例来说，诞生于 2009 年的 Uber 创业至今也只有 5 年多，但拥有百余年历史的出租汽车行业却因为这一个企业而根基动摇。Uber 自身既不生产汽车，也没有从头开始投入资源建设租车服务网络，正如《创业无畏》的作者在引言中所点明的，“世界上最大的问题 = 最大的商机”——Uber 不过是建立了一个简单的、可有效解决亿万乘客打车难与打车费用昂贵等问题的新模式，便由此成为市值高达 500 亿美元、力压索尼、雅虎等传统强者的明星指数型企业。尽管 Uber 带来的激进变革在世界各国都遭遇到阻力与挑战，但从长远来看，新模式确实有利于现有社会资源的合理分配，并在某种程度上提升了用户体验，因此其最终不仅不会消亡，还将被延伸与发展到更多的传统行业——包括医疗、教育、金融，等等，我所在的百度公司也正在为之而努力——从而带来连锁巨变，让整个世界变得不同。

最后，本书所涉及的“无所畏惧”的技术趋势、心态和思维工具包乃至方法论固然为我们揭开了令人兴奋的明日世界帷幕的一角，但我们也要看到，指数型变化也让许多应变较为缓慢、甚至没有做好应变准备的企业、行业以至经济体系面临严峻挑战。3D 打印、人工智能与机器人等站在“欺骗性”与“颠覆性”转换门槛上的技术都有可能在未来几年内对制造业和公共服务业造成海啸似的冲击，这就要求我们保持紧迫感，在勇往直前的同时，更审慎、更深入地投身于各领域的创新探索和实践，进而拥抱指数型机遇、创造倍乘效应——毕竟，再过 10 年、20 年，或许便不会再有“传统行业”与“互联网行业”的鸿沟分隔，所有行业都将成为互联网经济的一部分。

读完全书，我认同德勤咨询公司首席执行官吉姆·莫法特（Jim Moffatt）对《创业无畏》的评价：“我们有理由相信，在未来 10 年，一些顶尖的《财富》500 强企业将会被指数型企业所取代。《创业无畏》阐明了指数级改变的深刻影响以及带给我们的机会。”

探索新知，无所畏惧

网大为（David Wallerstein）

腾讯公司首席探索官

彼得·戴曼迪斯是我的一位挚友。在我看来，他不仅是一位远见卓识的技术专家，同时还是一个拥有强大能量的人。他曾参与X大奖基金会和奇点大学的创立与运作，也曾供职于行星资源公司（一家星际探索投资公司）、人类长寿公司（一家基于基因组学和细胞疗法的诊断与治疗公司）等企业，无论做什么工作，他都不遗余力地积极思考，探索新知，发起新的项目，寻找新的筹资机会。与很多人不同的是，彼得并不满足于做孤胆英雄，他更希望鼓励所有人都去尝试“寻求自己内心的企业家精神”，进而参与到当下这个充满创业机遇的新时代。这个男人想要改变世界！

更重要的是，彼得抱持一颗博爱之心，一直鼓励他人对世界产生积极影响。他认为，人们一方面要努力工作赚钱，促进企业盈利，使企业能够可持续、长远发展，另一方面要重视如何改善人类生活的问题。因此，彼得身体力行，执着于研究如何通过市场和技术来解决各种世界性难题，比如调整能源结构，使用太阳能等可再生能源；使用更智能的科技提供足够的饮用淡水；先危机一步，寻找新的技术应对现代抗生素的效应衰减；探索现代食品生产和运输的优化方案……诸如此类，不胜枚举。

彼得曾在 2012 年出版了《富足》一书。在书中，彼得提出实现生活富足是人类最大的挑战，并探讨了在接下来 20~30 年的时间里，我们应该怎样通过 4 种强大的新兴力量——指数型技术、DIY 创新者、科技慈善家以及崛起中的 10 亿人，奋起迎接这个挑战。换句话说，我们很快就会有能力满足并超越世界上所有人的基本需要。

无数众筹项目的成功，表明大量来自非传统渠道的资本完全可以用于创业。随着市场的持续发展以及日益成熟，创业者获得来自这种非传统渠道资本的能力将与日俱增。《创业无畏》这本书的读者应该是那些处于创业时期的跨国企业家们。就中国读者而言，了解与学习国际上已有的惯例和工具对于打理自己的公司大有裨益。在当今社会，我们完全可以快速找到机会，进入全球市场。这本书会带给你如何开创企业以及怎样利用国际资源的灵感。

目前，腾讯也与很多海内外的优秀创业者进行深度合作，我们与创业者建立深厚的关系，提供全方位的创业支持，并且更多地在项目初期就积极参与，全力支持。腾讯也开始越来越多地关注所谓的“核心互联网”之外的行业，比如健康科技、互联网连接硬件、空间技术、人工智能、下一代互联网金融等。随着互联网与诸多新技术领域进一步跨界融合，我们也意识到加入这场革命的创业者会越来越多。我希望你能从本书中探索新知，获得无所畏惧的勇气，亲身参与到指数时代的浪潮之中。

HOW TO GO BIG,
CREATE WEALTH,
AND IMPACT THE WORLD

BOLD

目 录

引言

指数型企业家的诞生

今天的创新企业家，正在利用急速发展的指数型技术去改变产品、服务甚至颠覆整个行业。他们不但懂得如何运用指数型技术，更具有“无所畏惧”的勇敢心态。事实告诉我们，借助大众力量实现指数级成长，不但是可能的，更是切实可行和有章可循的。

HOW TO GO BIG,
CREATE WEALTH,
AND
IMPACT THE WORLD

BOLD

再见，线性思维：你好，指数思维

如果我们乘坐时光机回到距今大约 6 600 万年以前，那么肯定会觉得当时地球上的生命有点儿不一样。那个时候，白垩纪已经接近尾声了，气候炎热而潮湿，如今世界上的许多陆地当时仍然淹没在浩瀚的海平面之下。现在我们习以为常的被子植物，也就是绿色开花植物，在当时却是植物世界的最新品种。最早的枫树、橡树和山毛榉也正好都是在那个时候才开始出现的。在动物方面，整个地球被恐龙主宰。当然，这一点儿也不令人惊讶：事实上，这些巨大的爬行动物统治地球的时间长达 1 亿年，它们是有史以来统治地球时间最长的物种——地球霸主的终极例子。但是，它们的统治并没有坚持到最后。

白垩纪结束于一次大爆炸。一颗直径大约为 10 千米的小行星与地球轰然相撞，撞击地点位于今天墨西哥的尤卡坦半岛（Yucatán Peninsula）上。毫不夸张地说，这次碰撞撼动了整个地球，它释放出的能量高达 4.2×10^{23} 焦耳，或者说，它释放的能量比有史以来曾经爆炸过的最强大的核弹的威力还要强大 200 多万倍。由此而产生的陨石坑有 177 千米宽。这次撞击所造成的影响简直无可估量。就像俗话所说的，它确实是一个“行星杀手”。

巨大的海啸、强烈的地震、全球性的火焰风暴以及致命的级联式火山爆发吞噬了整个地球。太阳被巨大的尘埃遮住了——在接下来的整整 10 年，太阳再也没有出现在天空中。全球的环境发生了急剧的变化，以至于恐龙，这种在当时的地球上占据着绝对统治地位的生命形式也完全无法适应。最后，恐龙全部灭绝了。

然而，对于人类这个物种来说，这一切却是一个好消息。尽管恐龙体型非常庞大，但是它们却笨拙而呆板，而那些早期的小小的、毛茸茸的哺乳动物则更有智慧，也更加敏捷——它们就是我们人类的祖先。这个席卷全球的巨变为人类的祖先提供了一个难得的机遇。它们迅速占据了先机，适应了新的环境，并且大获全胜。在演化历史上，这只不过是一眨眼的时间：恐龙的时代成了过去，而哺乳动物成了这个世界的新主宰。然而，有一点可以肯定，历史总是以一种非常有趣的方式不断地重复自己。恐龙灭绝和哺乳动物崛起的故事只是我们要讲述的第一个故事而已。

KEY WORD

|指数型技术|

exponential technology

指以指数级增长曲线发展的任何一种技术，即那些"威力"定期成倍增强的技术。

事实上，这种巨大的冲击、彻底的转型和惊人的复兴的故事与今天的许多事情都密切相关——尤其在商业领域。现在，我们这个世界上又出现了另一颗震惊世界的小行星，它消灭了庞大而笨拙的旧事物，灵巧而敏捷地开辟出一条新道路。我们把这颗小行星命名为“指数型技术”（exponential technology），尽管我们对这个名字比较陌生，但它的影响却是我们十分熟悉的。

我们稍后将会进行更为详细的论述。但是在这里，我们不妨先定义下这个概念，指数型技术这个术语可以用来指以指数级增长曲线发展的任何一种技术，也就是说，它指的是那些“威力”定期成倍增强的技术（每半年增强一倍、每一年增强一倍，等等）。计算机技术是我们最熟悉的一个指数型技术的例子。如今，某国某个偏僻小村庄的妇女所使用的智能手机，与 20 世纪 70 年代的一台超级计算机相比，它的价格只是其百万分之一，而功能则强大了 1 000 多倍。

这就是现实世界中的指数型变化。

今天，我们随时随地都可以看到这种变化。指数级进步现在已经在各行各业充分展现出来了：网络、传感器、机器人、人工智能、合成生物学、基因组学、数字医学、纳米技术……我们在这里所列举的只不过是沧海一粟。就像我们在前面提到的直径为10千米的那颗小行星一样，这些技术也拥有无穷的威力，它们将会重塑地球上的生命。但是另一方面，这种力量也威胁着另一种“恐龙”——那些庞大的、拒绝创新的公司。这些巨无霸公司数十年来一直以同样的方式经营着，而且未来仍将一如既往地继续坚持过去的做法，直到它们破产为止。

BOLD
指数级成长的智慧
HOW TO GO BIG, CREATE WEALTH, AND IMPACT THE WORLD

然而，与它们形成了鲜明对照的是，一种新型的“小小的、毛茸茸的哺乳动物”开始出现了。这些“哺乳动物”就是今天的创新型企业家，他们是一些利用急速发展的指数型技术去改变产品、服务甚至整个行业的企业家。这些智慧而敏捷的创新者正在学习如何运用指数型技术，他们正在变成“指数型企业家”（exponential entrepreneur）。这些指数型企业家将为一个全新的富足世界铺平道路。

《富足》之后

2012年，我与史蒂芬·科特勒合写了一本书，名为《富足：改变人类未来的4大力量》。我写那本书的灵感源于我自己在X大奖基金会和奇点大学的工作经历。在运行和管理这些机构的过程中，我看到了一个全新的世界；在这个世界中，生活的基本必需品变得非常便宜，而且实现了全球共享。在《富足》一书中，科特勒则利用他掌握的大量专业知识，描绘了指数型技术与人类自身的努力交汇起来后整个世界的前景。我们两人都相信，人类生活的这个世界正在经历一场彻底的变革。有史以来第一次，人类将有可能显著地、永久性地提高全球人民的生活水平。

在《富足》一书中，科特勒和我探讨了在接下来的20~30年的时间里，4种强大的新兴力量——指数型技术、“DIY”创新者、科技慈善家以及崛起中的10亿人——将会如何让我们变得有能力去解决现代世界面临的那些最大的挑战。也就是说，我们很快就会有能力去满足世界上所有男人、女人以及儿童的基本需求甚至可以超越他们的基本需求。

当《富足》这本书在2012年2月出版时，我们根本不知道读者会不会接受它、喜爱它。我非常幸运，有机会在TED大会上做了一个有关《富足》的演讲；更加可喜的是，我的演讲获得了持久而热烈的掌声。同时，这本书在排行榜上的排名也一路飙升，差不多连续3个月都雄踞《纽约时报》畅销书排行榜上，并且它还赢得了几个“2012年最佳图书奖”。这本书还被翻译成了20多种语言。对于读者的厚爱，我们两位作者不胜感激。

更令我们感到欣喜的是，能够支撑《富足》的论点的，具体翔实的数据在不断涌现。因此，在《富足》的2014年平装版中，我们新增了一个包含60张图表的附录，图表的内容涉及暴力的减少、学习机会的增多、健康的改善和财富的增加等各个方面。将书和图表一起阅读，呈现的数据将会震撼读者的心灵。

但是，我们觉得，仅仅描绘出一幅生机勃勃的未来的蓝图仍然不够。尽管我们真的相信创造一个富足的世界是有可能的，但是那并非万无一失。正是出于这个原因，我们写了您现在看到的这本书——《创业无畏》。

世界上最大的问题 = 最大的商机

数千年以前，只有国王、法老和皇帝才有能力去解决一些重大问题。几百年以前，实业家也拥有了这种解决重大问题的能力（他们为我们建造了交通网络、创办了金融机构）。但是到了今天，解决这些问题的能力已经彻底大众化了。此刻，有史以来第一次，任何一个充满激情、意志坚定的个人都有机会获得解决任何一个挑战所需要的技术、思想和资金。更加令人欣喜的是，每个个人都有充分的理由去承担这些挑战。正如我们很快就会看到的那样，**世界上最大的一些问题也正是目前世界上最大的商机。这也就意味着，对于指数型企业家来说，找到一个重大挑战就意味着找到了一条重要的通向财富之路。**最后，正如我在奇点大学授课时告诉学生的那样（后面还要更加详细地阐述），成为一个亿万富翁的最好的方法是解决一个 10 亿人共同面对的问题。

在本书中，科特勒和我将为大家提供一个能够做到这一点的非常实用的路线图。换句话说，本书将把今天的企业家、活动家和领导人“武装起来”，所用的工具就是那些能够对整个世界产生积极影响、同时又能使他们最大梦想变成现实的指数型技术。为了实现这一承诺，本书将分成三个部分来阐述：第一部分集中关注各种指数型技术，这些技术搅乱了今天的《财富》500 强，让一些异军突起的企业家以前所未有的速度迅速地从“我有一个好主意”变成“我经营着一个市值 10 亿美元的公司”。第二部分主要集中讨论“创业无畏”心态。这就是说，我们将提供一个思维工具包，让世界上顶尖的创新者们通过“规模思维”提高自己。同时，我们还将请创新大师们，比如说，拉里·佩奇、埃隆·马斯克、理查德·布兰森、杰夫·贝佐斯，提供一些具体的建议和经验教训。同样是在第二部分里，科特勒将展示从心流基因组计划（Flow Genome Project）15 年的研究中所获得的关于“人类终极绩效”的发现，而我则将揭开从 17 家公司那里收集来的创新企业家的核心秘密。在第三部分中，我们将会看到一系列令人难以置信的力量，将阐释利用今天的大众的最佳方法。这是以前从来不曾有过的方法，但现在却是每个人都可以掌握的。在这一部分中，你将会了解到，如何利用众包解决方案去极大地提高你的业务扩张的速度、如何设计和运用激励性大奖赛来找到突破性的解决方案、如何通过百万美元级的众筹活动去调动数百亿美元的可用资金。最后，我们还将告诉你，怎样建立一个指数型社群：作为一个指数型的“军团”，它将帮助今天的企业家，使他们最大胆的梦想变成现实！

一本共同宣言与路线图

BOLD
指数级成长的智慧
HOW TO GO BIG, CREATE WEALTH, AND IMPACT THE WORLD

对于今天的指数型企业家来说，对于那些有志于干成大事、创造财富并影响世界的人来说，我们这本书既是他们的“共同宣言”，也是他们的路线图。这本书还可以成为读者首选的“资源导航”，可以为你提供“催化技术”“规模思维”“利用群众力量”等技术的工具包。

只要你是一个企业家（你可能是一个有创业经验的企业家，也可能只是一个精神层面上的企业家），那么无论你是住在硅谷，还是住在上海，无论你是一名大学生，还是某个跨国公司的一名员工，这本书都适合你。它能够实实在在地提高你的能力、鼓舞你的精神。总之，这是一本关于“登月思维”的书，也是一本帮助你在全球范围内产生影响的书。

另一方面，如果你是某个大型的、有些僵化的公司的经理、主管或者老板，那么你应该知道，你现在的竞争对手不再是那些海外的跨国公司，而是人数激增的指数型企业家——不要忘记，现在这个时代，每个车库里都可能冒出一个指数型企业家。阅读这本书将会为你提供这样一些洞见：这些新的竞争对手来自什么地方？他们是如何思考的？他们的企业是怎样运行的？要知道，无论是对那些单打独斗的企业家来说，还是对那些大型的跨国公司来说，指数型技术带来的机遇都是同等的——这既包括指数型技术本身，也包括那些最大化指数型技术的策略（心理上的和组织上的）。最后，如果你是某个机构的领导者，并且对继续深入探讨这个主题感兴趣，那么我建议你去读一下奇点大学的第一本出版物：《指数型组织》（*Exponential Organizations*）[①]，它出自萨利姆·伊斯梅尔（Salim Ismail）之手。伊斯梅尔是奇点大学的第一任执行董事，现任奇点大学全球大使。《指数型组织》可以说是专为那些希望逃脱破产命运、加入指数级变革的公司领导人而写的。

最后，或许也是最重要的，《创业无畏》是一个路线图。我们最深切的希望是，它能够激励你，让你即刻从沙发上站起来去改变世界。或者换一种说法，由于指数级增长的通信技术所创造的令人惊异的机会，今天的许多最优秀、最杰出的人才都去开发游戏应用了。企业家和风险资本家都相信，在这个领域里，通常 3 年就能实现盈利并成功退出。当然，如果你真正的激情就是开发一个游戏应用，那么你就去开发好了。但是我们一定要搞清楚，当史蒂夫·乔布斯说，每个企业家的目标都应该是“改变世界，在宇宙留下一个印记”（put a dent in the universe）的时候，他并没有说要再去发明一个《愤怒的小鸟》（*Angry Birds*）。**本书是送给那些有志于改变世界的人的。它的主要内容是，现在，既然有了指数型技术和指数型思维赋予我们的力量，每个人都能改变世界。说真的，你还在等待什么呢？**

两位作者的思想结晶

戴曼迪斯和科特勒最初相识于 1997 年，当时科特勒撰写了一篇关于 X 大奖的专题报道。后来，在 21 世纪的第一个 10 年行将结束的时候，他们两人开始合写《富足》一书。这本书出版后取得了巨大的成功，随后，戴曼迪斯带着写作《创业无畏》的构思找到了科特勒，问他是否愿意再次合作，撰写一本集

① 本书简体中文版即将由湛庐文化策划出版。——编者注

中讨论如何激励和支持企业家去创造一个富足的世界的书。科特勒答应了。于是再一次，戴曼迪斯和科特勒带着他们独特的视角和专业知识合作撰写了一本书。因此，尽管这本书主要是通过戴曼迪斯所叙述的一些故事来阐述其基本思想的，而且基本上是以戴曼迪斯的语气写成的，但是它仍然是两位作者精诚合作的产物。《创业无畏》这本书所体现的思想以及它的写作过程是戴曼迪斯和科特勒两人共享的。

BOLD

|第一部分|

指数型技术，指数型企业家的最爱

01

从数字化到大众化的巨变

只有13名员工，短短18个月，以10亿美元的价格被收购，Instagram创造了一个非凡的“新柯达时刻”！这是一个指数型公司将一个巨无霸线性公司赶出记忆分享行业的时刻。在今天这个急剧变化的时代，“巨大而缓慢”根本无法与“小巧而灵敏”相竞争。颠覆将是一个常态。未来并不意味着破坏性压力；恰恰相反，未来意味着大步向前的颠覆性机会。

HOW TO GO BIG,
CREATE WEALTH,
AND
IMPACT THE WORLD

BOLD

柯达的百年兴衰

1878 年，乔治·伊士曼（George Eastman）刚刚满 24 岁。当时，他是罗切斯特储蓄银行的一名基层职员，好不容易才获得了一个休假的机会。伊士曼决定去多米尼加共和国的圣多明各（Santo Domingo）度假。他想把旅行过程中的点点滴滴都记录下来，为此，根据一个同事的建议，他买下了所需的全部摄影器材。那确实是一大堆东西：一台犹如罗特韦尔犬一般大的摄影机、一个巨大的三脚架、一桶水、一个沉重的干板暗盒（包括干板）、玻璃槽、各种各样的化学物质，当然，还有一顶巨大的帐篷。帐篷是为了提供一间暗房：在底片曝光之前，需要将感光乳剂涂到干板上，并完成一些后续工作。但是，伊士曼最终并没有去度假。

伊士曼对化学物品着了迷。当时，摄影仍然是一种“湿的”艺术，伊士曼希望摄影过程能够变得更加简单一些。为此，他查阅了很多资料，最终发现，明胶乳液在干燥后还能保留感光能力。于是，每到晚上，他就在母亲的厨房里忙活起来——用自己发明的“器材”做感光实验。事实证明，伊士曼是一个天生的发明家，他花了不到两年时间就发明了干板法和制造干板的机器。伊士曼干板公司（Eastman Dry Plate Company）就这样诞生了。

随后，伊士曼又接连不断地发明了很多与摄影有关的东西。1884 年，伊士曼发明了胶卷，4 年后他又制造出一种能够使用这种胶卷的照相机。1888 年，这种照相机被投入市场，它后来的营销广告语是“你只需按下快门，剩下的都交给我们来搞定”。这个时候，伊士曼干板公司已经更名为伊士曼公司（Eastman Company），但是这个名字不太容易被人记住。伊士曼想取一个更吸引人的名字，一个能够让人牢牢记住并且朗朗上口的名字。他最喜欢的一个字母是 K，因此，1892 年，伊士曼·柯达公司（Eastman Kodak Company）诞生了。

在柯达初创的那些年，如果你要问伊士曼，柯达的商业模式是什么，他很可能会说，他的公司介于化学品供应商和干货承办商之间（如果干板能够被认为是干货的话）。但是这种情况很快就发生了改变。

> “在我的心里，有一个想法一天比一天更加明朗起来，”伊士曼说，“我们要做的，绝不能仅限于制造干板，而是要让人们把每天的日常事务都拍摄下来。”正如伊士曼本人后来在回忆往事时所说的那样，他想让摄影变得“如同使用铅笔一样方便”。

在那之后的 100 年时间里，柯达确实是这样做的。

数码相机，诞生于柯达也毁了柯达

史蒂文·赛尚（Steven Sasson）是一个高个子男人，下颚外凸。1973 年，他是一个刚从伦斯勒理工学院毕业的研究生。他获得了一个电气工程学的学位，因而在柯达的设备事业部的研发部门找到了一份工作。在那里工作了几个月之后，赛尚的主管加雷思·劳埃德（Gareth Lloyd）向他提出了一个“小小的”要求。当时，仙童半导体公司（Fairchild Semiconductor）刚刚发明了第一个电荷耦合器件（charge-coupled device，简称 CCD），它可以让人们很方便地在晶体管周围移动电子电荷。柯达需要知道的是，这种设备是否可以用于成像技术。后来的事实表明，对柯达来说，如果答案是“不能”就好了。

图 1-1　史蒂文·赛尚与他发明的第一台数码相机

到了 1975 年，在一个由一批才华横溢的技术员组成的攻关小组帮助下，赛尚利用电荷耦合器件发明了世界上第一台数码相机和第一台数码录音设备（见图 1-1）。现在看看这台数码相机，就会发现它正如《快公司》（*Fast Company*）曾经描述的那样，“它就像一个 20 世纪 70 年代的宝丽来（Polaroid，一种即时成像相机）和一个读写器的组合”。这台数码照相机有一台烤面包机那么大，重量则高达 3.85 千克，分辨率仅为 1 万像素，最多能够拍出 30 幅黑白数字图像——之所以选择这个数字，是因为它处于 24 和 36 中间，与柯达胶卷的有效曝光数量相吻合。此外，它还能把拍下来的数字照片储存在盒式磁带上——那也是当时唯一可以永久保存的存储设备。无论如何，赛尚发明的这台数码相机都称得上是一个惊人的成就，而且他们做出这项发明的过程也是值得大家尊敬和学习的。

> “当你展示这样一个设备时，”赛尚后来回忆道，“你需要展示用它照相的全过程，这就是说，你要在没有胶卷的情况下拍出一些照片来，并在不用相纸印刷的情况下把它们的影像投射到电子屏幕上。1976 年，我在柯达内部展示时就是这样做的。我还准备回答很多问题。我认为他们会问我一些技术方面的问题，例如，你是怎么发明这个设备的？它的工作原理是什么？等等。但是事实上，根本没有人问我这一类问题。他们问我的问题是，这种相机什么时候才会迎来它的黄金时期？什么时候使用这种相机才是切实可行的？为什么会有人想在电子屏幕上看自己的照片？”

到了 1996 年（那次会议举行 20 年之后），柯达公司已经拥有了 14 万名员工，它的市值也达到了 280 亿美元。它事实上垄断了整个行业。在美国，他们控制了 90% 的胶卷市场，并占据了 85% 的相机市场份额。但是，柯达的高管们已经忘记了这个公司的商业模式。柯达是以化学产品和纸张产品业务起家的，但是毫无疑问，到后来，它的宗旨就变成了“让人们的生活更加便利”了。

当然，这种表达仍然是非常不充分的。我们还要追问，柯达到底使人们在什么方面“更加便利”了？它使人们更便于摄影吗？远远没有这么简单。摄影仅仅只是一种表达形式，而关键则在于表达的内容是什么。当然，这就是柯达时刻（Kodak Moment）。是的，我们想记录我们自己的人生经历，我们想捕捉某些转瞬即逝的瞬间，我们想让某些短暂的时光留下永久的印记。柯达的业务就是留住人们的记忆。那么还有什么东西能比数码相机更加便于留下人们的记忆呢？

但是，在 20 世纪末，柯达的高管们却没有看到这一点。他们认为数码相机将会削弱他们的化学产品业务和胶卷业务，认为推出数码相机实际上意味着迫使公司卷入自己与自己的竞争当中。因此，他们雪藏了这项技术。柯达的高管们无论如何也理解不了，这种只有 1 万像素的低分辨率的数码相机将会以指数级的增长曲线跳跃式地增长，最终将能够提供分辨率高得难以想象的图像。因此他们决定对这项新技术视而不见。柯达没有利用它举足轻重的市场地位去开拓市场，最终反而被市场逼入了绝境。

早在 1976 年，当赛尚第一次在柯达内部展示他发明的数码相机时，在场的高管就要求他立即做出一个估计：这种相机的黄金时代将在什么时候到来。这些担惊受怕的高管们想知道，这个新发明在多久之后会严重地威胁到柯达的市场垄断地位？ 15~20 年，赛尚回答。

在给出这个答案之前，赛尚需要先有一个评估结果，为此他进行了快速的计算。他估计，当数码相机的分辨率达到 200 万像素的时候，普通的消费者应该就会基本“满意”了。然后，为了算出这些 200 万像素的数码相机有利可图并被市场接受所需要的时间，赛尚根据摩尔定律进行了计算。摩尔定律正是柯达这样的“恐龙公司”的麻烦所在。

英特尔公司的创始人戈登·摩尔（Gordon Moore）[①]在1965年发现，集成电路上可容纳的元器件的数目，大约每隔18~24个月便会增加一倍。这个趋势已经持续了大约10年时间。摩尔预测，在下一个10年，它应该还会持续下去。事实证明，摩尔的这个预测有点儿不准确。事实上，摩尔定律所揭示的这个规律一直稳定地持续了将近60年，而且直到今天，它仍然在持续着。这种在价格和性能上的势不可当的进步，就是为什么你口袋中的智能手机比20世纪70年代的一台超级计算机性能先进1 000倍而价格只是其百万分之一的原因。这就是指数级增长的作用。

BOLD

指数级成长的智慧

HOW TO GO BIG, CREATE WEALTH, AND IMPACT THE WORLD

与那种每步+1的线性增长完全不同（线性即1变成2、2变成3、3变成4……），指数级增长是一种复合倍增：1变成2、2变成4、4变成8……问题在于：这种翻倍增长极具欺骗性。如果我从位于圣莫尼卡的起居室出发，“线性”地走30步（每步大约为1米），那么我最终走的距离大约为30米，这时我可能走到了对面的街上。相反，如果我从同一地点出发，“指数”地走30步，那么，最终我走的距离大约为10亿米，这时我已经绕地球轨道走了26圈了。柯达高管们的致命错误就在于此：他们低估了指数的力量。

指数级增长的6D框架

指数的力量是很容易被低估的。我们人类是在一个地方性的、线性的世界

① 想要了解摩尔与他的摩尔定律，以及英特尔三位创始人的传奇故事，请阅读由湛庐文化策划，浙江人民出版社出版的《三位一体》。——编者注

中演化出来的。在原始时期，人们只能生活在某个地方（“当地”），我们的祖先生命中一切活动的范围通常都在一天的脚程之内。在地球另一边发生的某个事件，人们根本一无所知。人类日常生活的发展也是线性的，也就是说，在几百年甚至几千年内几乎都没有什么变化。与此形成鲜明对照的是，今天的我们却生活在一个全球性的、指数型世界当中。问题在于，我们的大脑（感知能力）本来不是为了处理这种规模和速度的过程而设计的。毫不夸张地说，我们的线性思维确实无法深刻理解指数级的进步。

但如果你的目标就是为了避免发生像柯达这样的错误，或者想利用柯达的错误，那么你就需要更好地理解这种指数级变化是如何展开的，也就是说，你必须透彻地理解指数型技术的所有最根本的特点。为了让大家更加方便地掌握指数型技术的特点，**我构建了一个“6D 框架”（Six Ds）：数字化（digitalization）、欺骗性（deception）、颠覆性（disruption）、非货币化（demonetization）、非物质化（dematerialization）和大众化（democratization）。这 6D 其实是指数型技术发展的连锁反应，也是导致巨大动荡并带来难得机遇的快速发展路线图**（见图 1-2）。

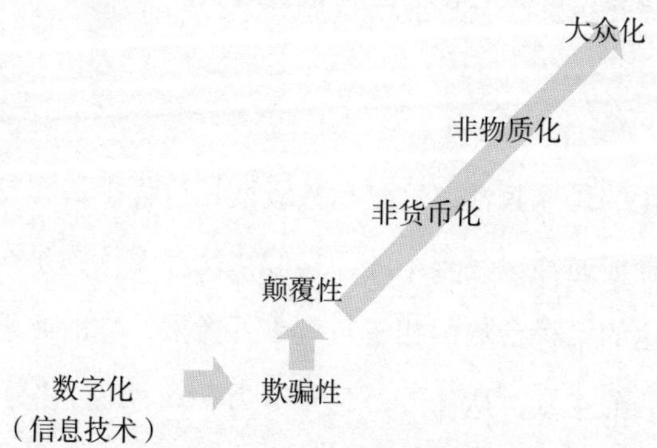

图 1-2　指数时代的 6D 框架

资料来源：www.abundancehub.com。

现在，就让我们来追踪这个连锁反应吧。

数字化

文化使进步累积起来；创新会随着人类共享和交换思想而发生。我的想法以你的思想为基础，你的想法以我的思想为基础，这种类型的思想交换在人类演化的早期是缓慢的（那时我们传播思想的方法是围着篝火讲故事），然后，由于偶然的机会人类发明了印刷术，思想交换变得方便了一些。直到20世纪，随着计算机的出现，用数字化方法来表示、存储和交换思想的爆发性发展才终于成为可能。任何东西都可能被数字化，也就是说，都能够用0和1表示，以光的速度进行传播（或者至少以互联网的速度进行传播），而且免费地复制和共享。同时，这种传播始终遵循了一种模式：指数级增长曲线。在柯达这个案例中，一旦存储业务从一个物理过程（在胶卷中成像，存储在相纸上）发展到数字过程（以0和1的形式成像和储存），它的增长率就变得完全可预测了——它已经是一条指数曲线了。

当然，不仅仅是柯达。任何成为数字化的东西（生物学、医学、制造业等），其计算能力的提高都遵循摩尔定律，都将跳跃式地发展。因此，我们的6D中的第一个单词就是数字化，原因很简单，**一旦某个技术或产品完成了从物理过程向数字过程的转变，那么它便会呈指数级增长。**

欺骗性

紧接着数字化的是欺骗性，这是指数级增长过程中最容易被忽视的。原因在于，小数目的翻倍通常也是很小的，它们往往被误认为是线性增长式的缓慢进步。例如，柯达的第一台数码相机只有1万像素，它的像素值从1万翻倍至2万，从2万翻倍至4万，从4万翻倍至8万……然而，“万丈高楼平地起”，那么要提高100万倍，就只需要翻20番；甚至要提高10亿倍，也只需要翻30番就足够了。在初始阶段，指数级的增长是具有欺骗性的，但后来就变得极具颠覆性了。

颠覆性

简而言之，颠覆性技术（disruptive technology）是指任何一个能够创造新的市场并且颠覆已有市场的创新技术。不幸的是，颠覆性总是伴随着欺骗性，最初的技术威胁似乎都是微不足道的。第一台数码相机这个例子就很能说明这个问题。柯达向来都以方便消费者和图像高保真作为骄傲的资本，而赛尚所发明的第一台数码相机却两者都不具备。拍摄和存储一张 0.01 像素的黑白照片需要 23 秒，这根本不会构成任何威胁嘛！

> KEY WORD
> **| 颠覆性技术 |**
> disruptive technology
> 指任何一个能够创造新的市场并且颠覆已有市场的创新技术。

事实上，在接下来的许多年里，赛尚的发明在柯达高管们的眼中，一直都更像是一个玩具，而不是一种工具。他们所关注的是化学产品和胶卷业务的季度利润，他们当时根本无法理解这种指数型技术即将造成的破坏力。如果柯达公司曾经做过正确的数学计算，那么他们的高管们就会意识到，“不能让自己与自己竞争”实际上是一个导致柯达破产的决定。

当公司面临破产的时候，柯达才意识到自己所犯的错误——无法跟上行业数字化的步伐。从 20 世纪 90 年代后期开始，柯达就已经在挣扎中艰难生存；到了 2007 年，它就再也无法盈利了；最终，公司在 2012 年 1 月根据联邦破产法第 11 章申请破产保护。由于柯达忘记了自己的使命，并且没有做好指数级增长这道数学题，这个具有百年基业的庞大公司最终以破产收场。柯达的悲剧，现在已经成为一个彰显指数级增长的颠覆性挑战的警示性故事。

我们生活在一个指数时代，这种颠覆将是一个常态。对于任何一个正在管理公司的人来说（无论是自己创业的公司，还是管理前人留下的公司），可供选择的选项其实非常有限——要么颠覆自己，要么被别人所颠覆。

非货币化

这意味着“把货币从等式中移除”。让我们再来想一下柯达的情况吧。当人们不再购买胶卷时，该公司的传统业务就完全消失了。当数码相机拥有了数百万像素之后，谁还需要胶卷呢？胶卷曾经是柯达公司稳如泰山的收入来源，但如今，使用数码相机的人根本用不着胶卷了。原来的收入来源一夜之间“免费”了，怎么办？

在某种意义上，这就是《连线》杂志前主编克里斯·安德森（Chris Anderson）在他的著作《免费》（*Free*）一书中提出的问题。当然，办法肯定是有的。在《免费》一书中，安德森指出，在今天的新经济中，赚钱最简单的一个方法就是把东西拿出来让别人免费使用。以下是他的解释：

> 我正在一台售价仅为250美元的“上网本”上写这篇文章，这种“上网本”是增长最快的一种新型笔记本电脑。它的操作系统是一个免费版的Linux系统，不过这完全没关系，因为我除了使用免费的火狐（Firefox）浏览器之外，不用运行任何程序。我使用的不是微软的文字处理软件（Microsoft Word），而是免费的谷歌文档处理器（Google Docs），它的好处是，无论我在哪里它都能让我完成文稿。而且我根本不必担忧没有备份，因为谷歌已经为我做好了。我通过这台电脑所使用的任何东西都是免费的，从电子邮件到在Twitter上留言，都是如此。甚至连我用的无线网络也是免费的，这要感谢我所就座的这家咖啡馆。
>
> 然而，谷歌是美国最赚钱的公司之一，Linux生态系统也是一个价值超过300亿美元的产业，就连这家咖啡馆里售价3美元一杯的拿铁咖啡也卖得飞快。

正如安德森所指出的那样，数以十亿美元计的商品和服务现在都是以零成本完成交易的。当然，有的“免费”并不纯粹，它们可以说是一种赔本赚吆喝的“买卖”。以谷歌为例，虽然它为我们免费提供浏览器，但是该公司由此而收集到的信息却使它赚得钵满盆满。但是，像维基百科、Linux系统以及其他开源的“免费”，却都是真正免费的。不过，无论哪种免费方式，说到底都是一种影子经济。重要的是，这一切就发生在我们眼前。事实上，在安德森撰写《免费》一书的时候，除了少数几篇极其含糊的论文之外，经济学家们还没有从市场的角度去研究过“免费”这个概念。这是一个彻头彻尾的空白点。换句话说，即使那些以研究经济发展趋势为生的人也被愚弄了。尽管非货币化已经成了现实，但是经济学家们还不知道到底发生了什么。

其实，不仅仅是经济学家如此。就这一点而言，柯达的高管们也好不到哪里去。Skype 使长途电话非货币化了；Craigslist 使分类广告非货币化了；Napster 使音乐产业非货币化了……这种例子不胜枚举。最关键的问题是，由于非货币化也具有欺骗性，因此，在这些行业中，几乎没有人为这种彻底改变的到来真正做好了准备。

非物质化

如前所述，非货币化是指过去需要付出货币来购买的商品和服务现在都免费了；而非物质化则更进一步，它指的是，甚至连商品和服务本身也消失了。在柯达这个例子中，他们的困境并没有随着胶卷的消失而结束。紧随数码相机的发明而来的是智能手机的发明，而且很快地，智能手机也包含高质量的、百万像素的照相和摄像机了。噗！现在你看到了吧！现在你再也不会怀疑了吧！一旦这些智能手机上市，数码相机就会消失得无影无踪。1976 年，柯达控制 85% 的照相机市场。但是到了 2008 年——第一台 iPhone 问世一年后（iPhone 是第一款自带高品质数码相机的智能手机）——柯达的这个市场也完全不复存在了（见图 1-3）。

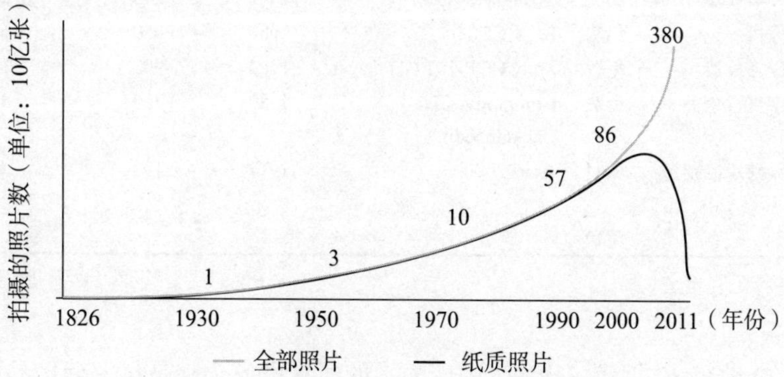

图 1-3　纸质照片的减少与数码照片的激增

资料来源：http://digital-photography-school.com/history-photography。

令人觉得更加离奇的是，柯达明明知道这种变化即将到来却毫无动作。摩尔定律就是建立在这一点上的，它使存储容量不断地扩大，这个过程会导致摄影器材的非货币化。柯达的工程师们肯定知道这一点。他们应该也知道亨迪定律（Hendy's Law），即数码相机的每美元像素值每年都会翻倍。事实上，“每美元像素值”这个术语本身就是由柯达公司澳大利亚分公司的一位名叫巴里·亨迪（Barry Hendy）的员工创造的。从事后回顾的角度来看，亨迪定律似乎是柯达败局已定的不祥之兆，但值得玩味的是，它出自柯达内部。无论如何，柯达未能走在指数曲线的前面。接下来，让我们来看看表 1-1，这个表在《富足》一书中也有呈现。

表 1-1　今天的智能手机中的应用软件价值超过 90 万美元

	应用软件（硬件）名称	2011 年的价格（美元）	原来适用的设备名称	最早出现的年份	当初建议零售价格（美元）	以 2011 年美元币值计算的当初建议价格（美元）
1	视频会议系统	免费	Compression Labs VC	1982	250 000	586 904
2	全球定位系统	免费	TI NAVSTAR	1982	119 900	279 366
3	数字录音机	免费	SONY PCM	1978	2 500	8 687
4	数字手表	免费	Seiko 35SQ Astron	1969	1 250	7 716
5	500 万像素数码相机	免费	Cabib RC-701	1986	3 000	6 201
6	数字图书馆	免费	e.g. CONSULTANT	1987	最高达 2 000	3 988
7	视频播放器	免费	Toshiba V-8000	1981	1 245	3 103
8	摄像机	免费	RCA CC010	1981	1 050	2 617
9	音乐播放器	免费	Sony CDP-101 CD player	1982	900	2 113
10	数字百科全书	免费	Compton's CD Encyclopedia	1989	750	1 370
11	视频游戏控制台	免费	Atari 2600	1977	199	744
总计		免费				902 809

资料来源：《富足》。

在 20 世纪 80 年代，表 1-1 中所显示的所有设备全都是技术奢侈品，但是如今它们都已经非物质化了。现在，这一切都已经成为一部普通智能手机的标准配置。高清摄像机、双向视频会议系统、GPS定位系统、数字图书馆、自己收集的影像资料、手电筒、心电图、电子游戏控制中心、录音机、电子地图、计算器、时钟……所有这些都被集成进智能手机当中。30年前，上述的这些设备的价值高达数十万美元，但是今天，它们全都是免费提供的，而且都体现在智能手机的应用程序中。智能手机是人类历史上传播最快的一种技术。

大众化

很显然，上述这个“回报消失”链条必定会在某个地方终结。虽然胶卷和相机已经随着智能手机的普及而免费了，但是手机本身仍然会产生一定的“硬成本”（hard cost）。当这些硬成本下降到非常低的程度之后，手机将变得唾手可得，几乎每个人都能负担得起。到那个时候，大众化就会发生了。为了说明这一点，让我们再一次回到柯达这个例子。

柯达并不只是通过销售相机和胶卷来赚钱的，它们还出售摄影流程的所有产品：他们自主研发胶卷，生产冲洗照片所用的相纸，并且研制生产胶卷所要用到的化学产品。为什么这是一个“好生意”呢？首先，当你用整卷整卷的胶卷拍了一些照片后，你根本不知道这些照片中哪些是符合心意的，所以你必须把它们全部冲洗出来。请记住，即使这整卷整卷的胶卷中没有一张照片是对准焦距的，你也必须为了冲洗照片付钱。其次，拍照只是摄影全部乐趣的一部分，把你特别满意的照片冲洗出很多张来，然后把它们与他人分享，那才是真正的乐趣所在。

回到20年前，如果要冲洗出数千张照片来，所需的相纸费、冲洗费和人工费将是一笔相当大的开支，因此只有那些足够富裕的人，才有可能随心所欲地大量拍照并与众多朋友分享自己的照片。但是，数码相机诞生之后，你事先就可以搞清楚哪些照片是值得冲洗的；而且，随着像Flickr这种能够帮助你在互联网上分享照片的网站的创建，你甚至连冲洗费也可以省了。共享照片已变得免费、快速，并且完全大众化了。

大众化是指数级连锁反应的终端，是非货币化和非物质化的必然结果。它发生在当我们可以把物质对象转变成一些二进制符号、并且能够将它们托管到某个数字平台上的时候。由于数字平台的规模极大，因此对于个人来说，这样做的成本接近于零。今天的智能手机和平板电脑就是这种情况。事实上，今天的无线连接技术也是如此。无线连接技术允许这些电子设备与互联网互相联通。现在，谷歌和Facebook正在进行“军备竞赛”，它们计划花费数十亿美元去开发无人驾驶飞机、投放高空气球以及发射人造卫星，以便为地球上每个人提供免费或者超低成本的互联网服务。

BOLD

指数级成长的智慧

HOW TO GO BIG, CREATE WEALTH, AND IMPACT THE WORLD

许多传统的公司（如柯达）一旦过上了好日子便开始墨守成规、止步不前。根据耶鲁大学教授理查德·福斯特（Richard Foster）的说法，在20世纪20年代，标准普尔500强企业的平均寿命为67年。现在的数值肯定不可能比这个更大了。今天，连锁反应链的最后3D几乎在一夜之间就能够让某个公司破产，或者将某个行业搅得天翻地覆，因此21世纪的标准普尔500强公司的平均寿命下降到只有15年。巴布森学院的研究结果表明，在今后的10年内，现在的顶级公司中将会有超过40%不复存在。“到2020年，”福斯特评论道，“超过3/4的标准普尔500强的公司名字都将是我们现在根本没有听说过的。”

指数型技术的6D就等于是《圣经·启示录》中的6位骑士。这一点应该是毫无疑问的。但是，**本书的目的并不是为了保护传统企业免受指数型技术的冲击，而是希望帮助企业家利用指数的力量去开创新的未来，留下创业无畏的传奇故事。对于这些指数型企业家来说，未来并不意味着摧毁一切的破坏性力量；恰恰相反，未来意味着大步向前的颠覆性机会。**

指数型公司 Instagram，13 名员工的 10 亿美元公司

> **KEY WORD**
> **| 指数型组织 |**
> exponential organization
> 指拥有与自己的员工人数完全不成比例的、极其巨大的影响力（或产出）的公司。

奇点大学全球形象大使、雅虎创新部前主管萨利姆·伊斯梅尔在他的著作《指数型组织》中把指数型组织（exponetial organization）定义为“拥有与自己的员工人数完全不成比例的、极其巨大的影响力（或产出）的公司”。这种情况的出现，通常是因为这些公司有效地利用了互联网和自动化工具，或者是因为它们成功地“发动了群众（粉丝）”——这两种原因也可能同时发挥作用。线性组织（如柯达）则恰恰相反：它们拥有庞大的员工群，使用众多的设备和设施，生产流程包含繁杂的物理过程。在整个 20 世纪，都不存在指数级组织。大型线性公司只要保持庞大的规模，就可以免受新进入者的侵扰。但是进入 21 世纪后，这种日子很快就一去不复返了。

2010 年 10 月，两个年轻的斯坦福大学毕业生，凯文·斯特罗姆（Kevin Systrom）和迈克·克里格（Mike Krieger）创办了一个名为 Instagram 的指数型组织。对于 Instagram，《连线》杂志把它描述为“一个毁灭之神湿婆一般的应用程序伪装成了一种达人的爱好”。那么，这种爱好到底是什么呢？那就是分享记忆。Instagram 的愿景完全可以借用伊士曼很早以前就说过的一句话来表达——让摄影变得“如同使用铅笔一样方便”。

在这方面，Instagram 非同凡响。利用高分辨率的百万像素智能手机自带相机的爆炸式发展，这个离经叛道式的初创公司在捕捉和分享图片记忆领域实现了完全的非货币化、非物质化和大众化。在公司成立短短 16 个月后，Instagram 公司的市值就达到了 2 500 万美元（见图 1-4）。

2012 年 4 月，Instagram 发布了安卓版。它一天的下载量就超过了 100 万次，成了不折不扣的“杀手级公司”的“杀手级应用程序”。很快，Instagram 的市值就飙升至 5 亿美元。随后，Facebook 收购了 Instagram。

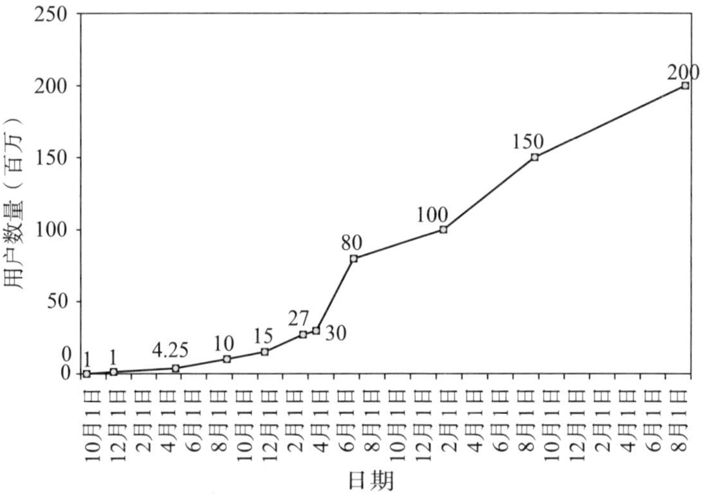

图 1-4　Instagram 公司的用户数量

资料来源：http://instagram.com/press; http://www.macstories.net/news/instagrams-rise-to-30-million-users-visualized/。

Facebook 也在做着同样的“生意”——分享生活，记录生活。这个公司精通数学，很会计算。Instagram 是呈指数级增长的企业。它拥有将近 3 000 万用户，稳稳地根植于一个非常强大的社交网络。它早已不仅仅是照片分享服务提供者之一了——它就是照片分享服务提供者！人们一提起这项服务，只能想到 Instagram。Facebook 并不想与其竞争，也不想在后面做其追赶者。因此，2012 年 4 月 9 日，也就是在柯达申请破产 3 个月后，Instagram 公司（当时仅有 13 名员工）被 Facebook 以 10 亿美元的价格收购了。

但是这种情况到底是如何发生的呢？柯达无疑是一只大骆驼，它拥有百年基业，14 万名员工，1996 年，公司市值曾经达到 280 亿美元，它为什么仅仅会因为未能利用自胶卷被发明以来最重要的摄影技术，最终以走向破产而收场呢？而与此同时，两个指数型企业家在硅谷的车库里鼓鼓捣捣，创立了一个公司，它只拥有 13 名员工，从公司成立到以 10 亿美元的价格被收购，中间只过了短短的 18 个月，这又是怎么做到的呢？道理很简单：Instagram 是一个指数型企业。

欢迎来到“新柯达时刻”(New Kodak Moment)！这是一个指数型公司将一个巨无霸线性公司赶出记忆分享行业的时刻。正如我们在下文中将会一再看到的那样，这些新柯达时刻并不是脱离常态的意外事件。相反，它们是指数级增长 6D 的必然结果。对于那些试图保住职位的线性公司的高管们来说，新柯达时刻会把他们引向另外 3D：烦闷（distraught)、沮丧（depressed）和退出（departed)。但对于指数型企业家来说，这些新柯达时刻标志着他们的时机已经成熟了。

Quirky、Airbnb 和 Uber，迅速做大的创业公司

今天，指数型技术不仅能够让那些线性公司破产，甚至能够让那些线性行业彻底消失。它改变了整个商业生态，彻底颠覆了传统的工业过程——比如，把消费品生产出来然后投放市场的过程。对于有充分准备的企业家来说，这个颠覆过程给他们提供了绝佳的机会。

本 · 考夫曼（Ben Kaufman）就是这样一个企业家。

考夫曼出生于 1986 年，在纽约长岛长大。求学期间，他是一个非常令人头疼的学生,但同时也是一个非常有创造力的学生。在他读高中三年级的时候，考夫曼下定决心要制造出一个“隐形 iPod”——有了这个设备，他就能够在课堂上偷偷地听歌，而不用担心会被老师发现了。

于是，考夫曼辍学回家，并且利用各种闲置的配件制造出一个样品——其实他使用的主要是一些装饰带和礼品包装纸。他认为这个设计是有效的，并且相信其他人也会想要这样一个东西。他并没有满足于这个样品。不知道他用了

什么方法，他居然说服父母抵押了房子，借给他 185 000 美元。父母鼓励他用心去做，尽快把自己发明的产品投放市场。有了这笔现金在手，考夫曼做的第一件事情就是乘坐最快的航班飞往了中国。

来到中国之后，考夫曼才辛酸地体会到，创造一个消费品并不仅仅是筹集资金这么简单。“你还需要做很多事，工业设计啊、分销啊、营销啊、品牌经营啊、改善包装啊……麻烦事多着呢。可以毫不夸张地说，你要想获得成功，列出来的‘必办事项’至少会有 30 件……确实非常、非常艰难。”考夫曼如是说。

但是考夫曼不畏艰难，他坚持不懈地努力着。他创立了 Mophie，这是一家生产苹果配件的公司。经过一番努力，Mophie 把最初设计的产品推向了市场。随后，考夫曼充分发挥自己“爱拼才会赢”的精神，领导公司又设计并生产了几十种其他的苹果配件。在那之后，有一天清晨，身在纽约的考夫曼突发灵感，准备着手创办下一个公司——Quirky。

“当时，我正坐在地铁里，”后来他这样回忆道，“有一个妇女戴着我发明的第一个产品，也就是我在高中时发明的那种隐形 iPod，在我身前走过。看到这个，我突然意识到，我应该并不是唯一能够想到好主意的人。我真正独一无二的能力是，理清所有出现在脑中的想法，并且付诸行动。很多人都像我一样有创新的点子，但是要真正做出新产品却并不容易。**事实上，对几乎所有人来说，创新都是一件极端、极端困难的事情。**”

让发明创新止步不前的是融资、工程设计、分销、法律等一系列问题，所有这些问题都是横亘在产品开发过程中的泥沼。因此，考夫曼决定创办 Quirky，它的使命就是“让发明变得触手可及”。正如考夫曼所言：“让所有的人都有可能把他们的伟大想法付诸实施，而无关他们的爱好、环境和出身。”

扫码关注“湛庐教育”，回复“创业无畏”，直达精彩视频《戴曼迪斯：你为什么对未来充满信心》。

考夫曼这种做法，其实就是用指数思维取代线性思维，他使产品开发的整个过程都变成开源式了。Quirky 的用户需要做的是，在 Quirky 社群上发一个帖子，把他的产品设计理念告诉大家，然后其他用户就会对这个产品的可行性和合意性进行投票。如果大家喜欢它，那么大家就一起帮忙把它制造出来；而且，每一个步骤都是众包式的、开源式的。这也就意味着，Quirky 社群将会“守护”你的思想，并让它从原型变成目标市场上的产品，同时却有效地避开了传统产品开发的瓶颈。这也就是 Quirky 这个名字的由来。“这是一个进行产品开发的神奇的方法，”考夫曼解释道，“我们改变了社群的互动方式，改变了用户在线上一起做事的方式。现在他们已经不再仅仅停留在聊天和分享一些事情上了。他们已经真的在制造产品了。”

Quirky 成立于 2009 年，它迅速筹集到了 7 900 多万美元的创业资金；到今天，它已经把几百个产品投入了市场。在它开发的产品中，比较著名的包括一种名叫 Pivot Power 的灵活的电源板、一种被称为 Solo 的可折叠衣架，等等。此外，它还开发了新的书架、背包、电线管理设备、清洁产品、烹饪产品以及几乎任何你可以想象的东西。但是数量并不是最重要的，Quirky 真正不同凡响之处在于它的开发速度。回到 25 年前，以上的任何一项创新产品都要经过好几年的市场检验，但是有了 Quirky 后，却只需要大约 4 个月的时间。

线性公司陈旧的结构和呆板的流程严重地限制了它们迅速推出新产品的能力，而 Quirky 则与这些线性公司完全不同，它是一个拥有 800 000 活跃用户的社群，已经发布了 300 多个产品，现在它每星期都会介绍两到三个新产品。Quirky 上的所有东西都是透明的，都能在网上找到，并且向公众开放，这与传统的做法——关起门来搞设计，在幕后进行营销策划——全然不同。也就是说，Quirky 所做的一切都是紧紧围绕这样一个宗旨的：让任何一名企业家都能够充分利用诸如众包、开源等指数型组织工具的神奇力量。

是的。企业家应该利用这种力量。在这里，我的目的并不是教你如何成为考夫曼，而是教你如何去利用像 Quirky 这样的指数级平台，或者鼓励你自己去创建类似的平台。

再来看一下坎达丝·克莱因（Candace Klein）的故事吧。她是一个众包专家，是 Bad Girl Ventures 公司的首席执行官，每天都忙得足不沾地。Bad Girl Ventures 公司是一个专注于帮助女性创业的公司。每个星期六晚上，克莱因都会和一群女性朋友一起参加鸡尾酒会。“我们中有一些人在经营生意，”克莱因这样解释道，“其中有一些人是全职妈妈，但是我们都是真正具有创新精神和创业精神的人。我们通常都是在周六晚上讨论我们的下一个创新，然后把这些想法放到 Quirky 上。有的时候，把我们的想法放到网上去，需要花点心思，但是大多数时候只需要 15 分钟就足够了。”

在过去的几年里，克莱因放到 Quirky 上的那些来自她自己和她的鸡尾酒晚会的想法，每年都为她创造了 10 万多美元的收入。得到 6 位数的收入，而且从事的又是这样一个令人兴奋的工作，何乐而不为呢！

但这并不是故事的全部。至少同样重要的是，考夫曼的成功，进而，克莱因的成功，全都取决于“竞技场”上的另一个剧烈的变化——规模的变化。

在指数时代的早期，破产的是像柯达这样的恐龙公司。但是后来，由提供数字化商品和服务的公司——经营出版物的公司、音乐公司、存储业务公司等等——组成的整个产业都受到了威胁。不过，Quirky 让我们提前看到了下一个阶段。受到 6D 冲击的不仅仅限于商品和服务，而是整个工业生产过程。Quirky 是对盛行于整个 20 世纪的产品开发链的一种替代；以往那些资本高度密集的产品开发模式的每一个步骤都将被替代。

能够给我们带来启迪的不仅仅是 Quirky。回到 10 年前，酒店业和旅馆业绝对是一个资本密集型的产业。如果你想创办一家全国性的连锁酒店，那么你就必须把那些酒店房间实实在在地建造出来。然而，Airbnb 公司却并不是这么做的。

从技术上讲，Airbnb 只是一个托管平台，但是，这个术语并不能直接反映它给酒店业和旅馆业原有的公司带来的巨大冲击。通过提供一个平台来公布可用的空余卧室、对外开放的带车库的公寓，甚至空置的度假屋，这个网站允许任何一个人把自己不用的空间变成一个旅馆。到了 2014 年年中（恰好是 Airbnb 成立 6 年之后），它已经在 192 个国家、34 000 个城市拥有了 60 多万个房源，超过 1 100 万客户享受过它的服务。最近该公司的估值达到了 100 亿美元，这就是说，它的价值已经超过了凯悦酒店集团（市值 84 亿美元），尽管它哪怕一个单间都没有建造过。

还有 Uber，它是另一个不同的托管平台。事实上，Uber 可以说是一个让私家轿车与出租车进行正面交锋的网站。如果你下载了一个 Uber 的应用程序，那么你就可以预订一辆汽车，获得有关司机的一些信息，在地图上查看这辆汽车的行驶路线；同时，由于你的信用卡也是联网的，你可以立即进行支付。然而，Uber 并没有属于自己的车队，也没有一大群需要管理的司机。Uber 公司只是帮作为顾客的你与拥有某些资产（例如，豪华轿车）的人牵线搭桥。换句话说，Uber 绕开了中间商，把潜在乘客与豪华车的车主直接配对到了一起，从而使大量的基础设施实现了非物质化，并且使相当一部分运输业实现了大众化。而且关键是，这一切都发生得非常快。在公司成立 4 年之后，Uber 便已经在 35 个城市运营了，其市值达到了 180 亿美元。

Quirky、Airbnb 以及 Uber 是企业家利用指数级力量扩大规模的绝佳例子。它们几乎在瞬息之间就变成了市值高达数十亿乃至数百亿美元的公司。它们与我们平时相信的用资本来扩大的密集型企业规模的一切都完全不一样。在 20 世纪的大部分时间里，扩大这样的企业需要投入大量的资金和时间。增加劳动力、建造办公楼、建造大规模的生产车间……因此也难怪实施策略需要从几年到几十年不等了。在那种情况下，出现这样的事情并不足为奇：董事会把公司押注在一个新的、代价十分高昂的方向上，而直到做出这个决策的大多数董事会成员退休很久之后，结果仍然是未知数。然而，时异事变，一切都今时不同往日了。

线性组织正处于 6D 的冲击导致的险境中，同时指数型企业家却史无前例地大放异彩。今天，从“我有一个好主意”到“我经营着一家市值 10 亿美元

的公司”的转变比以往任何时代都发生得更快。

在一定程度上，这种情况之所以会发生，部分是因为指数型组织具有完全不同的结构。21 世纪的新兴公司并不需要雇用大量的员工或者建造大量的厂房；这些公司的规模通常较小，主要专注于信息技术、非物质化过去的产品和创造新产品，它们只需要几个月，有时甚至几个星期就能获得收益。

因此，这些“瘦小”的新兴公司就是与巨大的恐龙进行竞争的小小的、毛茸茸的哺乳动物。众所周知，那些恐龙由于小行星的撞击而丧失了统治世界的主宰地位。现在，指数型技术就是那颗小行星。

BOLD

指数级成长的智慧

HOW TO GO BIG, CREATE WEALTH, AND IMPACT THE WORLD

在今天这个急剧变化的时代，“巨大而缓慢”根本无法与“小巧而灵敏”进行竞争。但是要想变得“小巧而灵敏”，仅仅了解指数级变化的 6D 以及不断扩大它们的影响仍然是远远不够的。你还需要了解推动这种变化的技术和工具。指数型技术包括无限计算、传感器和网络、3D 打印技术、人工智能、机器人、合成生物学，等等；指数型工具包括众筹、众包、激励性大奖赛和架构合理、潜力无限的社群，等等。这些指数型技术和工具赋予企业家的力量将是前所未有的。

欢迎来到指数时代！

02

找到用户界面，大众化才能破土而出

当苹果公司创建了应用程序商店后，应用程序出现了何等壮观的爆炸式发展！一个简单而优美的用户界面，能够让企业家拥有解决问题、开拓事业的能力。改进界面会形成一个积极的正反馈回路，这是一个螺旋式上升的良性循环。

读懂指数级路线图

著名心理学家埃德温·洛克（Edwin Locke）在他的著作《大推手》（*The Prime Movers*）中，辨识出了所有伟大的商界领袖共同拥有的核心精神特质。这些伟大的商界领袖包括：史蒂夫·乔布斯、山姆·沃尔顿、杰克·韦尔奇、比尔·盖茨、华特·迪士尼和 J. P. 摩根，等等。在这里，我们只能列举出其中一些人的名字。虽然他们成功的因素各不相同，但是洛克发现，他们身上存在一个共同的关键特质：极具前瞻性的眼光。洛克写道：

> 他们拥有一种极具前瞻性的眼光，正是这种能力使这些人变得与众不同。有数据显示，如果公司满足于既得成绩而不思进取、墨守成规的话，那么它将会不断地遭受失败。伟大的领导者都具有这种前瞻性的眼光，并且有信心带领他们的公司实现自己的愿景。让我们来看看乔布斯吧。在这方面，他也许并不是最突出的一位，但是如果你告诉乔布斯有些事情是不可能做到的，那么他肯定绝不同意你的看法，并且一走了之。在乔布斯的人生信条中，没有“不可能”三个字。乔布斯拥有极具前瞻性的眼光，他对未来有清晰的愿景，而且不会因为别人的影响而动摇。

因此，在下文中，我们将向你展示这些伟大的商界领袖所真正拥有的特质：从不动摇的、极具前瞻性的眼光。拥有这种眼光意味着，对未来抱有更为坚定的信念；而要拥有这种眼光，需要经过三个步骤。我们将致力于说明这个过程。为此，在下文中，我们将重温指数级增长的欺骗性特点，指出几个通常标志着从欺骗性过渡到颠覆性的指标——正是在产生颠覆性的那个时刻，企业家需要将自己嵌入到“指数方程式”中去。接下来，我们将考察一下这个过程在现实世界中是如何发挥作用的。在第3章中，我们将深入探讨3D打印技术的过去、现在和未来。3D打印就是这样一种技术，它正在从欺骗性向颠覆性转变，并且有可能很快就会“发育成熟”。为了探索这些可能性，我们会介绍这个领域中一个颇有远见的领导者和两三个或许与你不一样的企业家，这些家伙并没有多少有关这个技术的知识，然而他们却找到了一种方法来利用指数级变革的力量，创办了指数型企业，这些指数型企业极有可能导致某些现在市值数十亿美元的公司破产。

然后，在第4章中，我们会概略地勾画出一些呈指数级发展的技术的未来，例如，网络和传感器、无限计算、人工智能、机器人技术、合成生物学等领域。尽管这些技术已经产生了颠覆性的增长，并且已经开始改变我们的世界，但是由于它们极难掌握，并且十分尖端，因而它们目前基本上都被掌握在一些市值数十亿美元以上的公司手中，比如，谷歌对人工智能的应用或者特斯拉汽车公司对机器人的使用。但是这种情况不会持续太久。价格的降低、性能的提高、更为便利的用户界面的开发，很快就会使这些技术适合于那些对其未来走向有明确认识的人。因此，这些技术中的每一项都已经徘徊在被广泛采用的边缘，对那些能够走在指数级增长曲线前面的指数型企业家来说，这将是一个巨大的机会。

良好的用户界面，让技术变成“赚钱机器”

如果我们想走在指数级增长曲线的前面，那么我们就应该先对这种曲线的欺骗性特点有更深入的了解。接下来，我们就从影响高德纳技术成熟度曲线（Gartner Hype Cycle）形状的若干强大的认知偏差入手，通过分析，加深我们对指数级增长的理解。

当一项新技术被引进并初步获得了一定的发展动力后，我们就会忍不住去设想它的最终形式。在通常情况下，我们会过分地缩短它的发展时间和夸大它在短期内的潜力。然而，这些新技术似乎总是无法兑现它们最初宣传时的"承诺"（这是因为，它们仍然处于指数级增长的6D中的欺骗性和颠覆性之间），在这个时候，公众对于这种技术的幻想便会破灭。这就是我们在第4章将要讨论的许多技术的现状。这意味着，当这些技术处于低谷时，我们受到了"炒作"的影响（不过，这一次是负面炒作）。我们始终无法相信它们将再次崛起，因此也无法看到它们巨大的变革潜力（见图2-1）。

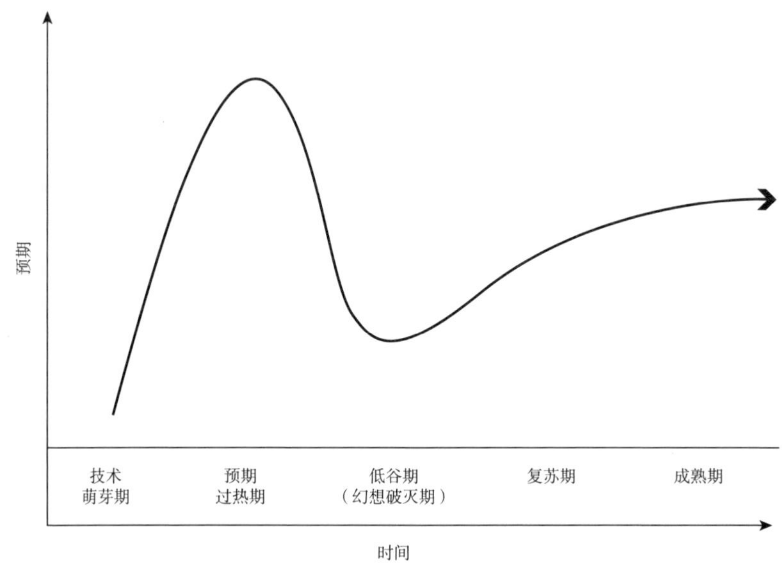

图 2-1 高德纳技术成熟度曲线

资料来源：www.gartner.com。

让我们以个人电脑的发展为例：早在20世纪60年代末，当像作家斯图尔特·布兰德（Stewart Brand）这样的人最初开始讨论个人电脑的想法时（“个人电脑”这个术语就是布兰德首创的），它带来了无数“改变世界”的激情幻想。然而，当这样的机器真正问世之后，大多数人唯一能做的事情却是用它“打打乒乓球”。这就是幻想的破灭。技术的欺骗性达到了顶峰。但是想象一下今天的计算机所能给你带来的知识，如果你能够穿越时空，回到20世纪80年代早期，你是否真能感觉到，巨大的创业商机已经展现在你面前了呢？

BOLD
指数级成长的智慧
HOW TO GO BIG, CREATE WEALTH, AND IMPACT THE WORLD

认识到一种技术已经走出幻灭的低谷，开始沿着希望的斜坡上升，对企业家来说至关重要。看一张指数曲线图，类似于看一张路线图，专家们留意的是一些指标，例如，最优业务的发展情况、供应商的增加速度、二次融资额，等等（见图2-2）。但是对我来说，最重要的因素是观察一个简单而优美的用户界面的开发情况，即确定是否存在着一条容易操作的交互通道。这种界面或通道能够将极客手中的技术转变为企业家手中的赚钱工具。事实上，正是这种简单而优美的用户界面改变了互联网。

互联网是在挫折中诞生的。20世纪60年代早期，面对似乎无穷无尽的计算能力，美国各地的研究人员无比兴奋，但是他们仍然极大地受限于地理因素。当时，世界上只有为数不多的几个主要的计算中心。毫无疑问，不可能所有的研究人员都到麻省理工学院或加州理工学院工作。说真的，有些人确实可能只是因为运气不好就丧失了去名校工作的机会。1963年4月，一个名为J.C.R.立克里德（J.C.R. Licklider）的计算机科学家撰写了一份备忘录，在他的同事之间传阅。这份备忘录提出建立一个星际计算机网络（Intergalactic Computer Network）的设想，那将是一个用新开发的分组交换技术代替传统的电路交换技术的网络，它允许任何一个研究人员把自己的终端电话线连接到他们迫切需要连接的计算中心上。这个设想促成了阿帕网的诞生，它就是今天的互联网的前身。

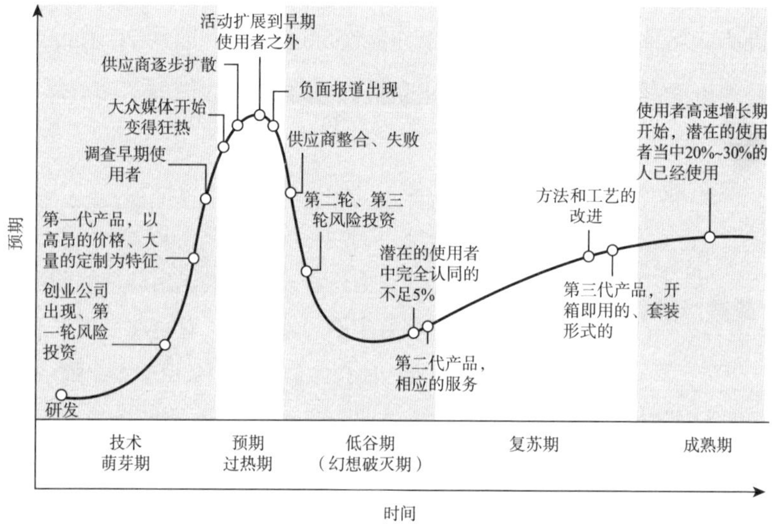

图 2-2 高德纳技术成熟度指标

资料来源：www.gartner.com。

阿帕网于 1975 年开始运行。它主要是建立在文本基础上的，因此操作起来相当复杂，其用户主要是科学家。不过，到了 1993 年，所有这一切都发生了彻底的改变。当时，年仅 22 岁的马克·安德森（Marc Andreessen）还是一个正在伊利诺伊大学香槟分校上学的本科生。他不满足于原有的网络操作方法，与他的伙伴联合开发了 Mosaic。这既是第一个 web 浏览器，也是互联网上第一个人性化的用户界面（user interface）。Mosaic 很快成为打开互联网的一把钥匙。安德森在界面上添加了一些图形操作对象，同时用 Windows 取代了 Unix。在当时，Windows 这种操作系统才刚刚问世，不过后来全世界将近 80% 的计算机都

> KEY WORD
> **| 用户界面 |** user interface
> 指一条容易操作的交互通道，简洁友好的用户界面可以成为"赚钱工具"。

使用了这种操作系统。虽然看起来安德森做得并不复杂，但是他却为科学家、工程师和军队开发出引领潮流的新技术。其结果是，1993 年初，全球只有 26 个网站，但是到了 1995 年 8 月，网站的数目迅速发展到了 10 000 多个，1998 年末，则爆炸性地增加到了几百万个。

这是一个优美而可靠的用户界面产生的力量，它同时也标志着指数型企业家参与互联网这场游戏的时间到了。当然，企业家决定发展一项已经成熟的技术与风险资本家决定投资一项已经成熟的技术并没有太大的区别。然而，确定一项技术确实已经成熟到足以投资的地步，风险资本家有数十种理论可供运用，那么，在所有这些指标中，我为什么独独选择“用户界面”这一个指标呢？道理很简单。一个简单而优美的用户界面的建立，能够让企业家拥有利用这个新的工具来解决问题、开创业务的能力，以及最重要的——拥有进行实验的能力。请你想一想，当苹果公司创建了应用程序商店之后，应用程序出现了何等壮观的爆炸式发展！在创新企业家不断地改善这个新界面的同时，他们也在将更多的能力赋予其他创新企业家，这也就意味着，改进界面的创新开发形成了一个积极的正反馈回路。这是一个螺旋式上升的良性循环。

更加令人兴奋的是，我们观察到，在当今时代的 6 个主要的指数型技术中，都已经开始出现了类似的优美而可靠的界面；这也就意味着，如果创新企业家们的反应足够敏捷，就有可能把握住 6 个差不多可能与互联网相媲美的巨大历史性机遇。以 3D 打印技术为例，表 2-1 展示了由 3D 打印技术的出现而即将消失的一些产业。

表 2-1　　由于 3D 打印技术的出现而即将消失的一些产业

行业	3D 打印技术当前的应用	3D 打印技术未来的潜在应用
航空航天和国防	• 概念化建模和原型制造 • 结构性和非结构性的零部件生产 • 低容积更换零件	• 直接用电子零件嵌入式制造 • 生产复杂的发动机零部件 • 飞机机翼组件 • 其他结构性飞机部件

续前表

行业	3D 打印技术当前的应用	3D 打印技术未来的潜在应用
太空	• 太空勘探所用的专用零部件 • 采用轻质、高强度材料制造构件	• 在太空按需制造零件 / 备件 • 在太空中建造大型结构，从而克服运载火箭的载重限制
汽车	• 快速原型制造，为终端用户生产汽车零部件 • 生产用于古董车和赛车的零件和组件 • 快速生产零件或整车	• 生产复杂、先进的汽车零部件 • 通过众包来设计汽车
卫生保健	• 制造假肢和植入物 • 制造医疗器械和模型 • 制造助听器和牙科植入体	• 制造用来移植的器官 • 大型医药生产 • 开发用于再生疗法的人体组织
消费品生产 / 零售	• 快速制造原型 • 创建和测试设计迭代 • 定制珠宝和手表 • 有限的产品定制	•与客户共同设计和生产 • 定制生活空间 • 大规模定制消费品

资料来源：*Deloitte analysis; CSC, 3D printing and the future of manufacturing, 2012 Graphic: Deloitte University Press \ DUPress.com*

03

3D 打印，颠覆世界的制造技术

革命性的“增材制造”方式，正在让消费品、运输和医疗设备行业发生巨变，3D 打印技术将会给我们带来一个价值 10 万亿美元的商业机会。Made in Space 和 MakieLabs 正是 3D 打印领域的佼佼者。

HOW TO GO BIG,
CREATE WEALTH,
AND
IMPACT THE WORLD

BOLD

3D 打印，10 万亿美元的商业机会

与互联网发展类似的情况出现在 3D 打印技术中。在此之前，3D 打印技术已经经历了长达 30 年的欺骗性的增长过程。到了今天，这种技术终于开始展现出它的威力——它可能会使价值 10 万亿美元的制造业中的相当一部分产业彻底消失。在这一章，我们就将探讨这一技术的过去、现在和将来，然后把一些志在开拓未来的企业家介绍给你。我们的目的是，既让你熟悉这一技术，同时也让你把它当作一个 6D 框架的实时案例来使用。这样，我就可以清晰地阐明，那些高明的指数型企业家是怎样才做到正确地解读高德纳技术成熟度曲线，并在适当的时机切入，从而充分利用指数型技术提供的指数级增长机会的。

为了达到这个目标，我们需要从头开始讲起。因此请让我们开动时光机，回到距今大约 260 万年以前，尽情享受一次穿越之旅吧。我们要回去的地点是如今的埃塞俄比亚南部地区，在那里我们看到：我们的匠人祖先拿起了两块岩石，用其中的一块去刮磨另外一块，直到另一块岩石变为一块锋利的石片为止。好！就先看到

这里。

用石块进行刮磨是我们人类使用工具的开始。这种制造石器的方法是减材制造（subtractive manufacturing）的起源。减材制造指这样一种制造过程：对巨大的原材料（例如，一块巨大扁平的石头）不断地进行切削（“做减法”），直到最终得到所需要的东西为止（例如，得到一块锋利的石片），当然，在这个过程中，会留下一大堆“残骸”。直到最近，人类在制造所需要的东西时，使用的仍然是减材制造的方法。

查尔斯·赫尔（Charles Hull）改变了这个游戏规则。在 20 世纪 80 年代初，赫尔决定帮助境况不佳的底特律汽车生产厂商缩短把他们的新产品推向市场的时间，以此来重获竞争优势。赫尔当时就职于南加州的一家小公司，专门从事防紫外线辐射的应用材料的开发工作，工作内容主要包括固化（硬化）防紫外线辐射的涂料和油墨。赫尔意识到，固化的方法为一种全新的制造过程打开了一扇大门。利用这种方法，就不必再通过减材方法去制造出新的塑料零件和原型汽车了——如果他能弄清楚如何在一张固化的防紫外线塑料纸上打印出另一张固化的防紫外线塑料纸（并且把这两张防紫外线塑料纸黏合在一起），他就能够通过添加的方式制造出新的汽车零部件。这就是一种增材制造（additive manufacturing）的方法，即一次只打印出一层，然后将它们层层叠加起来。3D 打印技术就这样诞生了。

> **KEY WORD**
>
> **|增材制造|**
>
> additive manufacturing
>
> 指采用材料逐渐累加的方法制造实体零件的技术，相对于传统的材料去除－切削加工技术，它是一种"自下而上"的制造方法。

如果你想更好地了解 3D 打印机的工作原理，那么请想想喷墨打印机吧。喷墨打印机是一种极其常见的办公设备，可以说它几乎无处不在。当然，喷墨打印机都是 2D 打印机，它通过沿一个二维轴（x，y）打印能够把数字指令（来自电脑）转换成一个“目标对象”（将文本打印于页面上）。除了增加了一个垂直维度（z 轴）之外，3D 打印机所做的事情与 2D 打印机是一样的，但是，有了第三维之后，它就能够创造任何三维物体了。

赫尔在 1984 年制造出了第一台 3D 打印机，然后他创办了 3D 系统公司（3D Systems）。公司的总部位于加利福尼亚州的巴伦西亚（Valencia），致力于 3D 打印技术的开发和商业化。不幸的是，这显然不是一件容易做成的事。在接下来的 20 年里，3D 打印技术的发展极其缓慢（一直处于欺骗性阶段），而且价格也令人难以置信的昂贵，它的用户界面也极其复杂。所有这 3 个因素加在一起，严重阻碍了 3D 打印技术的广泛应用。到了 21 世纪初，尽管 3D 系统公司拥有巨大的先发优势，但是它却一直挣扎在破产的边缘。“这个公司变成了一列失事的火车”，艾维·雷切托尔（Avi Reichental）这样评价道，“他们忽视了一个事实,他们所用的技术是呈指数级增长的,但他们忘记了如何去创新。”

然而，对这一切，雷切托尔非常清楚，因为他就是拯救 3D 系统公司的人。

从表面上看，雷切托尔选择这个工作让人觉得十分奇怪。在之前的 23 年时间里，他一直为希悦尔公司（Sealed Air Corporation）工作，希悦尔公司发明了气泡纸，不过雷切托尔对增材制造并不了解。他真正了解的是创新。“希悦尔公司并不是一般的包装商品公司，”雷切托尔说，“它更像是一个硅谷创业公司。它完全是创业型的，总是在探索新的发展潜力，总是试图打开新的市场。”

因此，雷切托尔在希悦尔公司工作期间先后尝试过几十种不同的工种，直到最后，他成了公司里的第四把手。在他的管理下，公司逐步扩大规模，从只有 400 名员工、市值 1 亿美元的小公司（他加入公司时）一跃成为拥有 1.8 万名员工，市值高达 50 亿美元的巨型公司（他离开公司时）。雷切托尔曾在希悦尔公司的制造部门工作过，内容是帮助制造部门节约成本，正是在那里，他第一次引进了 3D 打印机，以作为加快成型过程的一种方法。这也就意味着，当他第一次接到 3D 系统公司打给他的电话时，雷切托尔恰好拥有足够的信息来完成他的尽职调查。他的发现让他大开眼界。

> “当然，在那个时候，”他说，“3D 系统公司已经濒临破产的边缘了。”也就是说，它依然被困在欺骗性阶段。“但是，我运用摩尔定律，对被整合

进 3D 打印技术的各个领域一一进行了‘计算’，结果发现，所有这些领域都即将进入爆发性的发展阶段。根据指数曲线，我看到，3D 打印技术即将彻底改变我们的制造方式、制造对象和制造地点。当你进行增材制造时，许多复杂的问题都会迎刃而解。这也就意味着，你再也不会受制于传统的制造业的任何局限了。你直接可以把一个电脑文件转变为一个成品，你能够在不必再加工或者补充存货的情况下制造出数以百万计的独一无二的商品。你能够利用这种技术随心所欲地进行量身定制。我发现，3D 打印技术作为一个连接枢纽，能够随时随地地把虚拟世界和现实世界联系起来。有朝一日，它必将无孔不入，深深地触及我们生活的各个方面。”

雷切托尔决定去 3D 系统公司工作。当时，3D 系统公司甚至还没有形成自己的产品系列。他们只生产了 6 种不同类型的打印机——这也是他们生产功能最强大的设备，由两个打印发动机驱动，但是也只能用 4 种材料进行打印。更加糟糕的是，3D 系统公司本身并不生产任何 3D 打印所需的材料，而且每种打印机都只能用某种特定的材料。

雷切托尔的第一要务是扩大公司规模和整合公司业务。“我想造出更多的打印机，更多的打印材料，我希望我们的打印机能够用我们自己生产的材料打印，这样你在使用这些打印机的时候就不必先把自己变成一个‘超级专家’了，也不需要完全弄清楚这些机器的工作原理。对于我来说，简单易用至关重要。我希望人们能够用他们的创造力去思考、去设计新的东西，而不是去搞明白打印机的工作原理。”

为了实现他的想法，雷切托尔开始“缠上”了赫尔。赫尔仍然在为 3D 系统公司工作。其实赫尔当时已经退休，但是在雷切托尔接管工作之前，他又被返聘回来担任公司的临时首席执行官，并且在雷切托尔到来之后，继续以顾问的身份一直留在公司工作。“赫尔的办公室刚好位于咖啡机的边上。一天早上，我顺道拜访了他，我这样对他说：‘我们的打印机价值数十万美元，你必须成为一个像宇宙科学家那么聪明的人才能顺利地操作它。因此，你看，我们为什么不制造一些物美价廉的自动化的台式3D打印机呢？’他并没有把我看成是一个疯子，但是并没有下文。第二天我又去拜访了他，并且问了同一个问题。我每天锲而不舍地这样做，连续坚持了6个星期。最后，在一天早上，他比我抢先说了这句话。他主动来到了我的办公室，还给我带来了一杯咖啡。他整个人看上去神采奕奕，对我笑眯眯地说道：‘我想我知道该怎么做了。’”

于是，雷切托尔和赫尔两人携手合作创造了非凡的成就。今天，3D系统公司已经成了一个蒸蒸日上的公司，其市值达到了60亿美元，它能制造40多种不同类型的打印机。最大的3D打印机能够一次成型地打印出丰田凯美瑞汽车（Toyota Camry）的仪表盘；而最简单的3D打印机则被称为酷比（Cube），它目前的售价仅为1 299美元（计划在接下来的几年内把它的价格降到500美元以下）。总而言之，这些打印机能够用一百多种不同的材料进行打印，这些材料包括尼龙、塑料、橡胶以及所有的生物材料（细胞）、蜡，甚至还包括非常致密的金属。

然而，正如我们在上一章所指出的那样，在一个强大的、人性化的界面出现之前，指数型技术并不具备真正意义上的颠覆性（请你想一想Mosaic的例子）。因此，3D系统公司的业务已经扩展到了软件业，他们的目标是，让3D打印机的界面容易到即使儿童也能轻易地使用。在这方面，他们已经获得了很大的成功。“如果你知道怎么点击鼠标，”雷切托尔说，“那么你现在就能够为一台3D打印机设计东西了。我把它称作涂色模型（coloring-book model）。过去我们使用的是画布模型（canvas model）。如果你想成为一个伟大的艺术家，那么你必须先在一块空白的画布上画上许多年的画。现在，随着我们的涂色方法的使用，如果你想成为一名超级创造者，你只需要知道如何在线条之间进行涂色就可以了。”

这无疑是一个非常重要的发展。不过更加重要的是，3D系统公司并不是唯一一个设计新界面的公司。大规模的“实验”已经展开，而且吸引了一大批其他的玩家。因此，3D打印这个领域目前的发展情况恰好与安德森将Mosaic

引进互联网的发展情况相同，换句话说，它已经为指数级爆炸性发展做好了充分的准备。

3D 打印的颠覆性影响

尽管仍然处在爆发性发展的初期阶段，但是目前 3D 打印技术对这个世界的影响就已经足够大了。用 3D 打印技术来生产碗、盘子、智能手机壳、开瓶器、珠宝和钱包等标准的消费品，已经从一种业余爱好发展成为一个新兴的产业。现在许多网站都已经开始销售用 3D 打印机打印的产品，而且零售商也开始参与其中了。正如德勤咨询公司（Deloitte Consulting）的研究部主任马克·考特里尔（Mark Cotteleer）所言："我们的调查研究证实了两个重要的事实。第一，一些产品的保本点，特别是一些由塑料制成的小物件，已经突破了 10 万件这个关口，这意味着，许多类型的消费品用 3D 打印机进行制造已经变得切实可行了。第二，大量确凿无疑的证据表明，即使从单个家庭的层面上来看，一台消费级的增材制造设备也能够迅速地制造出足够多、足够好的商品，它们完全可以补偿购买设备所付出的成本。因此，对一些美国家庭来说，这代表着一个有吸引力的金融投资项目。"

在更大的范围内，3D 打印技术在制造行业和交通运输行业也开始频繁亮相。今天，美国、欧洲和日本生产的大多数汽车中都包括了用 3D 打印机打印出来的零部件。2014 年 9 月，在芝加哥举办的国际制造技术展览会上，本地汽车公司（Local Motors）首席执行官约翰·杰·罗杰斯（John Jay Rogers）和他的团队在一天之内就在现场用 3D 打印机打印了一辆完整的汽车。

罗杰斯把数字制造描述为"第三次工业革命"。"第一次工业革命是蒸汽机的应用。亨利·福特引领我们进入第二次工业革命，即大规模的生产——只要你能够生产出数以百万计的产品，那么你就能使产品的价格变得非常便宜。第三次工业革命则来自于制造业的大众化。在这次革命中，设计制造一辆全新的汽车并不需要先建成一座新的工厂。”

第三次工业革命同样也影响了航空航天工业。美国太空探索技术公司（SpaceX）最近宣布，第二代龙飞船的太空舱所用的发动机的许多部件，都将利用3D打印机打印出来。波音公司已经为10种不同的飞机3D打印了200多种零件。我自己的公司——行星资源公司（Planetary Resources），正在利用3D打印机打印宇宙飞船的许多部件，这些宇宙飞船将用于对近地小行星的旅行和勘察。

3D打印对运输行业的影响是如何形容都不会过分的。CFM国际公司（CFM International）在生产下一代超高效LEAP飞机的发动机时使用了3D打印技术，预计这种发动机在2016年实现商业化。该发动机所用的一种全新的燃油喷嘴是用3D打印技术制造的；事实上，它用传统的制造流程是不可能生产出来的。这种喷嘴可以使能耗降低15%。由于飞机的生命周期相当长，节约能耗15%相当于为未来节约了数千亿美元的成本。

医疗设备行业的步子迈得甚至还要更快一些。由于利用3D打印机打印出来的产品能够与个体体形实现完美的匹配，因此在今天，3D打印机已经被广泛地用于定制手术工具、骨植体、假肢和矫正设备。所有这一切，无疑极大地提高了病人的康复速度。同样值得指出的是，这一切发生的速度是如此之快。

2010年，在《富足》一书的英文版正式出版时，我们在书中介绍过极具才华的斯科特·萨米特（Scott Summit）所做的工作。从他从事的职业来看，他是一名工业设计师，同时，他也使用3D打印机制造为客户量身定制的假肢和后背支架。这些医疗设备曾经只是3D打印机打印出来的一次性使用的时尚产品。而在今天，仅仅只是3年后（2013年），萨米特加盟了3D系统公司，开始帮助公司大批量地制造医疗设备。在这里，我们只需要举一个例子就足够了——3D系统公司现在为全世界的每一个助听器提供基础零件，而在这些零件中，有95%都完全是用3D打印机打印出来的。

另一个与 3D 打印有关的大规模制造医疗器械的实例出现在爱齐公司（Align Technology）完全自动化的厂房内。爱齐公司是隐适美牌（Invisalign）牙齿矫正器的制造商，这是一种透明的塑胶牙齿矫正器，可以用来替代金属牙套。利用 3D 打印机，爱齐公司的工厂每天都能打印出 6.5 个不同的牙齿矫正器。“仅去年一年，”雷切托尔说，“他们就在一个并不比大学讲堂大多少的未来工厂内打印出了 1 700 万对完全定制的一次性矫正器。”

BOLD
指数级成长的智慧
HOW TO GO BIG, CREATE WEALTH, AND IMPACT THE WORLD

当然，3D 打印技术肯定还会进一步渗透进其他许多领域，它的影响，必将远远超出消费品、运输和医疗设备行业。事实上，总价值高达 10 万亿美元的制造业的各个领域都有可能被 3D 打印技术所颠覆。因此，3D 打印将是一个价值 10 万亿美元的超级机会。

那么，原本对这个平台了解不多的指数型企业家又该如何利用这种技术去颠覆原来的行业格局呢？他们应该如何义无反顾地创业呢？下面，就让我们来认识其中的几位创新者，看看他们能够给我们带来哪些启示。

Made in Space，在国际空间站打印零件

我第一次遇见阿伦·克姆（Aaron Kemmer）、迈克尔·陈（Michael Chen）和贾森·邓恩（Jason Dunn）3 个人，是在 2010 年夏天奇点大学的研究生项目上。他们 3 个人组成了一个具有大胆创新思想的团队，而正是对太空探索的激情让他们走到了一起。“这就是为什么我们来到奇点大学的原因，”克姆解释道，“我们都是不断地寻找好创意的连续创业者，我们想要创办一个有助于打开太

空新领域大门的公司，起初，我们绝对没有想到过我们会推动 3D 打印技术的进步。”

正是奇点大学的机器人学教授、3 次穿梭于太空的宇航员丹·巴里（Dan Barry）博士为他们在 3D 打印技术上指明了道路。“我们对 3D 打印只是略知一二，”迈克尔·陈说，“那是因为邓恩，他拥有航天背景，曾在大学里用 3D 打印机打印过一些东西。但是当我们正在做分析时（当时只是观察所有不同的指数型技术，试图提出我们的想法），巴里教授一直徘徊在我们身边，并且告诉我们他曾经上过国际空间站。哇，我们马上想到了，如果有一台能够用于国际空间站上的 3D 打印机，那肯定会十分有意义。”

最后，他们决定弄明白它的用处到底体现在哪里。

> “这是一个供应链的问题，”邓恩解释道，“国际空间站是目前最长、最复杂、最昂贵的供应链的终端。现在的发射成本大约每 5 000 克需要 10 000 美元。任何进入太空的物体都必须足够耐用，以便于能够在摆脱地球引力的过程中‘生存’下来（因为在离开地球的 8 分钟时间内，它们必须承受超重的考验），而这也就意味着需要制造出较重的物体。但是，增加任何额外重量都将会受到双重的挑战：不仅每增加一千克重量会多花一些费用，而且它还需要额外的燃料（否则它无法摆脱地球引力），而这也就意味要花费更多的钱。”

另外，空间站里的零件如果损坏的话，那么很可能要等待好几个月之后才有机会重新得到供应。这就是为什么在国际空间站的清单里会有超过 10 亿个零部件的原因了（这个数字是指已经付过钱的零部件的总数，但是它们未必都能被送上空间站）。在做了更多的研究之后，克姆、邓恩和迈克尔·陈发现，这些零件中有 30% 都是用塑料制成的。这也就意味着，它们应该可以用现有的 3D 打印技术生产出来。这确实是一个切实可行的计划！

太空制造公司（Made in Space）就这样诞生了，这是我们这个世界上的第一个外太空 3D 打印公司。它的创办者，也成了指数型企业家的绝佳榜样。他们的整个商业模式都是建立在指数级发展曲线的基础上的。他们的第一个产品，于 2014 年秋天被送上了国际空间站。这是最简单的一种产品——一台能够打印塑料零件的 3D 打印机。

就其本身而言，这将带来各种各样的制造业革命。“国际空间站上的第一台 3D 打印机能够制造出不可能在地球上制造出来的物品，”克姆说，“例如，试着想象一下，建造一个无法承受自己的重量的建筑物。”

把指数曲线向前推进一点点，太空制造公司下一个迭代是一种拥有新材料和多种材料的 3D 打印机——这就意味着在接下来的 5 年内，国际空间站上使用的 60% 的零部件都将变得“可打印”。而在这种情况的背后，游戏规则也将发生彻底变化：3D 打印机将能够打印电子产品。

再想一想卫星技术的最新趋势。目前有一种立方体卫星（CubeSats），它是一种只有 10 立方厘米大小、重量约为 1 千克的小小的卫星。要制造它们十分简单，几乎任何人都能够独立完成（在网上有可供使用的免费说明）。但是，它们也具有极大的欺骗性，当它们以集群形式被“部署”到太空中时，通常就能代替其他比它们大得多的卫星了。对于立方体卫星本身而言，制造成本是非常低廉的（每颗大约 5 000~8 000 美元）。但把它们发射出去却是昂贵的（需要数以万计美元）。这正是我们在今天要面对的难题。如果我们能够再等上几年，太空制造公司就能解决这一问题——因为它是在太空中制造这些微型卫星的。

> “事实证明，”邓恩说，“国际空间站是一个把东西送达近地轨道的完美的平台。我们的打印机已经能够打印立方体卫星的多个部件，而且我们也已经能够在实验室打印电子产品了。虽然现在还很难确定一个具体的日期，但是我可以肯定，大约在 2025 年之前，我们就应该能够在国际空间站里打印出电子产品了。而这就意味着，我们能够通过电子邮箱免费把‘硬件’发送到太空中，而不用支付把产品运送到那里去的费用。”

当然，人类最大的梦想是，制造出能够在太空中把整个空间站打印出来的 3D 打印机，甚至更进一步，能够用从太空里开采来的材料进行打印。一旦这成为事实，建设合法的外太空的栖息地（如太空殖民地）的计划也就会变成一个切实可行的方案。

“想象一下，无须其他任何东西，只需要带着一台 3D 打印机以及一些采矿设备，就能对一个遥远的星球进行‘殖民’，”迈克尔·陈说道，“这听起来像是科幻小说里的情节。但是，在我们的实验室以及国际空间站里，这个美梦的第一步工作马上就要完成了。”

这一切意味着什么呢？这意味着，虽然太空制造公司现在才刚刚开始颠覆一个价值数十亿美元的太空零部件制造产业，但是支撑他们的商业模式的指数增长曲线将直接导致他们在另一个价值数万亿美元的产业上拥有重要的先发优势，这个产业就是未来的“外太空生活”产业。

MakieLabs，按需设计，谁颠覆了一个 340 亿美元的市场？

也许你会认为，太空制造公司的故事反映的是一种不寻常的创业精神，而不能反映多少规律性的东西。虽然克姆、邓恩和迈克尔·陈对 3D 打印技术的了解一开始并不是太多，但是他们都是奇点大学的学生。奇点大学不仅给他们提供了了解这种技术的切入点（在奇点大学，就有 3D 打印技术的现场演示），而且还向他们展现了许多其他指数型思想。但是艾丽丝·泰勒（Alice Taylor）的情况并非如此，她是一位英国设计师，本身并不拥有任何类似的优势，但是她同样取得了非常大的成就：她几乎颠覆了总价值达 340 亿美元的玩具娃娃市场的一个价值达 35 亿美元的细分市场。

泰勒把她的整个职业生涯都奉献给了数字媒体，首先是作为一个网站的创建者，后来又供职于英国 BBC 广播公司的数字部门，最后又成了伦敦第四频道的负责教育领域的责任编辑。在伦敦第四频道，她的许多工作都与如何制作优质的教育视频游戏有关。她在游戏方面的兴趣使她产生了对玩具娃娃的兴趣，这又进一步导致她后来决定进军玩具娃娃行业。玩具娃娃产业也是一个已经完全成熟的产业，随时都有可能被颠覆。

在过去的 30 年里，玩具产业已经发生了一些改变。曾经主要以个体工匠为主的大量内资企业，已经演变成为利用海外大规模制造商进行制造的少数大型企业。为了进行价格竞争，玩具娃娃需要大批量地进行生产，并且利用注塑模具进行生产。这种生产过程要求为每种玩具娃娃的每个部件准备一个模具。由于每个模具的制造都要花费数万美元，所以一种玩具娃娃的初始成本高达上千万美元。但是，玩具娃娃非得以这种方式生产吗？或许并非如此。

泰勒的丈夫是著名科幻作家科利·多克托罗（Cory Doctorow）。多克托罗对 3D 打印技术略知一二。不过有意思的是，多克托罗对 3D 打印技术的应用前景的预测却有些“灰暗”，他在 2009 年出版了一本名为《制造者》（*Makers*）的书，书中讲述了犯罪分子和恐怖分子利用 3D 打印机制造出 AK-47 突击步枪，然后大开杀戒的故事。泰勒决定看看 3D 打印是否能够替代传统的玩具娃娃制造技术（也就是昂贵的、大批量制造玩具娃娃的技术）。从根本上说，这就相当于泰勒想看看罗杰所说的第三次工业革命是否可以应用到玩具娃娃制造业、汽车制造业和火箭行业。

> “问题在于，”泰勒后来解释说，“对于 3D 打印技术，我掌握的知识并不多。所以我进入了 Shapeways 的论坛（一个专注于 3D 打印市场的网站），想学点东西，结果在那里发现有一个人贴出了一个通告：‘我能够为 3D 打印机制作 3D 模型。请雇用我吧。’于是我就真的雇用了他。”泰勒给这个人发了封电子邮件，把她的玩具娃娃草图寄给了他，然后，她很快就拿回了一个 3D 模型文件，接下来的事情就很简单了：她利用这个文件打印出了一个真正的玩具娃娃。“它有 18 厘米高，没有眼睛，没有头发，花了我 220 英镑，但是它是一个真实的存在。这真是神奇——我自己做出了一个玩具娃娃。在我的一生当中我从未做出过任何一个玩具娃娃。我感受到了我在互联网早期所曾经感受到的那种敬畏之情，与此同时，我也再一次感受到了它的巨大潜力。因此我回到家里，辞掉了工作，开始着手创办 MakieLabs 公司。它将成为一个能够为任何一位顾客按其需要设计并打印玩具娃娃的公司。”

今天，MakieLabs 公司可以说完全由 3D 打印技术支撑的。“在我们的办公室，一共有 3 台小型的 MakerBot 公司生产的 3D 打印机，我们用它们来打印产品原型，”泰勒解释道，“一旦设计没有问题，我们就利用 3D 系统公司的大型打印机在云端打印最终产品。我们避免了利用机床模具等传统设备进行生产的巨额成本开支，甚至也不用自己花钱购买大型的 3D 打印机，我们只要按需利用云打印就可以了。现在我们所有的包装、运输、销售都可以实行虚拟化。我们没有仓储成本，也不需要在本国与远东地区间来回奔波。我们甚至不需要大批量地打印我们的包装。我们只要按需打印就可以了。”

在泰勒看来，玩具娃娃只是一个开始。“任何一个最终产品能够被定制的行业都是非常脆弱的，”她说，“玩具娃娃说到底只是一个 3D 的外形，其他玩具恐龙、玩具机器人和玩具汽车也全都是一样的。我们已经进入了一个一站式制造的世界。在我们自己的家里和办公室里，我们就能够拥有这些工具，或者，我们也可以通过云计算来租用这些工具。我们正处于这样一个非常有创造性的时代的前端。这个时代必定会成为颠覆性企业家大显身手的伟大时代。”

在结束本章之前，我建议读者再回过头去看一看表 2-1，这样，对于那些因为 3D 打印技术的发展而已经处于被颠覆前夜的行业，你将会有一个更清晰的认识。这是德勤咨询公司给出的一个分析，它重点强调了目前受到 3D 打印技术影响最深、被颠覆时机已经成熟，因而也最有创业潜力的几个领域。

04

改变世界的 5 种关键技术

现在，超级计算机沃森已经在云端“等候”了，它随时可以被绑定到一个开放的应用程序上。这就是一个“关键时刻”的开始，一切已经准备就绪了，创业的黄金时间已经来临了。注意了，指数型企业家！你们还在等什么？!

HOW TO GO BIG,
CREATE WEALTH,
AND
IMPACT THE WORLD

BOLD

在上一章中，我们透过增材制造的视角细致地观察了指数级增长和创业的可能性。然而，3D 打印技术只是许多种现在正从欺骗性阶段向颠覆性阶段过渡的指数型技术中的一种。在本章中，我们将概述另 5 种同样已经比较成熟、足以进行创业开发的技术——网络和传感器、无限计算、人工智能、机器人技术和合成生物学。我们的目标是将相关的“基本面”因素突显出来，其中包括：这些技术的现状；从现在开始的几年内它们的发展趋势；隐含在它们身上的巨大机会。总之，我们将表明，如今悄无声息的许多领域会在接下来的 3~5 年内产生爆炸式的发展。

网络和传感器，创造海量数据

扫码关注“湛庐教育”，回复“创业无畏”，直达戴曼迪斯 2016 腾讯 WE 大会精彩演讲视频。

网络是任何信号和信息的交互连接，我们人类的大脑和互联网就是其中两个最突出的例子。传感器是一种检测信息的设备，它可以检测如温度、振动、辐射等各类信息。

当我们把传感器连接到网络上时，网络就能够把这些信息传递出去。现在，这两个行业都正在经历着爆炸式的发展。

当前世界上的智能手机和平板电脑的拥有量已经超过了 70 亿。所有这些设备都是传感器的“混合体”——压敏触摸屏、麦克风、加速器、磁力仪、陀螺仪、摄像机，等等。所有这一切，都是传感器，而且，技术每进行一次更新换代，传感器的数量就会变得越来越多。想一下电容式触摸屏吧——你在 iPad 和 iPhone 上面就可以找到这种东西。2012 年，被这种传感器所覆盖的面积总计达到了 1 200 万平方米，或者可以说，它们覆盖的面积已经相当于大约 2 000 个橄榄球场。预计到 2015 年，这一数字将会飙升到 3 590 万平方米，或者说，足以覆盖半个曼哈顿（见图 4-1）。

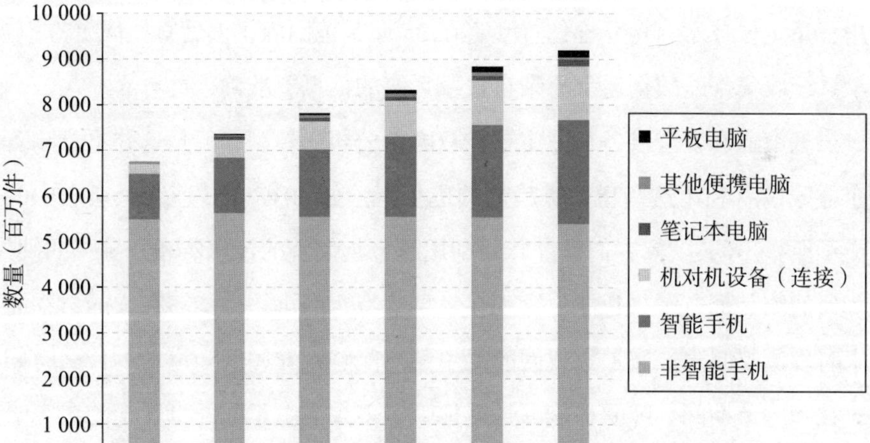

图 4-1　全球移动设备和连接

资料来源：https://www.mauldineconomics.com/bulls-eye/。

不只是通信设备，类似的模式将在我们所有的“物品”里上演，从而过去那个被动而无声的世界将变为一个主动而智能的世界。让我们先来看看交通吧。在今天，汽车里的传感器能够帮助我们驾驶；道路上的传感器能够帮助我们避免交通拥堵；停车场里的传感器能够帮助我们找到空余的停车位。商用飞机也是如此。目前，在通用电气公司（它制造和租赁飞机发动机给世界上所有主要的航空公司）租赁出去的 5 000 个飞机发动机当中，平均每一个都装了 250 个传感器。有了这些传感器，我们就可以实时监控这些发动机的“健康状况”，甚至在飞行途中也是如此。如果传感器获得的指标超出了规定的水平，通用电气公司就能够及时采取行动——在事故发生之前就把它们修理好。

如今，与安全相关的传感器正处于激增的状态。今天的全能视频监控摄像机能够与存储着 1.2 亿幅面部图像的数据库进行连接，它们为执法机关提供了前所未有的搜索功能。而且，除了及时发现“麻烦制造者”之外，我们的传感器还有“听觉”功能。让我们来看看枪击监控这项技术，这项技术能够收集来自于遍布全城的听觉传感器网络的数据，通过一种算法把枪声分离出来，同时利用三角定位技术，将开枪位置锁定在 25 厘米范围内，然后直接向警方报告。这个系统收集来的数据通常比来自报警系统的信息更准确、更可靠。

虽然交通和安全设备行业主要被较大的公司所控制，但是这并不意味着普通企业家没有利用这些指数级趋势的机会。正如 2012 年《连线》杂志中的一篇文章所指出的：“黑客们已经开始利用越来越便宜的传感器和开源式的硬件，使普通的物品拥有了‘智能’。”现在，某些特定的小物件能够在你的植物需要浇水时发出鸣叫声；连上无线网的奶牛颈圈能够让农民们知道动物什么时候发情；在啤酒节期间，啤酒杯能够告诉你喝了多少酒。正如阿都伊诺的黑客哈拉兰博斯·杜卡斯（Charalampos Doukas）所说的，到了未来，当传感器的价格急剧下降时，“唯一的限制因素就是你的想象力”。

让我们从一个更广阔的角度来看看吧。想象一下，假如我们生活在这样一个世界里，又会怎样。由于装配了一种叫作 LIDAR 的车顶传感器（这是一种激光传感设备，使用 64 只人眼安全激光器进行 360 度扫描，同时每秒钟都会产生 750 兆字节的图像数据用以帮助操纵汽车），谷歌的自动汽车可以安全地穿梭在我们的街道。事实上，我相信我们就会真的生活在这样的世界中，也就是说，到时将会有 200 万辆自动汽车穿行于我们的道路上（这并不夸张，因为这个数字还不到目前美国登记在册的汽车总数的 1%），它们会“看到”和记录下几乎所有它们遇到的东西，它们会向我们输送它们所观察到的几乎“滴水不漏”的环境信息。更加重要的是，无处不在的图像传输并不止于此项技术（见图 4-2）。

图 4-2　谷歌无人驾驶汽车里的 360 度 LIDAR 成像设备

资料来源：http://people.bath.ac.uk/as2152/cars/lidar.jpg。

除了这些会扫描路况的自动汽车之外，到 2020 年，估计会出现 5 个私人所有的低轨卫星星座，它们将每时每刻对每平方米的地球表面进行扫描成像，其分辨率则介于 0.5 米至 2 米之间。同时，我们还将会看到无数智能型的微型无人驾驶飞机，它们盘旋于我们城市的上空，时刻不停地摄像，其分辨率将达到厘米级。你想知道你住在莫斯科或孟买的竞争对手的停车场内停了多少辆汽车吗？没有问题。或者，你想根据你的竞争对手用卡车或火车将原材料运到工厂以及将成品运到仓库的相关信息来追踪他们的供应链吗？同样没有问题。

总之，根据 2013 年斯坦福大学举行的万亿传感器峰会（T Sensors Summit）所发布的一个报告，到 2023 年，全世界传感器的数量有望增长到“一万亿”的级别（见图 4-3）。而传感器只不过是我们这个“指数方程式”当中的一个变量而已。

不管是在传输速度上，还是在连接设备的数量上，网络也正在经历着同样的爆炸式增长。在速度方面，回忆一下，1991 年，早期的 2G 网络速度为每秒 100K；10 年之后，3G 网络速度达到了每秒 1 兆；而今天的 4G 网络的速度则高达每秒 8 兆。但是，2014 年 2 月，斯普林特公司（Sprint）宣布实施星火计划（Sprint Spark），它将建设一个高速网络，能够以每秒 50 兆到 60 兆的速度把数据传输到你的移动电话上，甚至他们还计划将速度再提高 3 倍。“我们的目标是支持新一代的在线游戏、虚拟实景、先进的云服务以及其他需要非常高带宽的应用程序，”斯普林特公司的首席技术官斯蒂芬·拜伊（Stephen Bye）说，“或者，说得更具体一些，那就是，一旦星火计划开始执行，它将允许你在 3 秒钟内下载完一个 20 兆的视频游戏，在两分半钟的时间内下载完一部一小时长的高清电影。”斯普林特公司在这方面已经取得了一些进展，并且他们在硅谷的实验室里，无线下载速度已经达到了每秒 1G。

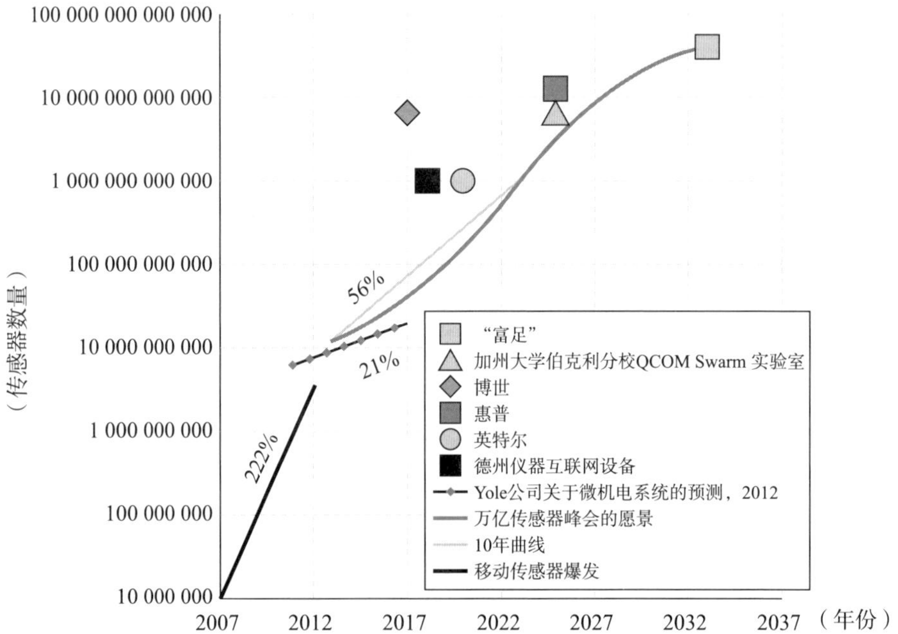

图 4-3　万亿传感器

资料来源：www.futuristspeaker.com/wp-content/uploads/Trillion-Sensor-Roadmap.jpg。

在连接方面，10 年前，全世界连接到互联网上的设备有 5 亿个。今天，这个数字已经达到了 120 亿。“在 2013 年，”思科公司的首席技术官兼战略官帕德马·沃里奥（Padma Warrior）说，“每秒钟内都有 80 个新设备连接到互联网上。因此，如果以天来计算的话，这个数字就是每天有将近 700 万个新设备连接到互联网上。如果以年来计算，则每年大约有 25 亿个新设备连接到互联网上。在 2014 年，这个数字达到了几乎每秒 100 个。到 2020 年，这个数字将会增加到每秒超过 250 个，或者每年 78 亿。把所有这些数字加起来，到 2020 年，将会有超过 500 亿个设备连接到互联网上（见图 4-4）。”这就是连通性的爆增，它正在构建出一个物联网（Internet-of-Things，简称 IoT）。

思科最近完成的一项研究估计，在 2013—2020 年，这个超级网络将会产生 19 万亿美元的价值（净利润）。现在请静下心来好好想想这件事。美国的经济总产值一直徘徊在每年 15 万亿美元左右。思科说，在 10 年期间，这一新的网络对经济所产生影响将大于美国的 GDP。现在，就让我们来谈谈这个机会吧。

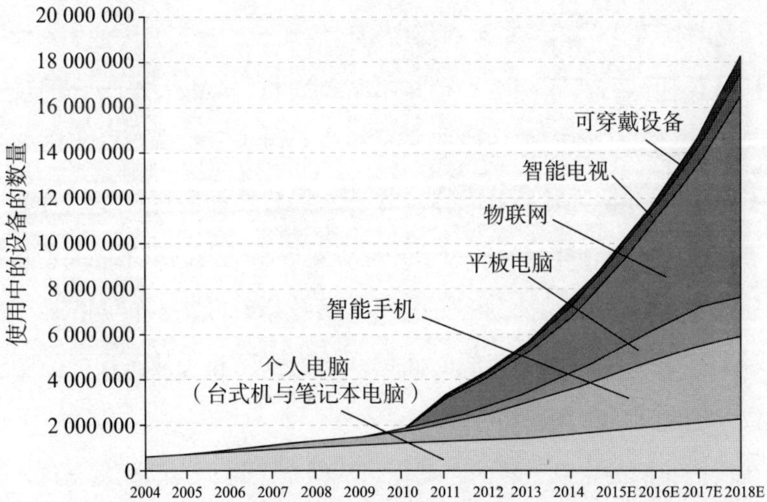

注：“E”指的是“估计”，即对市场规模的估计。

图 4-4　万亿传感器的未来

资料来源：http://www.businessinsider.com/decoding-smartphone-industry-jargon-2013-11。

那么这个机会到底会出现在哪里呢？大多数研究人员认为，最值得探索的两个关键领域是信息和自动化。让我们先从前者开始讨论。

全球性的网络和传感器产生了大量的信息，其中大部分都是极其宝贵的。先来看看交通数据。10 年前，Navteq 构建了一个道路传感器网络，它横穿欧洲，总长共计 40 万公里（中间经过 35 个主要城市和 13 个欧洲国家）。2007 年 10 月，手机巨头诺基亚（现在已经属于微软公司）为这个网络支付了 81 亿美元。再“快进”五年，到了 2013 年年中，谷歌斥资 10 亿美元收购了位智（Waze），它是一个提供地图和交通信息的以色列公司，它依据的并不是电子传感器，而是众包用户所提供的信息资料——由“人类传感器”产生的数据，例如，通过利用 GPS 跟踪大约 5 000 万用户的行动路线而形成的地图，以及当这些用户自愿实时分享有关减速、超速监视区和道路封锁等信息时所产生交通流数据。

“行为跟踪数据”是另一个快速增长的信息类别。保险公司把传感器安装进汽车，并且根据实时驾驶行为来定价就是一个例子。而另一个例子则来自 Turnstyle Solutions 公司，它是多伦多的一家初创公司，专注于利用手机连接到无线网络时所发出的信号来跟踪商店附近的顾客，收集有关他们逗留购物的数据。医疗保健的行为跟踪数据也在不断地增长。AdhereTech 公司现在制造出了一种智能药瓶，他们把传感器嵌入药瓶中以更好地确保病人做到按时服药，而 CoheroHealth 则把基于传感器的吸入器与移动应用程序结合起来，这样就能够跟踪患有慢性哮喘病的孩子并且有效控制他们的病情。类似这样的医学应用还将不断地出现。德勤咨询公司首席技术官威廉·布里格斯（William Briggs）说：“在未来一二十年的时间里，与物联网相关的医疗保健企业将拥有价值数万亿美元的市场。”

现在请把我们的注意力转向自动化。从根本上说，自动化就是这样一个过程：将所有通过物联网收集到的数据集中起来，然后转化为接下来的一系列行动，并且在没有人类介入的情况下，执行这些行动。事实上，我们已经在智能生产线和供应链管理（在技术上被称为流程优化）等领域观察到了自动化的第一次浪潮，例如，它能够提供适时配送服务。而在能源智能电网和供水智能电网上（在技术上被称为资源消耗的优化），我们正在观察到自动化的第二次浪潮。接下来是更加复杂的自动化系统的自动化和控制，其中一个突出的例子就是无人驾驶汽车。

其实，我们还有非常多的机会，可以找到更简单的方法把决策者与传感器数据实时连接起来。例如前面已经提到过的，装置了一个小设备后，植物需要浇水时就会向它们的主人发出鸣叫声报警，就是这个方面一个“早期”的应用（大约在 2010 年）。一个更“现代”的例子是一家总部位于华盛顿的初创公司的智能家居公司——SmartThings，美国有线电视新闻网把这家公司称为“所有家中物品的数字大师”。Smart Things 制造出了一个接口，能够识别 1 000 多种智能家居用品，这个接口包括了各种各样的传感器：从能够控制自动调温器的温度传感器，到当你离开家时会提醒你门窗未上锁的门、窗传感器，再到在你上床睡觉之前会帮助你自动关闭家用电器的传感器，等等。

当然，任何有关网络和传感器的讨论都将直接导致这样一个问题：当我们将这些数据收集起来之后，又怎么发挥它们的价值呢？我们接下来就会给出这个问题的答案。欢迎你来到无限计算的激动人心的世界。

无限计算，“蛮力”之美

2013 年 8 月下旬，软件和设计巨头欧特克公司（Autodesk）的执行总裁卡尔·巴斯（Carl Bass）让我参观了他新建的、位于旧金山内河码头尾端的 9 号码头（Pier 9）设计中心。巴斯自称自己是一个来自布鲁克林的大孩子（他身高 1.94 米）。平时，他总是穿一条牛仔裤、一件 T 恤衫，头戴一顶棒球帽。他在 9 号码头设计中心配备的设备包括，最新的 3D 打印设备、车床、设计站、

> **KEY WORD**
> **| 无限计算 |**
> infinite computing
> 指计算能力从一种稀缺而昂贵的资源，发展成了一种富足而免费的资源。

激光切割机、焊接机，等等。这是一个制造者的天堂。这些工具能够把想象中的东西变成实物,所有这些设备全都是用欧特克公司的设计软件所开发出来的，这个软件拥有无限计算能力。

无限计算（infinite computing）是一个术语，巴斯用它来描述计算能力不断进步的过程：计算能力从一种稀缺而昂贵的资源，发展成了一种富足而免费的资源。就在三四十年前，如果你想利用一台大型计算机，那么你就必须是麻省理工学院的计算机科学系的主任或者美国国防部部长才行。然而到了今天，你的手机里的一个普通芯片就能够每秒执行大约 10 亿次运算。

然而，与明天相比，今天这些也就不算什么了。“到 2020 年，今天的芯片的处理能力将只值大约一便士，”纽约城市大学理论物理学家加来道雄（Michio Kaku）在最近为《大思想家》（*Big Think*）杂志撰写的一篇文章中这样解释道，“这只是一张废纸的成本……未来的孩子们在回顾过去时，他们会想不明白我们怎么可能生活在这样一个贫乏的世界当中，就像我们很难明白，生活在那个没有手机、互联网等‘奢侈品’的时代的父母亲到底如何生活一样，而这些产品在今天的我们看来似乎是如此的理所当然。”（见图 4-5）

正是因为这个原因，巴斯觉得我们对于计算能力的许多思考是完全落后于时代的。“我们一直习惯于把计算能力当作一种珍稀的资源来对待，但事实并不是这样，”他说，“如果你仔细观察所有的趋势就会发现，计算能力的成本在不断地减少，但是却变得越来越容易得到，越来越强大，并且越来越有弹性。每年我们新生产出来的计算能力比前几年的总和还要多。这种超富足是一个新时代的开始。”

在以往的时代，由人类的创造物构成的世界，或者说，那个所谓的“被设计出来的世界”，是人们“在盒子里”思考的产物——由于计算能力的稀缺而使思维受到了限制。

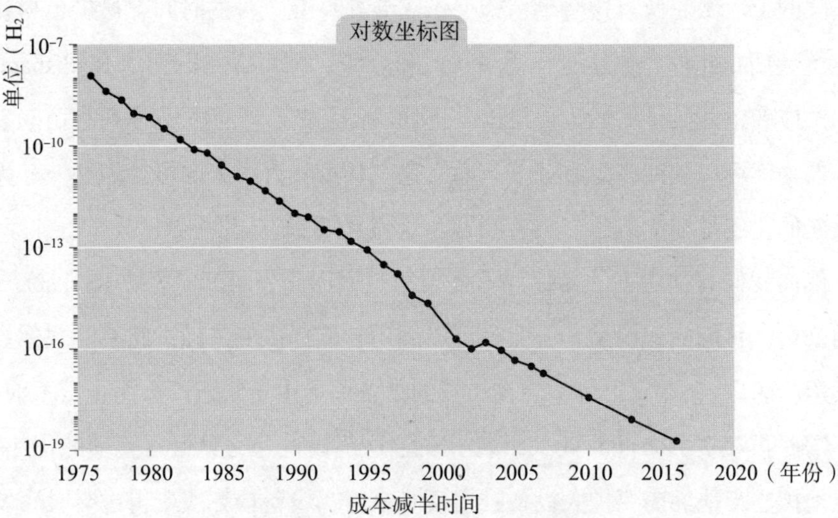

图 4-5 晶体管每一个发展周期的微处理器成本

资料来源：www.singularity.com/images/charts/MicroProcessCostPerTrans.jpg。

“在那个时代，”巴斯解释道，“你使用一个 CPU 花 10 000 秒时间来解决一个问题的成本大约为 25 美分。但是在新的指数时代，计算能力几乎已经接近了无限计算，我们现在可以同时用 10 000 个 CPU 来解决同一个问题，那么在一秒钟内就能解决这个问题。解决问题的能力比花 25 美分的时代快了 10 000 倍。这是有史以来第一次，我们能够使用近乎无限多的资源来解决一个问题，而无须支付任何额外的成本。”

像谷歌、亚马逊和 Rackspace 这样的公司促成了这个转变。它们这个级别的公司，每一个都配备了拥有巨大的计算能力的设备，这些计算设备都是向公众开放的，我们把它们称为云计算。“在云计算之前，创办一个科技公司是缓慢而痛苦的，”Rackspace 公司的联合创始人兼董事长格雷厄姆·韦斯顿（Graham Weston）说，“首先你得向如戴尔和惠普这样的供应商那里订购一些服务器。几个星期之后这些服务器才会到货，然后你得把它们组装起来，安装好，并且购买所需的软件，再把这些软件安装好，最后才能把所有东西都连接到互联网上。做完所有这些事情即使不需要花费几个月的时间，最少也得花费好几个星期。此外，你还要招聘员工。而今天，你可以求助于像 Rackspace 这样的供应商，几分钟之后你便可以获得你所需要的计算能力，你愿意访问多少服务器，就可以访问多少服务器。而且这一切都具有极大的可伸缩性——无论是纵向的，还是横向的，都没有问题。这就是随需应变的能力。”

然而我们写这本书的目标并不是鼓励每家创业公司都成为像 Rackspace 这样的公司，我们的建议是，企业家可以利用它们提供的基础设施来实现你自己的大胆的想法。企业家再也不会在昂贵的设备面前由于缺乏资金而止步不前了，也不需要再花费数月的时间来组装、安装这些设备并为它编写繁琐的程序了，也无须担心当他们需要扩大设备的规模时或者当设备损坏或变得过时时会发生些什么了。

> “云计算让我们在大规模地利用计算能力方面实现了大众化，”韦斯顿说，“今天，孟买市的一个普通人所拥有的计算能力几乎已经超过了 20 世纪六七十年代的整个美国政府所拥有的计算能力。我们正在进入一个史诗般的全球创新时代，在这个时代，高性能的计算能力非常富足、唾手可得，并且极其廉价。”

那么，所有这些计算能力能够为你买到什么呢？首先，它将为你实现创新提供一种全新的方法。请考虑一下所谓的“蛮力”（brute force）吧。蛮力指的是，我们利用无限计算去轻松地解决我们周围的问题的能力，这是一种新发现的能力。试想一下你要解决的一个类似于九宫格游戏的难题。当然，你可以试着去构造一个精妙的数学方法，即设计一个算法，将所有空缺的数字都准确地计算出来；或者，你也可以直接求助于计算机，让它对每一个可能的空格尝试每一个可能的数字，然后把正确的那些数字选择出来。后一种方法就是蛮力。

在我参观欧特克公司的 9 号码头设计中心的时候，为了进一步说明蛮力这种新的计算方法，巴斯指着一辆他和他 15 岁的儿子一起制造的电动卡丁车说："在过去，当需要把电动马达安装进卡丁车时，我会尝试着使用一种精妙的解决方法——先推测这个支架的厚度和最佳位置，然后进行几次计算来看看我是否做对了。在今天，我可以创建一个计算机模型，并且确切地计算出我所选择的设计在每一个位置上的压力和张力。但是在不久的将来，随着无限计算的发展，我可以借助于云计算来运行设计模拟，尝试着把发动机安放在任何可能的位置，并且可以尝试着利用各种不同的材料和厚度，这样不仅可以得到一个恰当的设计，而且还可能得到一个最好的设计。"

巴斯能做到的,你一样也能做到。如果你热衷于制造出更好的电动卡丁车，那么现在的无限计算技术允许你制造出所有可能的电动卡丁车中最好的一种，而且只需花费很少的时间、付出很低的成本。

制造一辆电动卡丁车时是这样，制造任何其他东西时也是这样。此外，我们所有人都能够从错误中吸取教训，但是直到最近以前，对于企业家来说，犯错误的代价实在是太高了，以至于我们很难允许自己犯错误，因此也就无法从错误中学习。幸运的是，这种情况也已经发生了根本性的改变。无限计算使错误的发生非货币化了，并因此使试验实现了大众化。我们再也不需要立即驱散自己头脑中产生的那些古怪的想法了，以往这么做，是为了防止它们导致的时间和资源的浪费。今天，我们完全可以把所有这些古怪的想法全都拿来试验一遍。

无限计算导致了设计潜力的巨大提高，尽管要真正发挥这种潜力，你仍然需要先收集数据，并将数据输入到电脑中，然后再对计算方法进行编程以分析数据。但是你为什么不这么做呢？如果你跟你的计算机进行对话，并且你的计算机能够完全理解你的意愿，为你收集数据，用某种能够帮你解决问题的方法来分析这些数据，那又会怎样呢？好，在最宽泛的意义上，这也是一种能力，它涉及人工智能。这正是我们将要讨论的下一个指数型技术。现在，人工智能领域也正在进入爆炸性发展的阶段。

人工智能，按需可得的专业知识

“戴夫，你知道你在做什么吗？”

这确实是一个奇怪的事实：上面这句话代表着最近50年以来人工智能所能达到的最高水平（这句话无疑是非常冷静地说出来的，而且带着威胁的意味）。它出自《2001：太空漫游》（*2001: A Space Odyssey*）这部科幻电影，它是著名导演斯坦利·库布里克（Stanley Kubrick）的作品，合作编剧则是同样大名鼎鼎的阿瑟·克拉克（Arthur C. Clarke）。这部电影现在已经成了一个传奇，上面那句话是电影中发现者1号宇宙飞船上的智能电脑哈尔（HAL）说的。当然，哈尔并不是在担心戴夫，它的工作是为所有的船员提供支持，充当着船员们与飞船的接口。哈尔会回答船员们的问题并帮助他们分析收集到的数据（这是一艘承担了特定科学任务的飞船）。不过，哈尔的实体存在形式却只是安装在宇宙飞船控制面板上一只红色的电视摄像“眼睛”，而且它显得颇有点儿凶恶的样子。

但是，这只红彤彤的眼睛已经是20世纪的东西了。

现在，哈尔应该向贾维斯（JARVIS）问一声好。“JARVIS”是“只是另一个相当聪明的智能系统”（Just Another Rather Very Intelligent System）的首字母缩写。贾维斯是出现在电影《钢铁侠》（*Iron Man*）中的一个人工智能程序，它是主角托尼·斯塔克（Tony Stark）的“个人智能助手”，表现为一个带有英国口音的男性声音。贾维斯简直无所不能，管理着斯塔克的一切事务：从保障斯塔克的住宅安全，到制造钢铁侠的盔甲，再到运营斯塔克所拥有的业务——遍及全球的价值数十亿美元的公司。贾维斯是一个非同寻常的人工智能，同时承担的工作量也极其巨大。

从技术的角度来看，贾维斯的非凡之处主要表现在两个地方：第一，斯塔克的生活中，贾维斯几乎无处不在；第二，贾维斯拥有理解多种自然语言的能力，甚至连那些语带双关或包含着讽刺和幽默意味的“玩笑话”也能听懂。用更加专业一些的术语来说，贾维斯作为一个“软件外壳”，实际上成了把斯塔克的每一个愿望与世界上的其他东西联接起来的接口，它能够从数以十亿计的传感器上收集数据，并通过连接到人工智能系统上的任何装备或机器人设备采取行动。通过这种方式，物联网充当了贾维斯的眼睛、耳朵、胳膊和腿的角色。

毫无疑问，贾维斯已经完全打败了哈尔。现在，它已经摘得了全世界最强大、最著名的人工智能系统的桂冠。但是，对于我们来说，贾维斯最惊人的地方在于，与永远不会出现于现实生活中的哈尔不同，贾维斯身上的某些关键部分，现在已经出现在世界各地的实验室中和公司里了。

> 对此，人工智能专家、奇点大学的联合创始人、校长雷·库兹韦尔（Ray Kurzweil）①解释道：“在20世纪60年代，当克拉克构思哈尔的时候，那显然还只是一部科幻小说中的一个角色。50年前，关于人工智能我们知之甚少。而在今天，情况却已经完全不同了。贾维斯的许多方面都已经成了现实，或者至少已经开始起步了。”

库兹韦尔是有资格这么说的。比尔·盖茨曾经把库兹韦尔称为“我所知道的最能准确预测人工智能未来的人”。拉里·佩奇则聘请他担任谷歌的工程总监。在谷歌，库兹韦尔领导着一个部门，致力于开发一个能够理解自然语言的人工智能系统。这也就是说，他正在教计算机去理解口语和书面语言之间的微妙差别，最终，他们将使计算机有能力回答非常复杂的问题——比“希莉，我在哪里可以找到一杯咖啡？”复杂得多的问题。

“这就是让计算机从只拥有逻辑智能转变为还拥有情绪智能，”库兹韦尔说，“一旦这个理想成为现实，人工智能机器就会变得相当有趣，它们会讲笑话给你听，它们还很性感、充满爱心，甚至还拥有创造力。”

带着类似的想法，2013年3月，我站到了TED演讲的讲台上，我身旁则是TED的策划人克里斯·安德森。在那里，我向与会者宣布，我们将集聚各

① 21世纪最具洞察力的思想家和未来学家，其经典著作《如何创造思维》已由湛庐文化策划，浙江人民出版社出版。——编者注

方面的力量，设立一个人工智能 X 大奖。“我们的想法是，”安德森说，“这个 X 大奖将授予第一个满足以下条件的人工智能——它‘站’在这个讲台上，向听众发表了激动人心的 TED 演讲，它的演讲是如此精彩，以至于所有听众都由衷地起立欢呼，送上经久不息的掌声。”

BOLD
指数级成长的智慧
HOW TO GO BIG, CREATE WEALTH, AND IMPACT THE WORLD

这就要求人工智能必须拥有一些与人类相当、甚至超越人类的能力。事实上，围绕着“什么时候这一切才会变成现实”这个问题的争论一直备受关注，而且长期没有定论。库兹韦尔本人已经把日期定在 2029 年。他说，到那一年，人工智能机器在任何事情上都会比人类做得更好。

我们在《富足》一书中已经解释过了，库兹韦尔所有的预测都是基于指数级增长曲线的，而且准确性高得惊人。当然，对于大多数企业家来说，把 2029 年这个时间作为开展业务的依据未免太过于遥远了。但好消息是，他们根本无须等待。人工智能是另一种正在从欺骗性向颠覆性转变的技术。在我们的日常生活中，人工智能很快就会变得无处不在。实际上，只要观察一下我们的日常生活，我们就会信心大增。今天，在美国 80% 的工作都围绕着服务行业而展开，而且任何服务性工作实际上都可以分解为 4 种基本技能——看、读、写和整合知识。那么，在这些技能上，人工智能现在到底发展到什么程度了呢？答案很肯定，今天的计算机已经完全能够实现所有这 4 种技能了；而且在许多情况下，它们甚至比人类做得还要好。

接下来，就让我们更近距离地考察一下这 4 种技能吧。

所有这 4 种技能都出现在人工智能的一个被称为“机器学习”的分支当中。顾名思义，所谓机器学习，就是指研究机器如何进行学习的科学。而且，非常肯定的一个事实是，今天的机器比以往任何时候都学习得更加快。

第一个技能，看。长期以来，在执行各种与“看”有关任务的时候，人类一直都比计算机做得更好。“机器学习算法第一次能够以接近于人类的精确度去‘看’东西，那是在 1995 年，”奇点大学机器学习部负责人杰里米·霍华德（Jeremy Howard）解释道，“那一年，一种被称为 LeNet 5 的算法赢得了美国邮政管理总局组织的竞赛，它能够识别手写的邮政编码，还能帮助分拣邮件。”（见图 4-6）

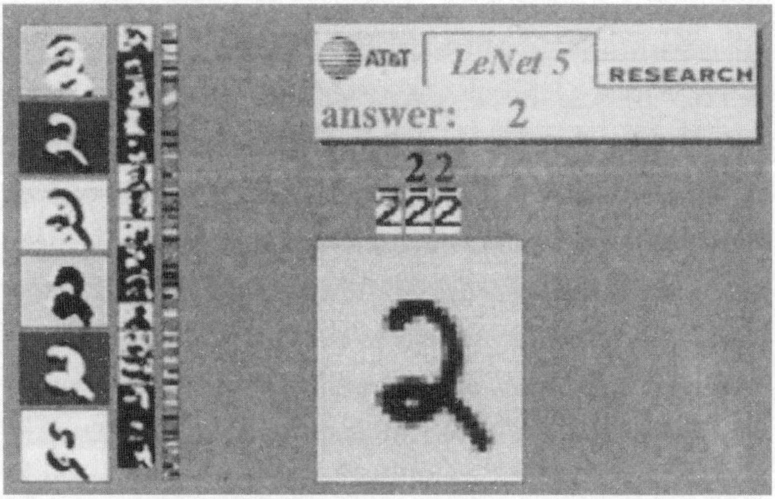

图 4-6 LeNet 5 算法可以识别手写的“2”字

资料来源：http://yann.lecun.com/exdb/lenet/。

2011 年之前，机器学习能力一直在稳步提高，但是其中并没有什么特别引人注目的进展。不过，到了 2011 年，终于出现了一系列重大的突破，它们使人工智能的这个领域受到了高度关注。在德国，每年都会举行一次对交通标志的理解、识别和分类的竞赛，比赛是在人类与机器学习算法之间展开的。在比赛中会用到 5 万个不同的交通标志——这些标志都进行了模糊处理，要么距离很远，要么被树木遮住，要么被刺眼的阳光直射。2011 年，机器学习算法第一次打败它的制造者（人类）：它的错误率只有 0.5%；相比较而言，人类的错误率却高达 1.2%。

更让人印象深刻的是在 2012 年举行的 ImageNet 竞赛。在这个竞赛中，人类和计算机算法分别“观察”100 万张不同的图像——从鸟类到厨具，再到骑着小型摩托车的人——并且将这些图像分成 1 000 个不同的类别。说真的，对计算机算法来说，识别已知的对象（邮政编码、交通标志）是一回事，对成千上万个随机的对象进行归类又是另一回事，它需要另一种能力，人类显然拥有这种能力。但是，人工智能看来也拥有这种能力，而且比人类更强。再一次，机器学习算法在竞赛中胜过了人类。

第二个技能，读。类似的进步也出现在阅读方面。今天，人工智能机器能够准确且一致地解读各种东西，从高中学生论文到复杂的税收表格，全都可以，而且它们的速度要比人类快得多。特别是在解读法律文书方面，人工智能机器的表现令人刮目相看，因为法律文书向来以语言陷阱密布而著称。正如约翰·马尔可夫（John Markoff）在 2011 年为《纽约时报》撰写的一篇文章中所描述的：“多亏了人工智能的发展，‘电子发现’（e-discovery）软件在分析文件时能够按时间进行收费……有些程序不仅仅能够以‘计算机的速度’从文件中查找到相关的词汇；它们还能将相关概念提取出来（比如从与中东的社会抗议有关的文件中），甚至在没有明确的术语引导的情况下也能做到这一点。它们还能够推导出行为模式，从而让律师免去了到数以百万计的文件中苦苦搜寻的繁重负担。”

第三个技能，写。对于我们人类拥有的第三种技能——写，德勤大学出版公司（Deloitte University Press）于 2014 年 1 月发布的一份报告解释说，人工智能在这方面的能力也正在引起人们的广泛关注。“智能自动化，虽然现在发展仍然很迅速，但是它已经相当成熟了，并已经渗透到了几乎所有的经济部门中。在‘写’这种能力上，瑞士信贷（Credit Suisse）已经在利用叙事科学软件（Narrative Science）去分析来自于成千上万个公司的数百万个数据点，并且用它自动‘写出’评估公司预期、优势和风险的英文研究报告。这种报告能够帮助分析师、银行家和投资者做出长期投资决策。与让分析师以人工方式撰写报告相比，这种报告不但在数量上增加了3倍，而且在质量上和连续性上也有所提高。”

第四个技能，整合知识。整合知识是我们人类拥有的第四个技能，它代表着一种更加复杂的能力，因为这要把来自各种渠道的信息整合到一起并且得出精确的结论。也正是在这里，我们发现了（很可能）最重要的突破和最伟大的创业机会。还记得吗？2011年2月IBM公司的超级计算机沃森在参加《危险边缘》（*Jeopardy*）知识问答比赛时胜过了人类选手。在那之后的2013年11月，IBM已经把沃森上传到了云端，使它成为了任何一个人都能利用的开发平台，尤其是针对企业家。正如负责开发沃森的IBM公司高级副总裁迈克尔·罗丁（Michael Rhodin）所指出的，“把沃森上传到云端的目的，一方面是为了激励创新，另一方面是希望它能够催生出一个全新的、由企业应用软件提供商组成的生态系统，从初创企业和得到了风险资本支持的软件企业，再到比较成熟的在位软件厂商，都可以加入这个生态系统。我们甚至还成立了一个新的总额达1亿美元的风险基金来支持使用沃森的初创企业。”

在沃森支持的这些新的初创公司中，一个比较典型的例子是现代化医学公司（Modernizing Medicine）。事实上，早在2011年，现代化医学公司就已经发展成了一个基于iPad的、有鲜明专业特色的电子病历平台，而且是一个非常出色的众包枢纽。例如，每一个在现代化医学公司网站注册过的皮肤科医生都可以把与他们的治疗结果有关的数据（即，每个病人的病情如何，以及他们针对每个病人采取的治疗方案），在消除了个人身份信息之后（这意味着病人的名字等可以用来识别身份的信息都已经被删去了）上传到这个网站，累积起来。每一个皮肤科医生都能在网上访问这些信息，因此能够显著地提高诊疗水平。（在这个网站上注册的美国皮肤科医生大约有3 000人，这个数字已经占到了美国皮肤科医生总数的25%）

然后，到了 2014 年，现代化医学公司迈出了巨大的一步，并且与沃森展开了合作。自从参加《危险边缘》比赛获胜之后，沃森就已经被送去了医学院——上传了数以百万计的期刊论文、教科书内容、病人的治疗方案和治疗结果、实验报告，等等。在把关于病人的治疗方案和治疗结果的有结构的数据，与沃森的松散型的研究数据结合起来之后，现代化医学公司网站就可以为在该网站注册的医生提供令人难以置信的即时信息了。“对我们人类来说，不可能复制沃森在卫生保健领域所做的工作，”现代化医学公司的执行总裁丹尼尔·凯恩（Daniel Cane）这样告诉我们，“它不仅能够回答数以百万计的个人文档中的问题，而且还能立即说明引用来源和信用水平。因此，它绝对不只是一个供医生利用的有史以来最强大的问答工具，事实上，它必将从根本上改变医学实践。”

对于那些有兴趣创办基于沃森支持的公司的企业家来说，更大的好消息是，虽然 IBM 是一个大公司，但是与它合作却非常容易。就是连凯恩本人，对此也表示有些震惊。“他们给予了我们如此之多的支持和指导，”凯恩这样解释道，“在短短两个星期之后，一个基于沃森、利用沃森的威力的整体原型就被我们构造出来了。”

本书的核心目标之一是为企业家把那些“关键时刻”明确地指出来，即，从技术的角度来看，一切已经准备就绪了，创业的黄金时间已经来临了。现在，沃森已经在云端“等候”了，它随时可以被绑定到一个开放的应用程序上。这就是一个“关键时刻”的开始，现在的情况非常类似于 Mosaic 界面刚刚出现时的情况——随之而来的就是爆炸性发展的极大潜力。向各种新业务开放人工智能，预示着它已经从欺骗性阶段过渡到了颠覆性的增长阶段。注意了，指数型企业家！你们还在等什么呢？！

今天，上面所讨论过的所有一切实际上都已经水到渠成了。“不久之后，”库兹韦尔说，“我们就能够让一个人工智能机器来帮你接听你的每一个电话，让它替你看你的电子邮件和博客。它还可以代替你参加国会，检查你的基因组扫描结果，观察你所吃的东西是否健康，监督你锻炼得是否足够，甚至还可以为你的谷歌眼镜输入资料。而在这样做的过程中，你的个人人工智能机器已经为你提供了很多信息，甚至在你发现自己需要用到这些信息之前，它就已经准备好了。”

请读者展开想象的翅膀。假设现在有一个人工智能系统，它能够识别出你的生活圈子里的所有人，并且能够说出他们的名字，你会觉得怎么样？其实对于这样的人工智能，你不应当过于惊讶，因为这些功能即将上传到网络上。再想象一下，这个人工智能机器拥有了根据上下文进行理解的能力，或者换句话说，这个系统能够识别出，你与你的朋友正在谈论家庭生活的话题，因此，这个人工智能机器将可以提醒你，你的朋友的每个家庭成员的名字以及他们的即将到来的生日。

我们在本节中所提到的这些人工智能系统背后的支撑，是一种名为深度学习（Deep Learning）的算法。这种算法是由多伦多大学的杰弗里·欣顿（Geoffrey Hinton）为图像识别而开发的。现在，深度学习已经成了这个领域中占主导地位的方法。2013 年春天，欣顿也像库兹韦尔等人一样，应邀加入了谷歌。这是一件顺理成章的事情，而且很可能会带来更快的进步。

最近，谷歌和艾姆斯研究中心（NASA Ames Research Center）——该中心是美国国家航空航天局（以下简称 NASA）最重要的研究中心之一——携手，并联合 D 波系统公司（D-Wave Systems），制造了一台拥有 512 个量子位（量子比特）的计算机，专门用来研究机器学习。这台计算机能够以闪电般的速度进行脸谱和声音的识别，并且还能理解生物学行为和管理非常庞大的系统。“需要解决的问题越困难、越复杂，这台计算机的表现越突出。”D 波系统公司的联合创始人兼首席技术官乔迪·罗斯（Geordie Rose）说，“在解决大多数一般难度的问题的时候，它比通常的计算机快 1.1 万倍。但是，对于那些‘更加困难’的问题，它比通常的计算机快 3.3 万倍。而在解决‘最困难’的那一类问题的时候，它却比通常的计算机快 5 万倍。”因此，当斯塔克请贾维斯观看大量的图像数据并且从中挑选出一些面孔时，很可能贾维斯用的就是量子位技术。

那么，我们为什么要把在量子计算机的帮助下的人工智能的进展情况告诉读者呢？并不是因为我们希望你去开发这种类型的机器或使用量子计算（尽管有一个名为 1Qbit 的初创公司创建了一个在线用户界面，允许企业家通过网络获得 D 波机）。恰恰相反，问题的关键在于，人工智能技术的那个“关键时刻”也已经来临。在过去的 50 年里，人工智能一直处于欺骗性的阶段。1956 年，一群来自全世界的顶尖人物为了达特茅斯夏季研究项目而首次聚集到了一起，并且在那个新英格兰的火热夏天做出了一个预测，认为他们有能力快速破解人工智能；众所周知，这个预测后来变成了一个“大错特错的预测”。然而到了今天，深度学习的成功和 IBM 沃森的成功，再加上像库兹韦尔这样的人对近期技术发展的预测，我们发现，人工智能这个领域也已经来到了指数级增长曲线的膝部；这也就是说，人工智能已经“做好了准备”，即成为一个在颠覆性阶段疯狂发展的领域。

这种情况对你以及所有指数型企业家到底意味着什么呢？这是一个价值数十亿美元的问题。但是，当你试图寻找答案时，请记住这一点：从根本上讲贾维斯只是一个最终的用户界面，它使每个指数型技术都实现了大众化，并且让我们所有人都能获得像斯塔克一样的能力。

机器人，我们的新劳动力

赛骆驼是中东地区一项古老的运动，而且也是许多大型节庆活动的一个保留节目。然而，在过去的半个世纪里，这项运动却有点“变了味儿”。虽然它仍然充当着阿拉伯文化的一个典型代表，但是同时它也变成了全世界最“炫富”的体育运动之一。这主要是因为，专门为阿拉伯酋长们举行的“肯塔基骆驼大赛”的骑手发生了变化。20 年前，骑骆驼的都是一些孩子（因为他们是体重最轻的骑手），但是由于违背了体育精神，再加上赛事中频频发生受伤以及死亡事件，孩子当骑手的做法引发了强烈的人道主义抗议。因此，阿联酋和卡塔尔禁止让孩子来当骆驼骑手，转而让“机器人骑手”出马，它们甚至比孩子还要轻一些。

今天，在赛骆驼的时候，利用机器人骑手参与比赛已经成了很平常的一件事。就像传统的骑手一样，这些机器人替代者坐在驼鞍上，手勒缰绳，用鞭子抽打着骆驼，使其奋力奔跑。为了防止骆驼被它们的“机器主人”吓坏，设计师们还使这些机器人拥有了类似于人类的一些特征，例如，一张人体模型的脸、一副太阳镜、一顶帽子，让它们使用传统的赛骆驼技能，甚至还使它们散发出人类骑手所使用的传统香水的味道。总之,一切都要有助于骆驼保持平静。最新型的机器人骑手很小，大约只有30厘米高; 也很轻，大约在2-3千克重之间。它们拥有瘦小的、装有铰链的手臂，能够用手控制缰绳和鞭子。通常，机器人骑手上面还会装有一个扬声器，当这些骆驼在外圈跑道上（跟随着装有空调的越野车）赛跑时，骆驼的主人能够在装有空调的越野车里一边跟着骆驼，一边通过对讲机向它们发号施令。

当然，我们引述这个例子，目的并不是试图说明在骆驼比赛中也存在着创业的可能性。我们想说明的是，这个赛事表明，作为又一种长期泥足深陷于欺骗性阶段的指数型技术，机器人技术现在正走向颠覆性阶段。里特勒工场政策研究院（Littler Workplace Policy Institute）发布的一份报告指出：“机器人产业是世界上增长最快的一个产业，在接下来的10年里，它将成为全球最大的一个产业。”这也就是说，机器人骑手只是一个开始。

让我们先来看一下巴克斯特（Baxter）吧。它是传奇的机器人专家罗德尼·布鲁克斯（Rodney A. Brooks）智慧的结晶。布鲁克斯是麻省理工学院的松下讲席的机器人（荣休）教授以及iRobot公司（Roomba的创造者）的联合创始人。巴克斯特采取的是人形化设计，其双臂展开有2.7米长，它的脸是一台平板电脑，这使得它看起来像是一个卡通人物。举个例子，如果你抓住它的一只手臂，巴克斯特会把他的头转向你所在的方向，同时平板电脑的显示屏上会出现一双瞪得大大的眼睛，表示你引起了它的兴趣。这很有趣，但是巴克斯特身上最令人激动的东西是它的用户界面。

与大多数工业机器人不同，巴克斯特是人类安全型的。如果你与一个典型的用于制造汽车的六轴机器人进入同一个房间，那么无疑是死路一条——这就是为什么大多数工业机器人都必须与人类隔离开的原因。但是，我们不需要为巴克斯特准备一只笼子。当巴克斯特的传感器探测到它碰到了一些意想不到的东西时，它会立即停止动作。因此，巴克斯特不会伤害到你。

此外，巴克斯特还拥有一个优雅而简单的用户界面。它没有复杂的基于代码的程序,它是通过"指导下的模仿"来学习的。如果你想让它模仿某个动作，你只需要简单地移动它的手臂，那么它便能够迅速地为这个动作编好程序。随着即将成为现实的在线人工智能技术的发展，不久之后，我们就不需要通过移动巴克斯特的手臂来让它执行命令了，取而代之的将是直接和它"交谈"，让它去做一些事情——嘿，巴克斯特，你能把这个轮胎安装到车上吗?

"巴克斯特的发明使机器人技术向前迈进了一大步，"奇点大学机器人技术的主管丹·巴里博士说，"它是在非智能的、单调重复的、粗糙的、专用的工业机器人与智能型的、拥有广泛感知能力的、有情境意识的、能进行复杂计算的、精巧的机器人之间架起桥梁的第一台机器人。"更重要的是，巴克斯特是这样一种机器人，企业家能够利用它来建立自己的商业模型、扩展业务。在这方面已经涌现出了一些很好的例子。例如，旧金山海湾地区的服装创业型公司数字服装公司（Digital Apparel）计划利用机器人，对他们的顾客的体形进行3D扫描，然后以这些扫描图形作为裁剪和缝纫的模型，制作出完美而合身的牛仔裤。那么数字服装公司将会使用哪种机器人来帮助制作你的牛仔裤？你猜对了，就是巴克斯特。

现在，在机器人行业，除了人性化的界面之外，我们在灵活性和移动性方面也看到了飞速发展的趋势。由于新一代的传感器和制动器的启用，并受到接近无限计算能力和人工智能技术的驱动，机器人技术将会像寒武纪的生命大爆发那样急剧发展起来。不久之后，大小不同、形状各异、移动速度不一的各种各样的机器人将缓缓摆脱实验室的禁锢，从容地走进市场。费斯托公司（Festo）已经制造出了一个能够像鸟一样飞行的机器人。波士顿动力公司（Boston Dynamics）现在已经制造出了既能攀高又能爬行，既能双足跳又能单脚跳的机器人，而且它们在做所有这些动作时还能够负重（有些机器人能够负载超过 100 千克的重量）。这些“夏尔巴人式的机器人”能够穿行于巨石遍布的山坡上，在冰面上保持平衡，甚至能够跳离地面跃上三层楼高的屋顶。

不过，2013 年以前，机器人技术的发展相对来说还是比较缓慢的，因为主要的进步都发生在大学实验室里和由政府资助的一些项目中。但是，2013 年临近结束的时候，却出现了一个飞跃式的发展：亚马逊宣布进入无人机行业，同时谷歌更是一口气宣布收购 8 家机器人公司（其中包括波士顿动力公司）。行业巨头开始发力了，机器人技术的发展无疑将会变得更快。

BOLD
指数级成长的智慧
HOW TO GO BIG, CREATE WEALTH, AND IMPACT THE WORLD

机器人大发展所引发的变化将会是非常惊人的。机器人不成立工会，不会迟到、不用吃午饭。现在的巴克斯特已经能够完成相当于每小时 4 美元的装配线工作。2013 年，来自牛津大学马丁学院的一份报告指出，在接下来的 20 年内，有 45% 的美国高危工作都将被计算机（人工智能和机器人）承担下来。不管结果是好是坏，这一趋势显然已经在全球蔓延开来。

除了替代我们的蓝领工人之外，在接下来的 3~5 年内，机器人还将更广泛地入侵其他领域。巴里说：“我们已经看到了，远程监控机器人会把我们的眼睛、耳朵、胳膊和腿‘传输’到会议现场。自动汽车说到底也只不过是一台机器人，它将会做一些载人以及运送产品和服务的工作。在接下来的 10 年内，机器人也将进入卫生保健领域，取代医生施行一些常规手术，并且承担起照顾老年人的护理工作。如果我是一个想要创造巨大价值的指数型企业家，那么我会寻找那些对人类来说感觉最不愉快的工作。鉴于全球非熟练劳动力市场的价值高达数万亿美元，因此这是一个巨大的机会。”

那么，作为一名指数型企业家，你应该怎样利用这个机会呢？不要等，赶快做！正如专注于早期科技的风险投资公司 True Ventures 联合创始人乔恩·卡拉汉（Jon Callaghan）发表于 2013 年 6 月 3 日《企业家》杂志（*Entrepreneur*）的一篇文章中所指出的那样：“一些专注于生产机器人基础设施的初创公司同样也正在兴起：黑客空间，机器人花园（Robot Garden）、机器人发射台（Robot Launchpad），甚至还有一个专注于风险投资的公司，纽约的格里辛机器人公司（Grishin Robotics），它是由俄罗斯的互联网企业家德米特里·格里辛（Dmitry Grishin）于去年 6 月创立的。”这些进步都是证据，它们证明，一个长期以来大多数企业家都无法企及的领域正在向大家敞开双臂。“我们现在看到的正是一些非常明确的早期征兆：这个市场马上就会结出累累硕果，”卡拉汉继续说道，“现在还非常非常早，但是它将会发展得非常非常快。未来的某一天，当回首往事的时候，我们会说 2013 年是机器人的创始元年。”

基因组学和合成生物学，5 倍于摩尔定律速度的增长

在本书前面的几章里，我们已经研究了在未来 3~5 年的时间里即将引爆的指数型技术，同时还看到了这些技术是如何相互促进、相互增强的。例如，云计算的兴起使人工智能变得更加切实可行、更加普遍，而人工智能又反过来使任何一个普通企业家都能为机器编写程序。在结束这一章之前，我们将来研究合成生物学。这种技术已经取得了一些进展——也就是说，它已经发展了 5~10 年了——但是仍然处于从欺骗性阶段向颠覆性阶段发展的过渡时期。

但毫无疑问，它将导致巨大的颠覆。

合成生物学是建立在这样一种思想上的：从本质上讲，DNA是一种软件，或者更具体地说，DNA是由按特定的顺序排列的4个字母所组成的一个代码而已。与计算机一样，代码驱动着机器。在生物学上，代码的顺序控制着细胞的制造过程，指导细胞制造出特定的蛋白质以及其他东西。但是，与所有软件一样，DNA也能够进行"重新编程"。大自然的原始代码能够被新的由人类所书写的代码所取代。从原则上说，我们能够"指挥"生命机器，告诉它如何去制造我们所能想到的任何东西。

合成生物学其实并不是一种全新的思想。随着基因工程的发展，我们早就能够把一个或两个基因从这个生物体移植到另一个生物体体内了。就像韩国的研究人员在2007年所做的那样，你可以把令水母发光的DNA移植入猫的体内，结果也正如你猜测到的：创造出了一种能够在黑暗中发光的猫。与这种基因移植技术不同，合成生物学的关键在于，它不只是改变单个字母，它改变的是整个基因组。

> "合成生物学本质上是基因工程的数字化，"合成生物学家、欧特克公司的杰出研究人员、奇点大学教授安德鲁·赫塞尔（Andrew Hessel）这样解释道，"过去所有这些步骤都是在实验室里由人工完成，这要付出高昂的费用，错误率也很高，但是今天我们可以利用计算机操作DNA，我们所使用的程序操作起来就像使用文字处理软件一样。组合和匹配基因代码，拼写和错误检查，调整附近的位点——做这些事情的时候，就像在文字处理软件中进行'拖放'一样简单。"

这种简单性和可获得性的提高已经打开了一扇通往无限发展潜力的奇妙之门。全新的燃料、食品、医药、建材、服装纤维，甚至全新的生物体都有可能被创造出来。我们现在所有利用工业方法制造出来的东西，最终都能够通过生物方法组装出来。

先来看看你日常生活的普通一天吧。你早上起床之后，要做的第一件事情是什么？没错，刷牙。现在你的牙膏大多数都是长条状的膏体，而且通常是有香味的（号称可以祛除口臭），但是，随着合成生物学的发展，我们可以专门设计一种牙膏来对抗口臭细菌的繁殖。“这还不是全部，”赫塞尔继续说，“我们可以使用一种纳米粒子牙膏，在你停止刷牙后很长时间，它还能继续清洗你的牙齿。牙膏还可以用来检测口腔受感染的情况，或者检测出癌细胞分子；糖尿病患者刷牙时，牙膏会呈现出不同的颜色；牙膏可以释放出为顾客定制的益生菌以保持你的口腔的微生物环境的平衡。所有这些事情，刷牙都能做到。而这仅仅是每天早上你都要做的第一件事。”

对许多人来说，合成生物学听上去仍然像是科幻小说中的东西，但是它很快就会从科学幻想变为科学事实，因为适用于所有其他指数型技术的摩尔定律，同样也适用于它。这是因为，DNA 只不过是一个由 4 个字母所组成的代码，当遗传学数字化后，它就变成了一门信息科学，因此它有望在指数级的高速公路上飞驰。1995 年，美国国家卫生研究院估计，可能需要花费 50 年时间，150 亿美元经费，才有机会完成第一个人类基因组测序；但是事实是，2001 年，克雷格·文特尔博士只用了 9 个月的时间，仅花了 1 亿美元就完成了这个任务。今天，多亏了指数型技术，你可以只花大约 1 000 美元，在几个小时内就能够完成你的基因组中数十亿个字母的测序工作。而且，对你来说，更加令人意外的可能是这个事实：生物技术并不是以摩尔定律的速度在增长，它是以 5 倍于摩尔定律速度在增长——每四个月，它的速度就增加一倍而价格却下降一半！

生物工程，过去是一个专业化程度极高的领域，只有那些在庞大的政府部门和大学实验室中工作的博士才有机会对它进行研究，但是现在，它却已经开始成为企业家练兵的场所了。大多数主要城市都已经出现了“生物黑客空间”，任何人都可以去那里，学着“玩玩”合成生物学，而所有必要的设备都可以在网上以非常低的折扣价买到。对于那些并不以科研为导向的合同研究和生产服务（contract research and manufacturing services，简称，CRAMS）提供商来说，他们非常愿意为你提供这方面的付费服务。不过，最大的好消息也许是，合成生物学的人性化的界面已经开始破土而出了。

欧特克公司的9号码头设计中心正在开发这样一个工具。在那里，卡洛斯·奥古恩（Carlos Olguin）正致力于一个半机器人项目（Project Cyborg）的研究，它将成为一个合成生物学的界面；有了它，高中生、企业家、平民科学家等人都能对DNA进行编程。“我们努力使这种技术非技能化，”奥古恩说，“在过去需要数周或数月才能完成，并且需要拥有博士后这一级的科研能力的建模过程，如今可以非常轻松地在几秒钟内完成。我们这个软件平台的目标是使用生物零件进行编程，使这个过程像使用Facebook一样直观。我们希望有更多的人参与设计，共同做出贡献。我们希望出现更多没有博士学位的发明家，更多像杰克·安佐卡（Jack Andraka）这样的人。安佐卡是一名年仅14岁的高中生，因为发明了一种价格低廉的、能够快速而准确地检测胰腺癌的试纸而赢得了英特尔科学技术展览会（Intel Science and Engineering Fair）大奖。”

因为这个软件是在云端的，所以不仅任何人都可以利用它来进行实验，而且任何人都可以在即将建成的半机器人项目市场上出售他们的研究成果。这也就是说，合成生物学马上就可以拥有一个应用程序商店，它将成为创业可能性的神奇加速器。

本章的大部分内容关注的是，如何利用那些为我们带来巨大创业机会的技术，不过，在这里我们要强调的是，在多个领域之间的交叉地带，潜力还要更大。事实上，正是在这个思路的指导下，2013年3月，我与遗传学领军人物文特尔博士和干细胞先驱罗伯特·哈里里（Robert Hariri）博士联合创办了人类长寿公司（Human Longevity），这或许是我有史以来最大胆的一次冒险。文特尔出任这个公司的首席执行官，他把人类长寿公司的使命描述为“结合基因组学、无限计算、机器学习和干细胞疗法的力量去解决一个医学、科学和社会学上最巨大的挑战——老龄化以及与老龄化有关的疾病”。对于这个宗旨，作为胚胎干细胞领域的领军人物，哈里里进一步阐释道：“我们的目标是帮助我们所有人活得更长久、更健康。通过重新激活我们的干细胞，再次让我们的身体焕发生机，我们的晚年生活也能充满活力，能继续保持良好的认知能力和审美能力。”简单地说，人类长寿公司的目标就是，让一个100岁的人活出60岁的精彩和活力。

我们创办人类长寿公司时的原始资本为8 500万美元。在那之后，它的资本就一直在以创纪录式的速度增长着。如此快速发展的部分原因是，我们的公司恰好处于本章中讨论过的许多指数型技术的交汇点上：机器人技术，它能使测序速度快如闪电；人工智能和机器学习，它让我们搞清楚了数以千兆计的原始基因组数据；传输、处理和存储数据的云计算和网络；能够纠正和重写我们已经损坏的老化干细胞基因的合成生物学。再加上那令人难以置信的、用来保障更富足、更长寿、更健康生活的财富存量——年龄在65岁以上的人的银行账户里冻结着50多万亿美元，你应该能够理解这种潜力。

BOLD

指数级成长的智慧

HOW TO GO BIG, CREATE WEALTH, AND IMPACT THE WORLD

如果你想要成为一名成功的指数型企业家，那么理解这种潜力是至关重要的。请你仔细想一想：在20年前，“计算机算法能帮助一些公司将20世纪的许多行业非物质化”这种想法看上去无疑是一个痴心妄想。15年前，如果你想要访问一台超级计算机，你不得不自己买一台（而不是在一分钟之内在云上租一台）。10年前，基因工程是政府、大企业的专属领域，3D打印意味着超级昂贵的塑料原型。7年前，大多数企业家能看到的机器人只是那个被称为鲁姆巴（Roomba）的清洁机器人，人工智能则只意味着一台会说话的自动提款机，而不是一辆能在高速公路上飞驰的无人驾驶汽车。两年前，活过100岁被认为是一个疯狂的想法。现在你该明白了吧！

这确实是一个激动人心的画面。今天的指数型企业家已经拥有了足够强大的力量，他们能够做的，也就是乔布斯曾经说过的那句著名的话——改变世界。如今创办一家价值数十亿美元的公司，比以往任何时候都要快无数倍；而数万亿美元规模的产业也正在蓬勃发展中。但是，在你考虑到底应该击碎哪个指数型技术的皮纳塔（piñata）[①]之前，第一步也是最重要的一步是，你一定要相信你可以完成这一切。这也就是为什么我们在接下来的 5 章里将一再强调无所畏惧所需要的心理技术的原因。是的，那是指数型企业家工具箱中最重要的一个工具。

① 又称“圣诞爆竹”。一种游戏，起源于中国，由马可波罗介绍至西方。最早的皮纳塔用纸包裹着糖果，砸破皮纳塔，抢到里面的糖果，意味着好运。——编者注

BOLD

|第二部分|

无所畏惧的心灵骇客，指数型企业家的心态

05

一个初创企业就是一个“臭鼬工厂”

为什么说成为一名海盗比成为一名海军士兵更好？为什么“臭鼬工厂”模式能够源源不断地创造出伟大的成果？设定宏大的、极其艰难的目标，隔离与快速迭代，立足于登月思维，把你想要实现的目标提高 10 倍，你将不得不另辟蹊径，不得不转变视角，用勇气和创造力来取代所有的智慧和资源。

HOW TO GO BIG,
CREATE WEALTH,
AND
IMPACT THE WORLD

BOLD

“臭鼬工厂”的启示

这个故事开始于20世纪30年代。故事发生的地点是肯塔基州多帕奇的一个非常偏远的地方。当时，那里正在上演着一场悲剧：当地每年都有许许多多的人死亡，他们都死于一种有毒气体。这种有毒气体源于神秘的“臭鼬油”。这种油是“臭鼬工厂”排放出来的，据说，这家工厂把研磨成碎末状的死臭鼬和破鞋子混合，并加入一种会燃烧的神秘物质，用来生产“臭鼬油”。这是艾尔·凯普（Al Capp）告诉我们的故事。

凯普是已经成为传奇的系列漫画《莱尔·阿布纳》（*Li'l Abner*）的作者，“臭鼬工厂”这个词现在成了他最令人难忘的发明之一。不过事实上，凯普跟这个名词强大而持久的生命力几乎毫无关系。相反，我们应该感谢航空业巨头洛克希德公司（Lockheed）。

1943年，洛克希德公司的首席工程师克拉伦斯·凯利·约翰逊（Clarence “Kelly” Johnson）接到一个来自美国国防部的电话。当时，德国的喷气式战斗机已经出现在欧洲战场上，美国需要组织一次反击。这项任务极其艰巨，但是时间却出奇地紧迫。不过，约翰逊还是想到了一个办法：在洛克希德公司位于加利福尼亚州伯班克的研发基地里，约翰逊召集了一群非常杰出的工程师和机械师。约翰逊让他们完全自由自在地进行设计，在那里无论什么想法都不会被认为是奇怪的或疯狂的。约翰逊还让他们彻底脱离洛克希德公司的“官僚体系”。没有得到官方许可的人根本不知道这个新项目的存在，即使得到官方许可的人也没有吐露有关这次任务的任何一个字。同时，这些员工都被安置在一个租来的马戏团帐篷里（当然，它的空间足够大）。约翰逊故意让这个马戏团帐篷紧挨着一座发出浓烈恶臭气味的塑料厂，以防止一些好管闲事的人接近。塑料厂发出的气味让人觉得连正常呼吸都有点儿困难，这就是为什么这个项目的负责人欧文·卡尔弗（Irv Culver）要借用凯普所创造的术语，把这个地方称为“臭鼬工厂”的原因。

真实的故事是这样的。有一天,美国海军部的官员打电话到洛克希德公司，希望了解他们的最新机型的研发进展（这种机型后来被定型为 P-80），这个电话被无意中错误地转到了卡尔弗那里。卡尔弗拿起了话筒，以他一贯的标准方式自报家门：“‘臭鼬工厂’，内部人，卡尔弗。”

就在那一刻，这个名字被定格了。几年后，在系列漫画版权所有者的要求下，这个单词的拼写被改为“臭鼬工厂”（Skunk Works）。

现实中的“臭鼬工厂”继续运行着。在短短的 143 天后，洛克希德公司就把美国首架军用喷气式飞机交付给五角大楼。在如此之短的时间内就完成了任务，这太让人惊讶了，更加令人难以置信的是，交货时间居然比最后期限还提前了 7 天。这是一个典型的军事项目，承包商甚至不能签订正式的书面合同，而且要“忘记”让他们制造的任何东西。然而在接下来的几十年里，洛克希德的“臭鼬工厂”一再复制了这个成功模型，继续以同样的方式生产出一系列世界上最著名的飞机——U-2 侦察机、SR-71 型战略侦察机、夜鹰战斗机、猛禽战斗机……这些飞机帮助美国赢得了冷战。而且，洛克希德公司更大的影响其实并不在军事领域，而体现在它的组织创新：在接下来的半个世纪里，每当一个公司想要大胆创新的时候，“臭鼬工厂”就会被当作成功创新方式的典范一再效仿。

从雷神公司和杜邦公司，到沃尔玛公司和诺德斯特龙公司，每一个无所畏惧创新的公司，全都采用了“臭鼬工厂”的游戏规则。在这方面，我们还可以再举另外一个例子。20 世纪 80 年代早期，苹果公司的联合创始人乔布斯在硅谷大地餐厅（Good Earth restaurant）后面租了一套房子，召集了 20 个才华横溢的设计师，创建了他自己的“臭鼬工厂”，他们的目标是制造第一台麦金塔电脑（Macintosh）。这个部门是从苹果公司的研发部门中分离出来的，由乔布斯本人亲自领导。当人们问他为什么他们需要这个新的机构时，乔布斯喜欢说的一句话是“做海盗要比加入海军更好”。这是为什么？**当谈到培养大胆创新的精神时，为什么成为一名海盗比成为一名海军士兵更好呢？为什么“臭鼬工厂”模式能够源源不断地创造出如此伟大的成果呢？更重要的是，这与今天的指数型企业家以及他们大胆创新的精神有什么关系呢？**

事实证明，关系非常大。

在上面的几章里，我们已经看到，各种指数级增长的技术是如何为今天的企业家提供了惊人的机会的。它们允许小型的创新团队去解决过去唯有大公司和政府才有能力去应对的各种重大挑战，这是一个意义极其重大的信息。在奇点大学，我们的一个核心原则是，世界上最大的挑战包含着世界上最大的商机。因为有了指数型技术，有史以来第一次，企业家能够真正地参与到这个游戏中来。但是问题在于，仅靠指数本身是无法完成这项工作的。

指数型企业家必须登上无畏峰（Mount Bold）。但是，攀登无畏峰这个任务不仅仅在技术方面存在着重重困难，在心理方面也存在着巨大的挑战。在本书中，我们访谈过的每一位创新者都强调了心理因素的重要性，他们认为，如果没有正确的心态，企业家是绝对没有机会获得成功的。我也完全同意这个结论。态度决定一切，如果你认为你行，那么你就行；如果你认为你不行，那么你就不行。因此，本书第二部分的目的是，为你提供让你变得更加强大、更加大胆的一系列心理策略。所有这些心理策略，都源于“作战经验”丰富的前辈，它们都是经受得住时间考验的。

为此，我们将采用一种三管齐下的方法。在本章中，首先我们将剥开“臭鼬”的外皮来进行一番“窥视”，以便找到这种在现代历史上最成功的创新方法的核心机制。接下来，我们将探索我个人在我的生活和工作中一直在采用的心理工具和技术。最后，在第二部分的结尾，我们还将与一群杰出的亿万富翁企业家进行“交流”，他们包括：埃隆·马斯克、杰夫·贝佐斯、理查德·布兰森和拉里·佩奇，等等。这些企业家不仅在商业领域取得了极大的成功，而且这些成功赋予了他们大胆思考的能力以及解决重大挑战所需要的技能。

首先，让我们先来说说“臭鼬工厂”的秘密吧。

从传统上说，在探索这些秘密的时候，为了剥开这只“臭鼬”的外皮，研究人员通常会从剖析约翰逊的“运行臭鼬工厂的 14 条规则”入手。这是一种行之有效的方法，我们仍将沿着这条路走下去。我们在剖析这 14 条规则之前，先强调一种深深嵌入“臭鼬工厂”DNA 内核中的观念，这种观念往往是通常的讨论所忽视的。

经营常规业务的公司是不需要创办一个“臭鼬工厂”的。这种创新加速器针对的是那些经营非同寻常业务的公司。创办“臭鼬工厂”的目的是为了处理特别艰巨的任务，它们始终是围绕着心理学家所说的“宏伟远大、极其艰难的目标”的。这些目标的“极其艰难”的本质其实就是“臭鼬工厂”成功的第一条秘诀。

在 20 世纪 60 年代末，多伦多大学心理学家加里·莱瑟姆（Gary Latham）和马里兰大学心理学家埃德温·洛克发现，设定目标是增加动力和提高绩效最简单的方法之一。在当时，这无疑是一个令人震惊的发现。一般人都认为，如果工人心情愉快，那么工作效率就会更高，而给员工施加过大的压力（也就是说，要求他实现太大的目标）则被认为是对企业不利的。但是，在许许多多的研究中，莱瑟姆和洛克都发现，设定目标能够使业绩和生产率提高 11%~25%。这是非常振奋人心的结果。如果我们的基线是一天 8 小时工作制，那么只需要围绕生产经营活动构建一个心理框架（即设定一个目标），就可以取得相当于每天多工作两小时的效果。

但是，关键在于，并不是随便什么目标都能取得同样的效果。“我们发现，如果你想最大限度地提升积极性和工作效率，”莱瑟姆说，“那么宏大的目标会带来最好的结果。宏大的目标明显优于小目标、中等目标和模糊不清的目标。从根本上说是因为注意力和毅力，它们是提高绩效两个最重要的决定性因素。宏大的目标不仅能够帮助人们集中注意力，而且还会使得我们更有毅力。由此而引发的结果是，我们将会更加积极有效地工作；有了宏大的目标，跌倒时我们会更加愿意重新站起来，再次奋力拼搏。”

对于指数型企业家来说，这是一个非常重要的信息。任何创业活动都是艰难的。而我们现在讨论的是旨在颠覆一个行业的创业，这种创业活动的难度无疑高得可怕。但是，洛克和莱瑟姆的研究表明，在这种困难当中，隐藏着有利的一面。这是因为，在设定了宏大的目标之后，我们就能够锻炼自己，使自己的积极性更加高涨，而且更能集中注意力，这样有助于我们自己实现这些宏大的目标。

然而，洛克和莱瑟姆还发现，这些既非常宏大，同时又极其艰难的目标要想真正发挥它们的“魔力”，还需要一些神奇的调节子（moderators），心理学家经常使用这个术语来描述“如果 - 那么”条件。其中最重要的一个调节子是承诺。“你必须相信你正在做的事情，”莱瑟姆继续说道，“当个人的价值和目标的期望结果完美地结合在一起的时候，宏大的目标就能发挥其最好的作用。当所有一切都一致时，我们就会全力以赴。而这也就意味着，在这种情况下，我们将会更加专心致志，我们将会更加百折不挠，我们将会更加卓有成效。”

这是另一个关键点。在那个战火纷飞的年代，当约翰逊创办历史上第一个“臭鼬工厂”的时候，目的并不是以创纪录的速度建造一架新的飞机，这其实仅仅是通往实现最主要的宏大目标的道路上的许多事件之一，约翰逊的目标是拯救世界，让所有人都不用再面对纳粹统治的威胁。这是一个每个人都会支持的宏大目标。这就是为什么工程师们会同意在臭气熏天的马戏团帐篷里夜以继日地工作的原因。最重要的是，由于这项任务的核心价值与期望结果之间存在着高度一致性，因此也就极大地提高了工作绩效和生产效率，这是洛克希德公司能够创纪录地制造出那架飞机的根本原因之一。

在洛克希德的“臭鼬工厂”里，约翰逊的管理非常严格。他喜欢高效率。他有一个座右铭：“快速、安静和准时”。他还制定了一系列规则。要想深入剖析“臭鼬工厂”的深层秘密，我们就必须细致地讨论“约翰逊规则”。

“臭鼬工厂”与其他官僚主义缠身的企业是完全不一样的，如果你试图归纳出约翰逊规则的本质含义，那么这就是你首先要明确的一点。在他的全部14条规则中，其中有4条是单独针对军事项目的，因此在这里我们将不予讨论。在余下的10条规则中，有3条是加强快速迭代的方法（我们将在下文中回过头来详细讨论这个主题），剩下的7条规则则全都是强化隔离的方法。例如，规则3：“与项目有任何关联的人的数量应该受到严格限制。”规则13：“必须通过采取适当的安全措施，严格控制外人接触项目和项目研究人员。”根据约翰逊的说法，在“臭鼬工厂”里，隔离是取得成功的关键。

约翰逊之所以要这样做，理由主要有两个。第一个理由很明显，这是为了军事保密的需要。但是更加重要的是第二个理由，那就是，隔离能够刺激冒险行为，鼓励一些奇怪而疯狂的想法，并且能够产生对抗组织惰性的力量。组织惰性（organizational inertia）是指，任何一个公司，一旦获得了一些成功，它们对开发新技术、创造新方向的渴望就会减弱，这就是说，它们的创新动力往往会被更加强烈的“不要破坏现有有利的市场格局、不想失去当前丰厚的投资回报”的欲望所压倒。组织惰性会严重放大对失败的恐惧，这就是柯达没有认识到数码相机的价值、IBM最初否定了个人电脑以及美国在线实际上几乎完全不在线的原因。

> **KEY WORD**
> **|组织惰性|**
> organizational inertia
> 指任何一个公司，一旦获得了一些成功，它们对开发新技术、创造新方向的渴望就会减弱的情况。

而且，对公司适用的这个“一般规律”同样也适用于企业家。就像成功的

“臭鼬工厂”必须把自己的创新团队从更大的组织中隔离出来一样，成功的企业家也需要在他们自己和社会的其他人之间设置一个缓冲区。正如安萨里 X 大奖的得主伯特·鲁坦（Burt Rutan）有一次告诉我的：“在你真正取得突破性进展以前，所有的想法都是疯狂的。”尝试疯狂的想法意味着顶撞专家的意见和承担巨大的风险。也就是说，你不能害怕失败。因为你肯定要经受失败的锤炼。在创业无畏的道路上布满失败的荆棘，运用适当的策略来应对风险，从错误中吸取教训是非常重要的。

对于这个问题，在亚马逊网络服务（云计算服务）2012 年大会上，亚马逊公司首席执行官杰夫·贝佐斯进行了非常好的阐释，他是这样解释的：“许多人都误解了成功的企业家所做的事情。成功的企业家不喜欢风险，他们力图降低风险。公司总是处于风险当中……所以你在早期的时候就应该系统地消除这些风险。”

这正是约翰逊的最后 3 条规则发挥作用的地方。

KEY WORD
| 快速迭代 | rapid iteration
快失败，早失败，在失败中前行。

所有这三条规则都与如何加强快速迭代的方法有关。到目前为止，快速迭代是人们提出的所有降低风险的策略当中最有效的一个。如果你急于找到快速迭代这个术语的定义，我们可以临时抱佛脚地试一试如下这个硅谷的非官方格言：“早失败，常失败，在失败中前行。”那些无所畏惧的创新企业，尤其是我们在这里大力倡导的、能够改变世界的指数型创新企业，非常需要这种实验方法。尽管，大多数实验都会遭到失败，但是，任何真正的发展都需要尝试无数个想法，因此，关键是减少上一次尝试与下一次尝试之间的时滞，丰富从失败的尝试结果中获得的知识。这就是快速迭代（rapid iteration）。

就拿软件开发来说吧。传统的方法是秘密地创造一个软件产品，这通常需要许多年的时间，然后大张旗鼓地投放给公众。不幸的是，在当今这个日新月异的世界里，与自己的顾客隔绝几年的时间往往意味着破产。

现在，我们已经进入了快捷设计的时代，这个时代强调的是一种快速的反馈循环的思路。如今，公司应该做的，不是花费很长时间先对产品进行精雕细琢之后再推出，而是率先发布一个“最小的可行产品”，然后从客户那里获得即时反馈，并且将反馈结果融合到下一次迭代中，再发布一个略微有所升级的版本，然后以此类推。快捷设计流程与持续数年的保密设计流程完全不一样，采用快捷设计流程，通常只需要花费几星期的时间，就能够打磨出完全符合消费者期望的产品。

“我们在 Gmail 身上看到的就是这一点，”萨利姆·伊斯梅尔说，“谷歌的电子邮箱项目从来都不想让设计师花数年的时间去设计出一种最好的、所有人都想拥有的、有 25 种功能的邮箱。相反，谷歌首先发布了一个大约只有 3 种功能的版本，然后再问他们的客户还想要什么功能。这就是非常快的反馈和彻底的迭代。这就是为什么领英的创始人里德·霍夫曼（Reid Hoffman）说‘如果你没有因你的产品的第一个版本而觉得有些窘迫，那么就说明你推出产品的时间已经太迟了’的原因。”

用驱动力 3.0 驾驭“速度与激情”

到目前为止，我们对“臭鼬工厂”秘密的探究都集中在宏大的目标、隔离和快速迭代这三点上。在本节中，我们将更深入地论述这个问题，不过，在这里，我们将不会孤立地去研究这些策略，而是把它们融合到一起。我们将看到，如果将这些策略综合起来，加以适当运用，就能够产生更多、更显著的心理推动（psychological boost）作用。

要理解这种心理推动作用，我们需要重新来讨论科学的激励问题。在 20 世纪的大部分时间里，心理学家们关注的是外在的“奖赏”，即外部激励因素；或者，更具体地说，它们指“为得到那个而这样去做”的一系列“如果 - 那么”条件。在存在外部激励因素的情况下，我们会激励那些对我们来说

“多多益善”的行为，而惩罚那些我们不喜欢的行为。例如，在商业领域，当我们试图驱动员工提高绩效时，我们通常提供的经典的外部奖励是奖金（金钱）和职位晋升（金钱和荣誉）。

不幸的是，越来越多的研究表明，外部奖励并不像大多数人所想象的那么有效。就拿金钱来说吧。在提升人们的积极性时，金钱只在一些非常特殊的情况下才是真正的“王道”。研究表明，对于一些不需要任何认知技能的、非常基本的任务，金钱能够有效地影响人的行为。假设我正在从事的是钉木板的工作，报酬为一个小时 5 美元，那么如果你一小时给我 10 美元，就能够让我提高钉木板的效率。但是一旦任务变得稍微复杂一些了，比如说，用这些钉好的木板造一座房子出来，情况就会变得完全不同。事实上，一旦工作任务需要一定的概念能力（conceptual ability）——哪怕是最粗浅、最基本的概念能力，金钱激励就只能起到相反的效果：它会削弱积极性、阻碍创造性并降低绩效。

而且，更加重要的是，这并不是金钱作为一种激励因素的唯一一个问题。现有的研究表明，只有在如下这种特殊情况下，金钱才能成为一种有效的激励因素——我们的基本生理需求无法得到满足；或者，当我们的基本生理需求得到满足之后，就几乎没有剩下多少可供我们自由支配的东西了。正如诺贝尔奖得主丹尼尔·卡尼曼（Daniel Kahneman）最近发现的，假设你生活在美国，那么在你的年收入达到 7 万美元之前，你的快乐曲线和生活满意度曲线是与收入曲线高度重叠的，但是，当你的收入变得更高时，这些曲线就会出现极大的偏离。7 万美元是一个分水岭，超过了这一点之后，金钱就不再是一个重要的问题了。一旦人们获得了足够的报酬，或者说，当满足基本需求不再是一个他们时刻关心的问题时，外部奖励便失去了效力，而内在奖励（也就是内在的情感上的满足）就变得更加重要了。

而要实现内在情感上的满足，有 3 点尤其重要：自主权、掌控权和目的性。

人的一生，就像一艘小船，航行在汪洋大海中。自主权是希望由自己来掌舵的欲望；掌控权是一定要把舵掌好的欲望；而目的性则是保证整个旅途有意义的需要。这三个内在奖励都是最能激发我们积极性的激励因素。对此，作家丹尼尔·平克（Daniel Pink）在他的《驱动力》（*Drive*）[①]一书中是这样解释的：

> 心理学研究表明：那些典型的20世纪的“胡萝卜加大棒”的激励因素有时确实能起到一些作用，我们认为在某种程度上这是人类事业的一个“自然”组成部分。但是它们只是在一些极其有限的情况下才有效。“如果-那么”型奖励在很多情况下不仅是无效的，而且还会危害更高层次的、创造性的概念能力，而后者恰恰是当前和未来经济与社会进步的核心。高绩效的秘诀并不在于我们生物学上的驱动力（我们的生存需要），也不是那些基于奖励-惩罚的驱动力，而是我们的第三个驱动力，那就是我们“掌控自己的生活、拓展自己的能力、充实自己生活”的欲望，这是一种根植于内心深处的强大驱动力。

要获得无所畏惧的勇气，我们需要这第三个驱动力。利用指数型技术去解决宏大的目标、运用快速迭代和快捷反馈去加快实现这些目标的进程，这就是创新所需要的。但是，如果企业家不能提升他们的心理素质，就无法跟上技术进步的步伐，那么他们就几乎没有任何机会赢得这场比赛。

这就是“臭鼬工厂”的另一个秘密：它实现了“全面升级”。这种“全面升级”，结合我们讨论过的关于隔离和快速迭代的规则，以及与价值观相一致的宏大的目标，就是实现自主权、掌控权以及目的性的伟大秘诀。把创新团队分离出来，能够创造出一个可以让人们自由地按照自己的好奇心进行创新的环境，从而扩大了自主权。快速迭代意味着加快了学习周期，这也意味着帮人们实现了掌控权。宏大的目标与个人价值观相一致能够创造出真正的目的。

最重要的是，要想有效地利用这些内在激励因素，你并不需要真的去创办一个“臭鼬工厂”。谷歌给它的全体员工留出了20%的时间，让他们“自主管理”，即鼓励工程师们将20%的工作时间花在他们自己设计的项目上，结果使得所

① 本书中文简体版已由湛庐文化策划，中国人民大学出版社出版。——编者注

有工程师积极性暴涨。谷歌的员工们经常挂在嘴上的一句话是："这 20% 的时间其实应该被称为'120% 的时间'。"美捷步（Zappos）的首席执行官谢家华（Tony Hseih）通过强调掌控权,成功地颠覆了零售业。他使"追求成长和学习"成了企业理念的核心，他说的一句话与某句著名格言有异曲同工之妙："失败并不是耻辱的标志，它是成功的必经之路。"为了充分利用目的性的力量，汤姆布鞋公司（Toms Shoes）的首席执行官布莱克·麦考斯基（Blake Mycoskie）决定，每卖出一双鞋子就给发展中国家的孩子送出一双鞋子。

正是因为拥有了这种根本性的心理推动，谷歌、美捷步、汤姆布鞋都在创纪录的时间内成为了行业的领导者。对于这种结果，我们其实不应该感到惊奇。创建一个以自主权、掌控权和目的性为"核心价值观"的公司，也就意味着创建有能力驾驭"速度"的公司。现实已经不容许你做出其他选择了。在这个以越来越快的速度一刻不停地变化的世界中，任何一个指数型企业家都必须充分利用上述的第三个驱动力，这是根本的根本。然而，与大公司不一样，大公司通常要专门创办一个"臭鼬工厂"才能充分利用这种驱动力，而无所畏惧的指数型创业家能够更有优势。他们一开始就能够将自主权、掌控权和目的性融入企业文化当中，不需要等到后来再"嫁接上去"。

谷歌式"臭鼬工厂"和 8 个创新原则

阿斯特罗·特勒（Astro Teller）又高又瘦，蓄着浓密的山羊胡子，戴一副无框眼镜，留一头长长的头发，通常脑后还绑一个马尾辫。他的祖辈中，有两位诺贝尔奖得主，其中一位是原子弹之父爱德华·特勒（Edward Teller）。阿斯特罗·特勒是那些总爱穿一件 T 恤衫的家伙中的一员，在这些 T 恤衫上，通常会印着一些语带双关或含有讽刺意味的话。例如，在几年前，当特勒在奇点大学对着 80 个来自《财富》200 强企业的高管们做有关创新重要性的报告时，他就穿了一件 T 恤衫，上面赫然印着"安全第三"几个字。

特勒领导着谷歌这个互联网巨头的“臭鼬工厂”—— GoogleX，不过他的正式头衔却是“登月队长”（Captain of Moonshots）。这个头衔源于他刚被雇用不久后与谷歌首席执行官佩奇的一次谈话。“在早期，”特勒解释道：“是佩奇和布林的兴趣指引着 GoogleX。但是在我加入后，他们想为 GoolgleX 确定一个更加明确的目标。我问佩奇，他是否想让我建立一个研究中心。”

“不，”佩奇回答道，“这太平淡无奇了。”

“那么搞一个创新孵化器怎么样？”

“那还是太平淡。”

因此，特勒想了一会儿，最后他问道：“那么，我们来搞一个‘登月工厂’怎么样？”

“就是它了，”佩奇回答说，“这正是我们正在做的事情。”

这确实是他们正在做的事情。在过去的几年中，谷歌因为他们大胆的“登月工厂”而一再登上新闻头条，他们的“臭鼬工厂”致力于研究所有的领域：从太空探索到长寿之术、从人工智能到机器人技术。换句话说，在今天，全世界也许没有任何其他公司能够像谷歌那样把“臭鼬工厂”游戏玩出如此高的水平了。

在下文中，我们将深入细致地分析谷歌究竟如何实施“登月工厂”计划的。我们将会让你从内部观察他们的“臭鼬工厂”。在这个过程中，我们要请你注意一下，约翰逊当初的想法，哪些被谷歌保留下来了，哪些又被他们改变了。同时，还要请你思考，从心理学的角度来看，谷歌这样做的原因是什么。

让我们先从他们保留下来的那些因素开始讨论吧。

在很多层面上，谷歌的“登月工厂”与传统的“臭鼬工厂”没什么不同。例如，在他们的流程中，“隔离”这个规则都很关键。“在任何一个组织中，”特勒说，“大部分人都正在他们所站立的那座山上往上爬。当然，这就是你想让他们做的，这就是他们的工作。但是‘臭鼬工厂’要完成的却是一个完全不同的任务。这是一群正在寻找一座更好的山、然后再去爬的人。这种工作是对其他组织的威胁。把这两个群体分离开是一种很合理的做法。”

鼓励“臭鼬工厂”的工人去冒险同样也是有意义的。“如果你要求别人，去找一座处女峰来攀登，”特勒说，“那么告诉他们小心谨慎将是非常愚蠢的做法。‘登月工厂’是有风险的。如果你对解决这些挑战有兴趣，那么你将不得不承担一些非常大的风险。”

关于风险问题，我们知道，特勒并不是在开玩笑。GoogleX 偏离传统的“臭鼬工厂”的地方就在于他们所设定的目标的大小。根据谷歌的定义，“登月工厂”的定位处于大胆的创新项目和纯粹的科幻小说之间的灰色地带。他们并不只想获得 10% 的收益，他们的目标是提高 10 倍，也就是说，他们希望业绩提升 1 000% 以上。

提高 10 倍，当然是一个非常大的目标。那么，为什么要设定这么大的目标呢？特勒给出了一些非常明确的理由。

> “你可能会认为，提高 10 倍就需要付出 10 倍的努力，”他解释说，“但是，提高 10 倍其实要比人们通常想象的容易得多。为什么会这样呢？因为直觉并不正确。如果你选择让某种东西变好 10%，很明显这意味着你满足于现状，因为你只打算让它变好一点点儿。而这也就意味着，你将会从现状出发，服从现有的约束条件，你将被现有的工具、技术和流程所禁锢，因为你只想尝试做出一点儿轻微的改进。最终，这也就意味着，你将让你自己和你的员工参加到一场以全世界所有其他人为对手的‘聪明竞赛’中。从统计学的角度看，无论你拥有多少资源，在这种‘聪明竞赛’中你永远不可能胜出。但是如果你立足于登月思维，如果你想要实现的目标是提高 10 倍，那么很明显，利用现有的条件根本没有机会做到这一点。你将不得不另辟蹊径、转变视角，用勇气和创造力来取代所有的聪明和资源。”

视角的转变是关键所在。它鼓励人们承担风险，提高创造力，同时防范一些不可避免的衰退。特勒解释道：“即使你认为你会强大 10 倍，现实也会把这 10 倍‘吃’掉。现实总是这样。总会有一些东西是代价高昂的，还有一些东西是异常缓慢的，而且你认为并不具有竞争力的其他一些东西也很有可能会变得更具竞争力。虽然当你为提升 10 倍而努力的时候，你最终得到的可能只是两倍的成效，但是这两倍的成效已经足够惊人了。另一方面，如果你仅仅为了提升两倍，也就是为了 200% 而努力，那么你最终将只能收获 5% 的提高，同时你也将无法实现视角的转变（因为只有确定了提升 10 倍的目标，才有这种可能），那时你所付出的代价更大。”

在这里，最重要的一点是，“将目标定为提高 10 倍”这个策略绝不是只适用于大型企业。“一个初创公司其实就是一个‘臭鼬工厂’，而且与大公司创办的‘臭鼬工厂’不同，它不会被大公司的其他部分包围，”特勒说，“因此，初创公司的优势在于，不会出现什么‘怪兽’把‘臭鼬工厂’一口吞掉；当然，初创公司的劣势是它们没有钱。但是，这并不能构成不去追求“登月工厂”的一个理由。我认为，事实正好相反。如果你公开陈述宏大的目标，大声地说出对你自己的承诺，那么就完全有可能比使用一些通常的方式更能取得更大的进步，因为这意味着你已经没有回头路可以走了。你一下切断了自己与所谓专家的假设之间的所有联系。”因此创业企业家在努力追求真正宏大的目标时，需要利用的就是谷歌使用的这种创造力。

就其本身而言，愿意承担更大的风险并不是成功的保证。“早失败，常失败”的快速迭代方法仍然适用。因此，降低重大的风险同样重要。

在 GoogleX，降低重大的风险是通过一个非常特别的反馈机制实现的。“我们会尝试非常多的项目，”特勒说，“但是我们不会让它们中的大多数继续下去。绝大多数项目都会在不同的阶段被中止，只有极少数项目可以升级到下一阶段。到最后，从最终成果看，似乎我们所做的一切都是正确的，好像我们真的是天才一样；但是，事实并非如此。”

事情的真相是，数据或者死亡。GoogleX 要求他们所有的项目都是可测量的、可检验的。如果没有办法来判断项目的进展，那么谷歌是不会启动这个项目的。GoogleX 随时检查各个项目的进展情况。有些项目最终开花结果，有些项目被中止，有些项目中途被谷歌本部吸纳，有些项目会被雪藏（这些项目可以继续存在，但是没有机会成长）。“就个体项目而言，”特勒说，“它们的发展似乎是相当自由的。但是从总体上看，这种优胜劣汰的机制其实是一个相当残酷的过程。”

这也是达尔文的进化论在快速迭代中的应用。一些进步的思想与另外一些进步的思想相互竞争。虽然这不是一个零和博弈（因为存在着不止一个赢家），但确实是相当无情的。换个角度来说，在谷歌版的“臭鼬工厂”中，一方面通过给项目设定宏大的目标（要求提高 10 倍），他们极大地提高了承担风险的能力；另一方面，谷歌通过迫使这些项目在一个实验性的生态系统中竞争，再次降低了巨大风险的可能。

虽然通常的企业家可能无法负担得起同时启动、中止或者搁置数十个项目的成本（或者说，他们无法像谷歌那样，创造一个让各个项目相互竞争的生态系统），但是他们可以建立多条实验线路，采用快速迭代和更严格的反馈循环机制，保证自己在失败中前行的步子走得更加顺畅、更加有可持续性。更有意义的是，正如特勒所指出的那样，这种严谨还会在融资方面带来很大的优势。

> “人们往往会错误地认为，那些无法获得资助的大胆项目是因为它们的胆大妄为而得不到资金，然而事实并非如此。它们之所以得不到资助是因为项目目标缺乏可测量性。没有人愿意在一个项目上投入巨大的前期投资，然后仅为了看到这个项目有生存下去的迹象就要等上10年。但是在通常情况下，如果你告诉大家，你的项目随时都在取得进展，那么聪明的投资者会做出一些相当‘疯狂’的决定。”

约翰逊提出了运行“臭鼬工厂”的 14 条规则，而谷歌则拥有八大创新原则。这八大创新原则体现了谷歌的战略思维，它们是谷歌主管广告部门的高级副总裁苏珊·沃西基（Susan Wojcicki）在 2011 年的一篇文章中总结出来的。在本书中，我们将会看到，这些原则以不同的方式得到了反复强调，并且一再体现在不同的创新者身上。毫无疑问，如果你是一个指数型企业家，那么这八大原则就是你获得成功的核心原则。我的建议是，你可以把它们写到你办公室的墙壁上，把它们当作创办下一个初创公司想法的过滤器。当然，最重要的是，你一刻都不能忽视它们。下面，先让我们来快速地浏览一下这 8 大原则。

BOLD
指数级成长的智慧

HOW TO GO BIG,CREATE WEALTH, AND IMPACT THE WORLD

谷歌创新 8 大原则

1. 关注用户。
2. 分享一切。
3. 寻找无处不在的创意。
4. 从大处着眼。
5. 不要因为害怕失败而失败。
6. 想象力是火花，数据是燃料。
7. 成为一个平台。
8. 拥有一个极其重要的使命。

关注用户。在本书的第 9 章中，我们将会再次见到这个原则，拉里·佩奇和理查德·布兰森将会谈到建立以顾客为中心的业务的重要性。

分享一切。在一个存在着大量认知盈余的超级连接的世界里，开放是关键所在；你要让大众帮助你创新，以大众的思想为基础构建你的业务。

寻找无处不在的创意。本书的整个第三部分都将围绕这一点展开。在那里，我们将阐明一个原则：众包能够为你提供令人难以置信的想法、见解、产品和服务。

从大处着眼。这也是奇点大学“10 的 9 次方思维方法”的基础。从你创办公司的第一天起，你就影响了一个小群体，但是你应该将自己的目标定为：在 10 年内对 10 亿人产生积极的影响。

不要因为害怕失败而失败。这个原则强调了快速迭代的重要性：早失败，常失败，在失败中前行。

想象力是火花，数据是燃料。灵活性，也就是敏捷度是鉴别庞大和线性的关键性因素。要保证灵活性，就需要获得大量的新的、通常是疯狂的想法，还需要许多良好的数据来区分“金子和沙子”。毫无疑问，今天最成功的初创公司都是数据驱动的。它们对一切东西都要进行度量，它们会使用机器学习和算法去分析数据以做出决策。

成为一个平台。看看那些估值为数十亿美元的最成功的公司吧——AirBnb、Uber、Instagram，等等。它们都是在一个平台上运行的，那么，你的平台在哪里呢？

拥有一个极其重要的使命。也许最重要的问题是，你所创办的公司是不是建立在重要使命基础上的？当事情变得困难起来时，你是会继续推进呢，还是会放弃？激情是进一步前行的基础。

06

17 个心流触发器让你全心投入

我们所有人都是天生为最优绩效而设计的，这是我们人类的一个内置功能。那些在最短的时间内完成了令人难以置信的工作任务的人和组织，总是处于激情四溢的状态，他们的“心流”被彻底激发。环境、心理、社会和创意方面的17个心流触发器会让人们全心投入，成就伟大的事业。

上一章，在剖析“臭鼬工厂”秘密的过程中，我们已经提到了很多种“心灵骇客”。在激励方面，我们探讨了宏大的目标，尤其是与价值观相一致的宏大的目标；还强调了自主权、掌控权和目的性联合在一起的三联式超级动力。在绩效方面，我们指出，要通过设定提高10倍的目标来实现视角的转变，以增强创造力；还要利用快速迭代的方法来提高承担风险的能力，并通过快速反馈机制来缩短研发周期。然后，为了降低整个过程中的风险，我们引入了严格的实验性生态系统。在这里，最重要的一点是，在所有这些心灵骇客中，没有一种是用来“凑数”的。

而且，所有这些心灵骇客提供了一种额外的功能。它们不仅提高了积极性和绩效，而且还充当了一种被称为“心流”的意识状态的触发器。心灵骇客承担了双重任务。

从技术上讲，心流（flow）可以被定义为，当我们的感觉和行动都处于最佳状态时的意识状态。你可能拥有过一些处于这种精神状态下的体验。如果你曾经整个下午都沉浸于一次伟大的谈话中，或者你曾经钟情于一个工作项目而忘记了一切，那么你就已经

KEY WORD

| 心流 | flow

指当我们的感觉和行动都处于最佳状态时的意识状态。

有过这种体验了。心流描述的是这样一些全神贯注的时刻：我们变得如此专注于手头的任务，以至于周围的一切全都感觉不到了。在心流中，行动和意识合而为一了。时间飞逝如电，自我也消失了。一切的一切，无论是精神上的还是肉体上的，全都达到了巅峰状态。

我们把这种体验称为心流，它是一种“如有神助”般的感觉体验。在这种状态下，每一个动作、每一次决策都毫不费力、畅通无阻、天衣无缝。心流是快如闪电的问题解决，心流是终极绩效之河的一泻千里。

上面这些说法毫无夸张之处。一个半世纪的研究表明，心流注入了每一个获得体育比赛冠军的人的内心深处；心流支撑着无数重大的科学突破；心流推动了艺术史上的重大进展。“在最近的商业研究中，”德勤尖端创新中心（Deloitte Center for the Edge）的联合主席约翰·哈格尔三世（John Hagel III）这样说道，“公司高管们报告说，当他们处于心流的状态时，效率会提高 5 倍。”这是一个惊人的统计数据。5 倍的效率就是效率提高了 500%。正如维珍的首席执行官理查德·布兰森所说：“当我处于心流的状态时，在短短的两个小时内，我就可以完成许许多多事情……在这种状态下，我似乎无所不能、所向披靡。”

对此，哈格尔进一步解释道：“我们针对效率极端提高案例的研究表明，那些在最短的时间内完成了令人难以置信的工作任务的人和组织总是处于激情四溢的状态，他们都处于心流的状态中。”

当然，如何找到心流是一个非常棘手的问题，不过这恰恰是我的合著者史蒂芬·科特勒在过去的 15 年中试图回答的问题。科特勒是心流基因组计划（Flow Genome Project）的联合创始人和研究部主任，这个组织致力于解答提升人类终极绩效的科学奥秘。

心流基因组计划告诉我们，要想让心流状态出现在工作中，我们需要一个触发器。也就是说，心流产生需要一些先决条件。根据心流基因组计划的研究成果，总共有 17 个心流触发器，其中 3 个是环境的，3 个是心理的，10 个是社会性的，1 个是创意的。下面我们将会详细地介绍这些触发器，但是我们在这里就必须明确的一点是，心流是紧随着专注而来的。它首先是一种全神贯注的状态。因此，所有这 17 个触发器都是用来提高和集中专注力、驱使注意力聚焦于当下、驱动我们追逐心流的。

这样，也就再一次把我们带回到了“臭鼬工厂”的秘诀上来了。我们本章中所描述的各种各样的心灵骇客都集中于各种“机制”上面。风险承担能力的提高是显而易见的：心流紧跟着专注而来，结果总是会吸引我们的注意力。因为宏大的目标总会产生重大的结果，它们同样也服从于这个“函数”。当心流出来时，与价值观相一致的宏大的目标会起到更好的作用。当它们两者结合在一起时，激情便随之而来。由于我们总是更多地关注那些让我们充满激情的事物，与价值观相一致的宏大的目标会更进一步地提高专注力。自主权、掌控权和目的性都服务于提升内在积极性和更进一步激发激情。与此同时，快速反馈机制允许我们进行实时校正；这样，即使在我们不知道如何让我们表现得更好时，我们也不会丧失专注力。因此，通过创建一个充满了心流触发器的环境，“臭鼬工厂”创造了一个高速心流环境。

接下来，我们就来探索今天的企业家应该如何创造这样一种环境，为此，我先介绍一下本书的第一个实施指南。在这里，我的想法是提供一系列具有很强可操作性的步骤，你随时都可以将它们应用于你的生活和工作中，或者说，我保证它们是有指导意义的。为了实现这个目的，我们将更加详细地逐个介绍 17 个心流的触发器，在这个过程中，我们特别关注的是，它们对指数型企业家的适用性。

环境触发器

心流的环境触发器是指能够驱使人们沉浸到更深层次的心流当中去的环境品质。

环境触发器 1：重大的结果。正如我们在前文中已经提到过的，心流是紧随专注而来的，而结果总是吸引着我们的注意力。当风险潜伏在环境中时，我们不需要额外的努力去驱动我们的专注力，因为更高的风险水平已经自动为我们做好这项工作了。

当然，这里所说的风险，并不仅仅只是意味着身体上的风险。科学研究表明，还存在着许多其他类型的风险——情感的、智力的、创造性的、社会性的。“为了进入‘心流’的状态，”精神科医师内德·哈洛韦尔（Ned Hallowell）解释道，“一个人必须愿意承担一定的风险。恋人为了进入这种状态必须愿意承担被拒绝的风险；运动员为了进入这种状态必须甘愿冒身体受到伤害、甚至丧失性命的风险；艺术家为了有所作为，必须冒着被评论家以及公众嘲笑和鄙视的风险。而普通人，包括你，也包括我，则必须甘于经历失败，甘冒被人看成傻瓜的风险，同时甘愿承担碰壁后的失落感，这样才有可能进入心流的状态。”

这些事实告诉我们，那些把“屡败屡战”当作行动座右铭的指数型企业家拥有令人难以置信的优势。如果人们不给自己失败的空间，那么他们便不会拥有承担风险的能力。Facebook 最主要的楼梯间里悬挂着一块牌子，上面写着：“迅速行动，打破一切”。这种态度是至关重要的。如果你不愿意承担风险，那么你就是在拒绝接近心流。确实，承担风险是与一个危险的世界保持同步的唯一方法。

环境触发器 2：丰富的环境。丰富的环境是新异性、不可预测性和复杂性的综合体，这 3 个元素可以像风险一样，紧紧抓住我们的注意力。新异性同时意味着风险和机会。毫无疑问，当风险和机会这两者同时出现时，就非常值得我们注意了。不可预测性意味着我们不知道接下来会发生什么，因此我们会格外关注下一个事件。当有很多重要的信息同时扑面而来时，复杂性同样会得到我们更多的关注。

那么，如何在工作中运用这个触发器呢？很简单，只要增加环境中的新异性、复杂性和不可预测性就可以了。这正是特勒告诉我们的：“扔掉现有的所有假设，同时将对自己的要求提高 10 倍。”这也恰恰是史蒂夫·乔布斯在他设计皮克斯大厦（Pixar）时所做的事情。他在这座著名的建筑物的中心构建了一个巨大的中庭，然后把信箱、餐厅、会议室以及最著名的浴室，全都安排在这个中庭的旁边，这样就可以“强制性”地让公司各阶层的员工都在那里偶遇，从而极大地增加了他们生活中的新异性、复杂性和不可预测性。

环境触发器 3：深层体验。深层体验是一种全面的身体意识，它意味着用多个感官同时进行关注。让我们来看一下蒙台梭利教育吧。事实已经证明，蒙台梭利教室是这个地球上最高层次的心流环境之一。为什么这么说呢？因为他们强调“做中学”。他们提倡的不仅仅是通过阅读去了解灯塔，他们还要求你去观察灯塔，甚至要求你亲手去建造一座灯塔。通过手脑共用，你的多个感官系统同时参与了进来，从而紧紧抓住了注意力系统，迫使自己专注于当下。

心理触发器

心流的心理触发器是指存在于我们的内在环境中的某些条件，它们能创造出更多的心流。它们是一系列驱使注意力集中于当下的心理策略。

早在 20 世纪 70 年代，开创性的心流研究人员米哈里·希斯赞特米哈伊[①]（Mihaly Csikszentmihalyi）就把明确的目标、即时反馈和挑战 / 技能比确定为触发心流的最关键的 3 个因素。

心理触发器 1：明确的目标。它是我们的第一个心理触发器。明确的目标可以告诉我们，我们应该把自己的注意力分配到什么时间、什么地点上。明确的目标与宏大的目标不同，宏大的目标涉及的是巨大而艰难的问题，或者说，宏大的目标可以激起我们最强烈的激情，例如，帮助灾民、开放边境，等等。明确的目标所关注的是，我们在实现这些宏大的目标的过程中必须经历的各个小小的步骤。我们可以把这些小目标称为子目标，让子目标非常清晰、非常明

① 希斯赞特米哈伊著作《创造力：心流与创新心理学》已由湛庐文化策划，浙江人民出版社出版。——编者注

确，对于我们立足于当下并进入心流的状态至关重要。当目标明确时，心里就不会对现在应该做些什么或者下一步应该做些什么感到茫然，因为一切都早已了然于胸了。这样一来，注意力就会变得集中起来，积极性也会提高，无关的信息就会被过滤掉。由此，行动和意识就开始合二为一了，然后就可以深深地沉浸于心流状态了。同样重要的是，只有当下，既没有过去，也没有未来，甚至不要给自我留下空间，因为这些东西都是最可能来拉我们后腿的。

这也就告诉了我们关于何为“重点”的许多东西。当考虑到明确的目标时，大多数人都倾向于跳过形容词而明确地直指名词（以为那才是目标）。当有人告知我们，应该设定一个明确的目标时，我们可能立即会去想象自己站在奥运会领奖台上时的情景，或者去想象自己的企业被列入了《财富》500 强后的情景，然后口口声声地宣称，“我从 15 岁那年开始就已经设想过这个时刻了”，以为这才是问题的关键。

但是，那些“高光”时刻其实只会让我们不切实际。成功稍纵即逝，它仍然是一个未来的事件，受制于希望、恐惧和各种有可能碾碎你的当下的各种干扰因素。请想一想体育史上那一长串“臭名昭著”的“不幸”事件吧：在美国橄榄球超级杯比赛的最后几秒钟内错失了极好的达阵机会；在奥古斯塔大师赛中临近结束时却打出了失误的一杆。在那些时刻，由于过于看重目标，参赛者的注意力被拉离了当下，因而出现了失误。当然，具有讽刺意味的是，他们原本非常清楚，专注于当下才是他们赢得比赛所需要的一切。

如果我们的目标是创造更多的心流，那么重点应该落在目标的明确性上，而不是目标本身。目标的明确性可以赋予我们一个确定性。当我们在做些什么的时候，我们必须非常清楚我们应该做什么、应该把注意力集中在哪里。因此，当目标明确时，元认知就会被即时认知所取代，这样自我便会远远地离开我们。

把这个思想应用于我们的日常生活，就意味着我们必须将总任务分解成一个个小任务，并且为每个小任务设定相应的目标。例如，一个作家试着一次写好 3 个段落，要比试图一次就写好一章好得多。要多考虑面临的挑战，但是必须把这种考虑控制在可管理的限度内，这就是说，你要保持足够的关切，以便迅速地将注意力集中于当下，但是又不能过分的关切，以免产生压力，将你拖出当下。

心理触发器 2：即时反馈。这是我们的第二个心理触发器，它是让我们专注于当下的另一条捷径。即时反馈这个术语指的是，直接地、即时即刻地在因果之间建立联系。作为一种集中注意力的机制，即时反馈在某种程度上是明确目标的延伸。明确的目标告诉我们，我们正在做的事情是什么；即时反馈则告诉我们，怎样可以做得更好。如果我们知道如何实时地提高绩效，那么心灵便不会“走神”（以便去搜寻改进的线索）；这样我们就可以全力以赴、全神贯注，从而更有可能处于心流状态中。

要在经营管理中实现这一点还是相当简单的：加强反馈循环；练习灵活的设计；让机制落实到位；要求更多的投入。不过，究竟应该投入多少呢？好吧，你不妨忘记季度评估，而只考虑日常的评估。许多研究表明，在那些比较缺乏直接反馈回路的行业中——例如，证券投资分析、精神病学、医学，等等——随着时间的推移，即使是最优秀的从业者的绩效也会变得糟糕。相比之下，外科医生是唯一从医学院毕业之后还能持续提高水平的医生。为什么会这样？因为在外科医生的工作中，手术经常会失败，甚至不时还会有病人死在手术台上。这就是即时反馈的威力。

心理触发器 3：挑战 / 技能比。这是我们要讨论的最后一个，而且也可以说是最重要的一个心理触发器。这个触发器背后的基本思想是，当任务的难度与我们执行这一任务的能力之间存在着某种非常特定的关系时，注意力的集中是最有保证的（也就是说，注意力将完全集中在当下）。如果挑战难度太大，那么我们就会过于焦虑；如果挑战太容易，我们就容易厌烦。心流似乎一般出现在介于厌烦和焦虑之间的情感中点附近，科学家把它称为心流的通道。在那个位置上，任务的难度足以激发我们去努力想办法克服，同时又不足以让我们望而却步。

这个最佳点使我们的注意力锁定在当下。当挑战稳稳地落在了已知的技能范围之内时（也就是说,我以前已经做过了,因此我非常肯定我能够再次完成），结果就已经预先确定了。我们可能会对这种挑战有一定兴趣，但是不会觉得它非常有吸引力。但是当我们不知道接下来会发生什么时，我们就会更加关注未来。不确定性会让我们火速进入到当前的状态中。

社会触发器

心流还有一种被称为群体心流的状态，即集体版的心流。这是当一群人一起进入了心流的状态时所发生的事情。如果你曾经看过这样一场橄榄球赛，你就明白什么是群体心流了：在紧急时刻，四分卫回到了场上，然后每个人都在正确的时间里站到了正确的位置上，而且结果看起来简直就像一个精心设计过的舞蹈，而不像通常会发生在橄榄球场上的那种混乱的情形。

当然，在玩群体心流这个游戏的并不只是运动员。事实上，在一个初创公司里群体心流是很常见的。当整个团队以令人难以置信的速度向一个目标推进时,那也是群体心流在起作用。对于这种现象,萨利姆·伊斯梅尔是这样解释的,“因为刚刚创业时，总是伴随着无休无止的不确定性，所以处于心流的状态是成功的一个关键因素。心流状态允许一个企业家对发展潜力时刻保持开放性和警觉性，这可能存在于任何合作关系、对产品的洞察力或者与客户的互动当中。如果初创公司的团队创造出了越多的心流，那么他们成功的机会就越大。事实上，如果你的创业团队未能经常处于群体心流状态中，那么你将不会获得成功。你对未来的洞察力将会失去，机会也将丧失。”

那么如何促进群体心流呢？这就是社会性触发器发挥作用的地方了。这些社会性触发器是改变社会条件，以产生更多的群体心流的方法。有一些社会性触发器，我们其实已经相当熟悉了。事实上，前三个社会性触发器——高度的专注力、共享的明确的目标、良好的沟通（即大量的即时反馈）——就是被希斯赞特米哈伊所称的那3个心理触发器的集体版本。

另外两个社会触发器——平等的参与和风险元素（无论是精神上的还是肉体上的），我们也相当了解，无须再多加解释。剩下的5个社会触发器则需要多费点儿笔墨分析一下。

社会触发器1：亲密感。这是指一个组织已经拥有了共同的语言、共同的知识库，而且组织内部的交流也是建立在相互的理解的基础上的。这也就意味着，当有新的见解产生时，大家总是能达成共识，而不会由于冗长的解释而变得兴味索然、动力尽失。

社会触发器2：自我的交融。这是谦逊的集体版本，当不同的人自我交融为一体时，没有人会特立独行，所有人都能参与进来。

社会触发器3：控制感。这个社会触发器结合了自主权（自由地做你想做的）和掌控权（很好地做你想做的）。它所涉及的是，如何选择你自己想要克服的挑战，并获得克服挑战所需的必要技能。

社会触发器4：仔细倾听。这个社会性触发器出现在当我们全身心地投入到当下的时候。在酣畅淋漓的谈话中，我们并不需要思考接下来该说些什么才会显得诙谐幽默，或者是不是要在最后再抛出一句尖酸刻薄的讽刺语言。相反，随着对话的展开，无须任何刻意的思考，一切格言警句都会自然而然地脱口而出。

社会触发器5：总是说“是的，并且……”。它意味着在互动的时候，我们应该“做加法”，而不要执着于争个输赢。我们的目标是通过互动产生动力和凝聚力。创新总是产生在不断放大彼此的想法和行动的过程中。这个社会触发器是以即兴喜剧表演的“第一规则”为基础的。如果在开场的时候，我说：“嘿，浴室里怎么有一只蓝色的大象呢？”如果你的回应是：“胡说，根本没有”。那么表演就无法进行下去了。你的否认杀死了心流。但是相反，如果你的回答是“是的，并且……”之类的话，例如，“是啊，不过对不起，我不知道该把它放在哪里，难道它又离开马桶了吗？”那么这个故事便会朝有趣的方向发展。

创意触发器

如果你揭开创造力的面纱细细观察，你看到的将是模式识别（即大脑把所有新想法都连接起来的能力）和风险承担（即大脑把这些新想法呈现给这个世界的勇气）。这两种体验都会产生强大的神经化学反应，大脑则会借助这些反应深深地进入心流的状态。

对于那些想在日常生活中获得更多心流的企业家来说，这就意味着他们必须换一种思考方式。是的，换一种思考方式就行了，一切就是这么简单。我们不能再从熟悉的角度出发去解决问题，而是要从后面入手，或者从侧面入手，从一个独特的角度去考虑问题。抛开你的常规方法，展开你想象的翅膀。在你的日常生活中存在着大量的新奇事物，研究表明，新的环境和经历往往是新思想的起点（因为这意味着出现了更多的模式识别的机会）。最重要的是，要让创造变成一种价值，变成一种美德。在这里，我们要再次回到“登月工厂”的思维方式上来。正如特勒所解释的：“你不会把时间花在这样的事情上：由于自己无法在瞬息之间从美国移动到日本而感到烦恼，因为你认为这是不可能的事。但是，‘登月工厂’就是要思考这种事情。”

关于心流，最确定的一个事实是，这种状态是无处不在的。也就是说，只要符合某些条件，它就会出现在任何地方，出现在任何人身上。那么这些条件到底是什么呢？就是前面所说的那 17 个触发器，就是这么简单。

另外还有一点也值得注意：我们都是生物有机体，而进化是倾向保守的。如果进化的某个特定“作品”显得非常“适应”，那么它就会一遍又一遍地重复它的基本设计。心流是有效的；因此，我们的大脑与关于心流的体验是“硬连接”的。从进化的角度来看，我们所有人都是天生就为最优绩效而设计的，这是我们人类的一个内置功能。

07

飞翔在“超级可信度”之线的上方

仅有一个大胆的想法是不够的，还要讲一个“超级可信”的好故事。只有当一个新想法处于“超级可信度之线”的上方时，这个世界才会接受它。分步实现你的大胆想法，用激情做出一锅美味的“石头汤”，才能美梦成真。

HOW TO GO BIG,
CREATE WEALTH,
AND
IMPACT THE WORLD

BOLD

讲个“超级可信”的好故事

“我看了今天的新闻，我看到了一些东西，它是这样的……它真是太棒了！”喜剧中心频道《每日秀》(*Daily Show*)的节目主持人乔恩·斯图尔特(Jon Stewart)这样说道。这一天是2012年的4月24日，当时斯图尔特显得相当兴奋。他双眉飞扬，鼻翼翕动，一副即将爆发的样子。新闻开始时，我们看到一位新闻节目主持人身着西装，双手交叠，表情平静。“这看起来似乎是科幻小说，”主持人不动声色地播报着新闻，“但是，今天一群太空探索先锋们宣布了一个去小行星开采珍贵矿产资源的计划。”镜头拉回到斯图尔特身上，他显得激动万分，大声喊道：“太空探索先锋们要去小行星开采珍贵的矿产资源了！啊！这真是太好了！很多大人物都参与其中！整个2012年都很难再出现这样的新闻了。你知道新闻就应该是这样的，可是你知道符合你的评判标准的新闻多难出现吗？”

让斯图尔特如此激动的就是行星资源公司(Planetary Resources,Inc.)。这是我与埃里克·安德森(Eric Anderson)联合创办的一个公司，它的目标是去小行星开采矿产资源。这家公司创办于2009年，但是上述消息却是2012年才对外宣布的。很显然，去小行星采矿是一个疯狂的科幻小说式的想法，这种行为无论从哪个层面上来讲都是一种太过于胆大包天的行为。成功地启动这样一个项目，无疑难于上青天；事实上，即使将它以一种令人信服的合理方式呈现在公众面前，难度也不遑多论。因此，我们必须采取一种完全不同于以往的方式。经过多年的努力，我研究出了一系列策略来应对这类挑战；在所有这些策略当中，再也没有比“在超级可信度之线上方横空出世”这个策略更加重要的了。

读者稍后便会明了，要超越上面提到的这条“超级可信度之线”需要投入多么持续的激情。就我自己而言，这条线最早出现的时间可以追溯到 1969 年。那是在我 8 岁的那一年，阿波罗 11 号登上了月球。我当时就立刻决定，我一定要让自己也进入太空。当我长到 20 岁的时候，我意识到，NASA 永远也不会让我有机会进入太空。由于受到政府财政预算规模的限制，更因为不敢承担失败的风险，NASA 已经蜕变成一个“军事工业职位协调中心”，因此它不太可能重启将人类送上月球的计划，更加不可能实施向火星移民的计划。我很清楚，如果我们想大胆地挺进太空，必定是无法得到美国政府资助的。

在那之后，我就全身心投入到私人太空开发的事业当中。在创办行星资源公司之前，我已经在这个领域辛苦耕耘了 30 年。除了国际太空大学（International Space University）之外，我在这方面的努力主要体现在以下 3 个机构：X 大奖基金会、零重力公司（Zero-G）和太空探险有限公司（Space Adventures Limited）。这些项目的目的都是刺激太空旅游经济的发展。

在成立和管理太空探险有限公司的过程中，我和安德森组成了一个团队。安德森也成为我在行星资源公司的未来合作伙伴。早在 1995 年，当安德森还是弗吉尼亚大学航空航天系的一名研究生的时候，他就作为实习生成了我的助手，帮助我创建太空探险有限公司。成立这个公司的主要目的是，充分利用苏联太空计划留下来的巨大资产。苏联在太空开发领域曾经非常有实力，当时却急需硬通货，因此他们愿意送任何有足够资金的人去太空旅行。通过努力工作，安德森在一年之内就从一名实习生变成了太空探险有限公司的副总裁，然后又成了总裁，后来还成了公司的首席执行官。在接下来的 15 年里，安德森使公司的累计盈利超过了 6 亿美元——如果你曾经推销过将人们送入太空轨道的价值 5 000 万美元的一个座位，或者曾经推销过每人每次价值 1.5 亿美元的绕月太空飞行计划，那么你肯定会非常尊重安德森这个了不起的成就。

与我们拥有同样梦想的人还有很多，其中一些不那么有耐心的人采取了完全不同的方式。2004 年 10 月 4 日，航空界传奇人物伯特·鲁坦因为太空船一号而赢得了 1 000 万美元的安萨里 X 大奖，理查德·布兰森爵士迫不及待地买下了这项获奖技术的使用许可，并投入了 2.5 亿美元开发维珍银河公司的太空船二号——太空船一号的升级版和商用版。接下来，亚马逊公司的创始人杰夫·贝佐斯斥资 1 亿多美元成立了一个名为蓝色起源（Blue Origin）的神秘的运载火箭公司。也许最令人印象深刻的是，PayPal 的联合创始人，同时也是航空航天业的颠覆者埃隆·马斯克所获得的史诗般的成功：他的猎鹰 9 号运载火箭和龙飞船把他捧上了“太空上帝”的宝座，并且为他赢得了来自 NASA 运送货物去国际空间站的数十亿美元的合同。

当然，这些都是惊人的成就，但是在 2009 年夏天，当我和安德森坐到一起，思考“下一步要做什么”的时候，我们却对太空事业的未来前景表示悲观。尽管我们已经取得了一些伟大的成就，但是现有的进展仍然太过缓慢。要想真正开发太空新疆域，只有十几个人冲入太空是远远不够的。我需要成千上万个这样的人。我们需要形成规模优势。

对我们来说，事情已经非常明朗：如果我们要开发太空新疆域，那么我们就必须充分利用“经济发动机”——寻找新资源。历史上人们开发地球上的新疆域时，依赖的都是这个经济发动机。“不管是开拓丝绸之路的古代中国人，还是去大洋彼岸寻找黄金和香料的早期欧洲探险者，抑或是为木材和土地而闯荡西部的美国移民，寻找新资源一直都是人们甘冒风险、不怕困难的主要原因。”安德森说。也就是在那个时候，我和安德森决定对“在小行星上开采矿产的可行性”进行严肃的分析和讨论。

当然，我们并不是最早进行类似讨论的人。追逐并登上这些漂浮在太空中的巨大岩石，从中开采出珍贵的金属和矿石，然后把这些“战利品”搬回地球，这种想法至少可以追溯到 1895 年。当时，俄罗斯太空计划之父康斯坦丁·齐奥尔科夫斯基（Konstantin E. Tsiolkovsky）就已经提出过类似的设想。从 19 世纪末到 21 世纪初，去小行星开采矿产一直是科幻小说的热门主题；但是它正式成为一个严肃的科学课题，却是在 20 世纪 90 年代的事情。20 世纪 90 年代的“太空任务三重奏”——NASA 的尼尔 - 舒梅克号（NEAR Shoemaker）和星尘号（Stardust），日本宇宙航空研究所开发的隼鸟号（Hayabusa）都成功地追赶上了小行星（其中两个还成功地接触到行星的表面，并且带回了可在显微镜下观察的样本）。但是我和安德森的梦想是，尽快填补科学探索计划与大规模的工业化生产之间的巨大空隙，而这正是问题的关键所在。

想要完成如此庞大的一个“登月”计划，我们需要帮助——极大的帮助。因此我们面临的第一个挑战是，让大家相信我们的梦想是可以实现的。确切地说，这意味着我们必须保证，我们这个梦想将在“超级可信度之线”的上方横空出世。

在这里，我稍稍解释一下（见图 7-1）：在我们每个人的大脑里，都存在着一条“可信度之线”（a line of credibility）。当你第一次听到某个新想法时，你会把它放到这条线的上方或下方。如果你把它放到这条线的下方，那么你就会立即抛弃这个想法，因为你认定这个想法是荒谬绝伦的。如果你把它放到这条线的上方，那么就意味着，你愿意认真对待这个想法。随着时间的推移，你还会继续做出一连串的判断。不过我们还有一条“超级可信度之线”（a line of super-credibility）。当一个新想法诞生于这条“超级可信度之线”的上方时，你会立即接受它，并且说：“哇，太棒了！我该如何去实施这个想法呢？”这个想法是如此令人信服，以至于你的大脑会立即把它当作一个事实去接受，或者说，

> **KEY WORD**
> **| 超级可信度之线 |**
> a line of super-credibility
> 当一个新想法诞生于“超级可信度之线”的上方时，你会立即接受它，并且说：“哇，太棒了！我该如何去实施这个想法呢？”

你的注意力会马上从“这个想法能够实现的概率”转移到“这个想法的意义”上来。

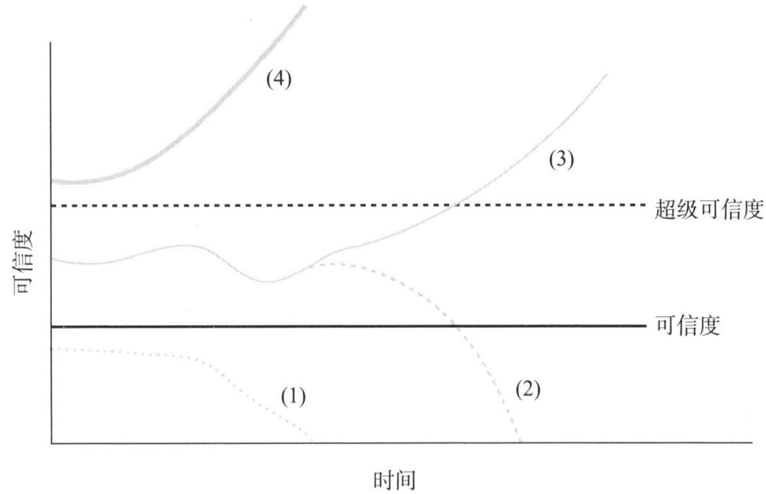

注：（1）不可信的“登场亮相”；（2）可信的“登场亮相”，不可信的绩效；（3）可信的“登场亮相”，超级可信的绩效；（4）超级可信的“登场亮相”。

图 7-1　绘制“超级可信度之线”

资料来源：彼得·戴曼迪斯的网站。

除非行星资源公司以大幅超越“超级可信度之线”的姿态闪亮登场，让这个世界立即接受它，否则它必定会以失败告终。为此，我们需要组建一个团队，以保证人们会不假思索地信任我们，并且主动促成我们愿景的实现。我们的“第一站”是克里斯·莱维茨基（Chris Lewicki），他管理着 NASA 虚拟喷气推进实验室 3 个不同的、分别价值数十亿美元的火星任务。我们把他聘为公司的总裁和首席工程师。随后，我们陆续招募了很多建造、设计和操作火星探测器好奇号（Curiosity）的顶尖的工程师。当安德森接到虚拟喷气推进实验室负责人的电话，请求我们“发发善心”，不要继续招募他们最杰出的员工的时候，我们就知道自己做对了。

如果我们就此止步，那么我们可能会以一种“可信的”方式创建我们的公司。我们肯定是值得信赖的。安德森和我本人都是“太空社群”受人尊敬的会员。我们的团队是由各式各样的最优秀和最杰出的人才组成的。但是由于我们正在计划做的事情都是一些像到小行星上去采矿这样的“胆大妄为”的事情，因此仅仅位于“可信度之线”的上方显然是远远不够的。

出于这个原因，在将近3年的时间里，我们一直把公司秘密地隐藏了起来。利用这段时间，我们着手把自己进一步推向“超级可信度之线”的上方。为此，我们招募了一群愿意用他们的财富和名字来为我们的项目“背书”的亿万富翁。在这些人当中，包括拉里·佩奇、埃里克·施密特（Eric Schmidt）、拉姆·施雷姆（Ram Shriram，谷歌的第一个投资者）、罗斯·佩罗（Ross Perot）、查尔斯·西蒙尼（Charles Simonyi，微软首席架构师）和理查德·布兰森，等等。招募这样一些大名鼎鼎的人物给我们带来了许多优势。首先，在层层进行的尽职调查中，我们已经极大地得益于他们的影响了。这些人都是这个星球上最杰出的人物，让他们的思想冲击你的头脑，可以帮助你把潮湿的煤炭变成璀璨的钻石。更加重要的是，当我们终于可以启动这个项目时，这些名字将会非常有利于吸引大众的眼球。这一点尤其重要。最后，由于地球上最杰出的太空工程师和最受人尊敬的商人结合在了一起，我们无可辩驳地以一种“超级可信”的方式进入了公众的视野。2012年当我们宣布启动开采小行星矿产资源的计划时，斯图尔特之所以会把这条新闻称为2012年最应该听到的新闻，原因也就在这里。

当然，如果在你的名片盒里没有一些亿万富翁的名片，那么你可能认为这个“在‘超级可信度之线’上方横空出世”的建议并不适合一般的企业家。的确，当我和安德森开始启动招募投资者的任务时，我们已经拥有了一个相当不错的网络——一个能够让我们获得像布兰森和佩奇这样的投资者支持的网络。当然并不是每个人都能够拥有像我们这样的条件，但是，这并不意味着一切都将毫无希望。事实上，我对“超级可信度之线”的思考可以追溯到我生命中几乎没有任何可信度的时候。当时，我还是一名大学生，那时也没有互联网，谷歌和Facebook更是连影子都还看不到。除了朋友和家人之外，我只认识非常有限的几个人。

这个故事开始于1980年，当时我在麻省理工学院读大学二年级。我筹建了一个组织——探索和开发太空学生联合会（Students for the Exploration and Development of Space，以下简称联合会）。我之所以要组织这个联合会，动机源于我对开发太空新疆域的激情以及对NASA的失望——这些我前面已经提到过了。我与联合会的另两个早期领导者兼“太空学员”鲍勃·理查兹（Bob Richards）和托德·霍利（Todd Hawley）并肩作战，最终使这个联合会成了一个拥有30多个大学分会的组织，它的各个分会遍布世界各地，全部致力于推动学生参与太空研究。1982年，由于在联合会的工作，我们3个人应邀前往奥地利维也纳，出席联合国和平利用外层空间委员会所举行的一次会议。在那里，我们遇到了阿瑟·克拉克，并得到了他的热情款待。克拉克是《2001：太空漫游》的作者和地球同步卫星的发明者。

我们把阿瑟·克拉克称为“阿瑟叔叔”，他告诉我们，在20世纪四五十年代，太空发明家、太空工程师和太空梦想家保持着密切的合作关系，他们之间形成了一个紧密的网络。正是他们的友情、知识和理想，最终孕育出了阿波罗计划（Apollo Program）。在这个故事的启发下，我们梦想着创建一个国际太空大学，在那里，今天的“太空学员”可以梦想着明天的太空旅行。更加大胆的是，我们还想象着把我们的校园建立在太空轨道上。那将是一个位于外太空的大学，“太空学员”将能够在外太空生活、学习和研究。

当然，要想把这样的一个梦想中的机构变成现实，就必须让人们相信它不但是可行的，而且是有价值的。当时，我们只不过是几个微不足道的研究生，仅仅努力做到“可信”是远远不够的，我们必须使自己“超级可信”。那么我们该怎么做呢？以下就是我们的计划书，我们把要做的每一步都详细地列了出来。

建立亲密感。我们认为，亲密感非常重要，因此我们决定，首先要争取那些在过去的5年里看着我们一步步走向成功的人的支持（我们在组织、管理联合会的过程中取得的成功是令人瞩目的)。这一步听上去似乎顺理成章，但是多年以来，在我接触数百名企业家的过程中，我发现许多人已经忘记了这个显而易见的事实：对你的下一个计划最有帮助的人，就是那些帮助过你或者看着你上一次取得成功的人。

在一家企业的创办阶段，尤其是职业生涯的早期，支持你的人一般都是你亲密的朋友和家人，因为他们了解你，信任你。如果你离开了这个家庭 - 朋友圈或你没有这个圈子，那么最有可能向你投资的人就是那些曾经亲眼目睹你成功的人。因此如果你缺乏成功的记录，那么你就必须创造出一个成功记录。你可以从尽量小的事情开始你的大胆的计划，目的是为了让别人看到你的圆满成功，为你的下一步行动构建一个支持者网络。很显然，如果当初没有探索和开发太空学生联合会项目的成功，那么国际太空大学项目也不会成功。

放慢脚步、建立可信度。对于建立国际太空大学这个大胆的目标，我们并没有仓促行事，我们所做的第一步是，组织了一个会议来“研究”创办国际太空大学的可行性。许多企业家都会跳过这一步。他们有一个大胆的想法，这当然很不错。但是，当这个想法刚刚吸引人们一点点儿眼球的时候，他们就错误地以为这是别人投给他们的信任票，甚至错误地以为已经有大把的钱在等着投资他们的项目了。但是，一点点儿可信度是无法焕发出真正的吸引力的，真正的吸引力需要非常高的可信度。投资者非常喜爱新的想法，但他们只针对实际的行动进行投资。对我们来说，我们很有把握组织好一个研讨会，因为它可以帮我们赢得更多的信任票。

“推销”想法。经过几个月的努力，我们成功地筹集到了 5 万美元。这些钱主要是“推销”这个想法的成果：在举办论证国际太空大学可行性的研讨会的同时，我们在麻省理工学院举办了一次航空航天“招聘会”。当时，理查兹(当时他住在多伦多市)想方设法说服了加拿大太空局的局长来参加会议，并在会议上讲话。在那一刻，我们盼望已久的突破点终于降临了。之后，我们充分利用了这个幸运事件，乘胜追击。在加拿大太空局表态参会的基础上，我们说服欧洲航天局也来参加这个会议；然后，日本航天局也同意加入，紧随其后的是俄罗斯联邦航天局、中国航天局、印度太空研究组织，最后，甚至连NASA也加入了。慢慢地，一点一点地，我们向“超级可信”的高峰攀登着。

传递消息。在举行会议前的6个月，我们3个人进行了一次“头脑风暴”，思考国际太空大学到底应该是什么样的。我们深入探讨了一些细节性的问题，例如，我们应该讲授哪些知识，由哪些人来讲授。我们还拟订了一个详细的计划，与我们的顾问反复推敲。我们尽一切努力，保证我们尽可能多地与顾问们当面商讨。这种“碰面”十分重要，因为我们的计划最终能否被采用，不仅取决于我们想法的质量高低，更重要的是，还取决于由谁来向世人传达这些想法。我们希望，在会议上，我们的计划不是由自己向公众宣布，而是由我们的顾问代替我们向世人传递。最终，曾经两次穿梭于太空的宇航员、太空探险家联合会（Association of Space Explorers）的创始人之一拜伦·利希滕伯格博士（Byron Lichtenberg）在会议上宣读了课程计划；曾经担任过美国空军部长以及通讯卫星公司（Comsat）的首席执行官约翰·麦克卢卡斯博士（John McLucas）则宣读了融资计划；当时的国际通信卫星组织（INTELSAT）的国际事务部主管约瑟夫·佩尔顿博士（Joseph Pelton）宣读了管理计划。

一切进展顺利。可信度既依赖于想法，也依赖于传递这些想法的人。总之，我们高高地跳到了这条“超级可信度之线”的上方。原先的计划是，举办一个研讨会，探讨创办一所国际太空大学的可行性；但是很快地，这次会议就变成了国际太空大学的创办大会。那么，超级可信度究竟把轻微可信度甩出多远呢？在会议开幕的那个周末结束之前，我们就筹集到了启动夏季研讨班的原始资金，在通往创办一所真正的国际太空大学的道路上，这是至关重要的第一步。

分步实现你的大胆想法

在创办国际太空大学的过程中，还发生了其他一些故事，这些容我稍后详述；在这里，我想先暂时作一停顿，思考一下我们在创办这所大学的道路上所学习到的第二个经验——分步实现大胆的想法。在我们创办大会举行之前的6个月里，理查兹、霍利和我一头钻进了对创办国际太空大学所有必须解决的具体细节问题的研究当中。不过，我们真正做的事情是，将我们的愿景分解成一个个可执行的小模块。心理学家把这种模块称为子目标。

子目标的做法会带来双重好处。第一个好处是使风险与回报相对应。很少有项目能够在创办之前就收到它们所需要的全部资金。通常的情况是，只有当企业家找到了新的方法来降低风险时，资金才会分阶段到位。资金总是分多次逐渐到位的，而不会一次性全部给付：原始资本、众包资本、天使资本、超级天使资本、战略合作伙伴、第一轮融资资金、第二轮融资资金，有时甚至还会需要公开募集资金。当每一次增资都证明了这个管理团队的能力和他们的眼光的正确性时，项目就会吸引到越来越多的投资。

子目标的第二个好处是心理上的。在上一章中我们已经接触过莱瑟姆和洛克的思想，了解到设定宏大目标的同时还会带来一些潜在的影响。但是我们也了解到，这些影响只有在某种“如果-那么”条件得到满足时才能真正发挥作用。承诺意味着价值观与目标相一致，但是承诺仅仅是这些潜在的影响中的一个而已，与之同样重要的还有信心。

“只有当设定这些目标的人相信他们有能力实现这些目标时，宏大的目标才会提高积极性，”莱瑟姆解释道，“而这也就意味着，必须把这些宏大的目标分解成为许多可实现的子目标。”

也正出于这些原因，我们在筹备国际太空大学成立大会的前6个月里，把这一计划分解成了5个可执行的步骤：第一，在麻省理工学院举行一次会议，以便研究创办一所国际太空大学的可行性。第二，借助麻省理工学院的校园举行一个为期9周的国际太空大学的夏季研讨班，并邀请100名研究生参加。第三，为了证实这个想法和建立一个全球性的团体，在其他国家复制这种模式，举办相同的夏季研讨班。第四，建立一个永久性的地面校园。第五，在国际空间站建立一个轨道太空校园。

然而，上面第四步和第五步是我们的终极目标，它们旨在捕获我们支持者的心；前三步是渐进目标（因而也显得更具可信度），针对的是他们的思想。我们这个按步骤划分子目标的策略确实奏效了。当第一步目标获得了一笔小小的资助后，我们便开始着手组建我们的团队，并且在举办了可行性研讨会之后启动了我们的第一期夏季研讨班。

这期研讨班取得了神奇的效果，吸引到来自 21 个国家的 104 名研究生。当然，在举办这个研讨班的时候，我们也采取了借力打力的策略：我们的校园是借来的，我们的教员也是“租借”的（他们都是由理查兹、霍利和我从我们各自的母校邀请来的教授）。但是研讨班仍然取得了圆满的成功。

后来我们又举办了几期夏季研讨班，而且每期的举办地点都不相同（这样一来，我们就可以接触到更多的人，同时还可以扩大我们的社群）。在第二期夏季研讨班里，国际太空大学借用了位于法国斯特拉斯堡的路易·巴斯德大学的校园。然后，在 1990 年，我们去了加拿大的多伦多；在 1991 年，我们来到了法国的图卢兹；在 1992 年，则是在日本的北九州。

国际太空大学成立 5 年之后，我们已经拥有了 550 名“毕业生”。这时，我们决定尝试上面的第四步，并准备把我们的“全部身家”都押上去：为国际太空大学建立一个永久性的地面校园。不过这里还有一个小问题，我们并没有任何有形资产。国际太空大学是一所 100% 的虚拟大学，它既没有校园，也没有资金，就连教员也是借来的。我们仅有的资产是我们的品牌、我们的校友（毕业生）以及我们的愿景。因此，是时候做一锅石头汤了。

石头汤，大胆想法 + 众人支持 = 美梦成真

很久很久以前，在中世纪的一个小村庄里，一个农民在村子边缘的荒地里发现了 3 个士兵。你知道接下来发生了什么吗？这个村民跑到市场里，大声地

警告所有人：“快，关上房门，锁好窗户！有士兵来了，他们会抢走我们所有的食物的。”

士兵们实际上已经非常饥饿了。他们进入村庄后，开始敲门想要点儿吃的。第一个村民告诉他们橱柜里空空如也。接着，第二个村民也跟他们说了同样的话。第三户人家甚至连门都没有开。

最后，一个饥肠辘辘的士兵说：“我有一个主意。让我们来做一锅石头汤吧。”

说完，他大步向前敲开了另一扇门。“对不起，”他对村民说，“你有一口大锅和一些柴火吗？我们想做一些石头汤来喝。”

这个村民认为这对他不构成任何威胁，于是回答道：“从石头里做出汤来？这我倒很想看看。当然，我会帮助你的。”于是他给了他们一口大锅和一些木柴，而另一个士兵则拿来了一些水。他们把水煮沸，扔了 3 大块石头到锅里。这个消息很快传遍了整个村子，村民们开始聚拢过来。“煮石头汤，”他们说，“真是闻所未闻。我们必须看一看到底是怎么一回事。”

士兵们围着火堆站着，而村民们则站在士兵的边上。

“我认为你不可能从石头里煮出汤来。”一位村民说道。

“当然可以。”士兵回答道。

最后，村民们都站得有些累了，一个不想多等的村民问道：“要我帮忙吗？”

“也许，”一个士兵说，“如果你能往锅里加一些土豆，那么煮出来的汤会更好喝。”

这个村民迅速去取了些土豆来，并把它们放进了冒着白汽的煮石头汤的锅里。

另一个村民又问道：“我能帮上什么忙吗？”

“嗯，如果再加几个胡萝卜，那么这锅汤会更美味。”

就这样，这个村民贡献出了一些胡萝卜。很快地，其他村民纷纷往锅里添加进了鸡鸭肉、大麦、大蒜和韭菜。过了一会儿，其中一名士兵大声说道："汤做好了。"然后他把汤分给大家品尝。村民们喝了汤之后，纷纷赞道："石头煮的汤！味道太棒了。我真的不知道原来还可以这样。"

石头汤的故事是一个古老的民间传说，最后还改编成了一本儿童读物。我是在读大学时听到这个故事的，以后就再也没有忘记过。事实上，我认为做石头汤是一个企业家能够成功的唯一途径。当然，石头就是你大胆的想法。村民们的贡献就是资金、资源和由投资者和战略合作伙伴所提供的智力支持。每个人都往你的石头汤里添加一点点儿东西，这其实意味着，他们都在帮助你，使你梦想成真。

促使人们去做类似于煮石头汤这样的工作依靠的是激情。人们喜欢激情。人们喜欢贡献激情。你不可能伪装自己有激情。人类的谎言探测器非常善于发现不真实的说辞。二手车推销员、狂欢节上的拉客者，以及虚伪的政治家总是让我们恼火不已。

当然，我可能没有告诉你一些你所不知道的东西。但是，激情是一个比大多数假设都要棘手的话题。首先，有一种观点，说激情对企业家毫无益处，比如德勤尖端创新中心的联合创始人约翰·哈格尔三世所称的真正的狂热分子的激情。"在硅谷有很多这种真正的狂热分子的例子，"哈格尔说，"这是一些伟大的企业家，他们完全沉迷于某条非常特定的路径，而绝对不考虑另外一些可以替代的观点或方法。他们的热情亘古不变，而且非常专一，但是这种激情同时也是盲目的——它导致这些企业家拒绝任何与他们先前的观点不相符的关键性信息。"

哈格尔和他的同事对激情做了一番严谨的研究，他们认为对个人和组织最有利的激情是那种探险家的激情。"对于这些人来说，他们看到的是一个领域，"他说，"而不是一条路径。路径的不确定性这个事实激起了他们的兴趣，刺激着他们去行动……这也使他们对那些能够帮助他们更好地理解这个领域和发现更有前途的路径的各种信息非常警觉……所以他们总是不断地在向前推进的需要与在推进前反思自己的经历的需要之间进行权衡。"

这是一种与煮石头汤一样的激情。充满激情的人为了追求他们的梦想，在寻找和吸收他们所需要的资源这个方面总是极具创造性的，但是事情远不止如此。“每个充满激情追求梦想的人都必定会制造出‘一座灯塔’，吸引其他人来分享他们的‘灯光’，”哈格尔继续说道，“在这些‘灯塔’当中，极少是被有意识地创造出来的，它们是一个人在充满激情追求梦想时所产生的副产品。充满激情的人会广泛分享他们的创作，为他人留下一些找到他们的痕迹。”

这正是发生在国际太空大学上的事情。1992 年，当我们试图建立永久性的地面校园时，我们准备了一个计划草案（征求意见稿），它基本上是说：“嗨，我们是国际太空大学。我们有一个想法，想建立一个永久性的地面校园。我们已经在 5 个不同的城市举行了 5 期夏季研讨班。建立一所永久性的地面国际太空大学一直是我们的愿望和目标。这个计划说明了我们将建成的这所大学是怎样的一所大学，还说明了我们希望在哪里建立这所大学。请告诉我们，你愿意资助我们多少现金、建筑物以及运营资本，以便在你所在的城市实现我们的理想。”

如果我们根本得不到任何响应，我也不会为此感到惊讶。但是事实并非如此。在 6 个月里，我们收到了 7 份计划书，每份计划书承诺的资金介于 2 000 万美元至 5 000 万美元之间，涉及的内容包括了资金来源、建筑物、教员、设备，甚至认证承诺等。简而言之，它们包括了创办国际太空大学的下一阶段所需要的一切东西。

那么超级可信度、分步目标和激情这三者的正确结合到底能让你走得多远呢？从我们这个例子来看，确实可以走得相当远。最后，我们选中了法国的斯特拉斯堡这个城市。他们投入了 5 000 万美元，在创新公园（Parc d’innovation）为我们建造了一个美丽的校园。今天，世界上许多太空机构的领导人都毕业于国际太空大学。虽然我们还没有建成轨道国际太空大学，但是我们敢打赌，一旦在小行星上开采矿石成为一种“新常态”，我们的太空校园绝不会落于其后。

08

彼得定律，困难和机遇时的首选行事规则

"如果某个事物有可能出错，那么请立即修复它！""当让你两者选其一时，你要两个都选！"只要你善于总结和提炼，你也可以拥有你自己的"定律"。

HOW TO GO BIG,
CREATE WEALTH,
AND
IMPACT THE WORLD

BOLD

在国际太空大学成立后的初期，我和霍利共用一个办公室，他开玩笑地手抄了一份墨菲定律贴在墙上。墨菲定律中有一条是非常令人沮丧的，它说，“凡是可能会出错的事情必定会出错”。这条定律每天都“盯着我看”，不久之后我就开始对它厌烦了。有句老话是这样说的：近朱者赤，近墨者黑。人是这样，思想也是如此。正如我在本书上一章中所指出的，心态非常重要；因此，在遭受了墨菲定律一个星期的心理打击后，我在办公桌后面的白板上写了这样一句话：“如果某个事物有可能出错，那么请立即修复它！（让墨菲见鬼去吧！）”然后我在这句话下面注明，这是“彼得定律”。

在随后的几年里，我陆续收集了更多的定律，它们都是当我在面对困难和机遇时指引我的法则和俗语。大部分定律都成了我生活中的基本规则；每当情况急转直下，变得糟糕至极时，这些定律都是我首选的行事规则。本章的其余部分，我们将细致地分析一下这些“彼得定律”。不过，在表达我的观点之前，我们首先需要解决一个更加重要的问题——你的思想是什么。

下面的这些格言对我无疑是有用的，但是这并不能保证对你也有效。因此你需要提出适合你自己的格言。只要你喜欢，你就可以从任何一个人那里借用过来。但是，关键并不在于制作一个精致的镜框，上面写上各种鼓舞人心的格言；关键是要相信你自己经历过的历史。只有探究过去，才能展望未来。通过审视你自己的生活经历，仔细搞清楚当你一路走来时，什么策略持续对你有效，你就可以收集到适用于自己，属于自己的心灵骇客。再接下来，你就可以把这些策略变成你自己的定律了。

这一点为什么会如此重要呢？因为恐惧是决策的大忌。随着威胁程度的上升，大脑会开始限制我们的选择。我们会做出两个极端的反应，要么应战，要么逃跑。可以毫不夸张地说，当我们面临着致命的威胁时，我们的选项只有以下 3 个：应战、逃跑和石化。但是，即使在不是很害怕的情况下，也会出现同样的反应。正如来自埃默里大学的神经元经济学家格雷戈里·伯恩斯（Gregory Berns）在为《纽约时报》撰写的一篇文章中所说的："恐惧会提示你撤退。这是前进的对立面。"这就是为什么写下自己的定律是如此重要的原因。这实质上是为了防止你的"内部硬盘驱动器"崩溃，而创造出来的一个"外部硬盘驱动器"。

在这里，我先来谈谈我所喜爱的几条定律，其间穿插讲述一些支持这些定律的故事，这些故事不仅有助于解释这些定律，而且可以增加它们的有效性。你可以直接采取"拿来主义"，用我的定律也好，借鉴其他人的定律也罢，你都可以随意进行修改，但最重要的是，你需要马上采取行动，列出你自己的"定律一览表"。下面就是"彼得定律"的其中几个。

彼得定律 1：如果某个事物有可能出错，那么请立即修复它！（让墨菲定律见鬼去吧！）

早在 2007 年，我就觉得世界上最杰出的力学专家应该值得享受零重力的体验，因此我为斯蒂芬·霍金提供了零重力飞行的机会。他接受了。随后我召开新闻发布会公布了这个消息。然而，我们在 NASA 的"朋友们"——他们的非官方口号显然是"你们不快乐，我们才会快乐"——却提醒我们说，根据我们的营业执照，法律只许可我们为"身体条件允许的人"提供这种飞行服务，而霍金却是一个瘫痪的人，完全靠轮椅支撑着，他是没有资格体验这种飞行的。

但是，让墨菲定律见鬼去吧！我决定解决这个问题。第一，我们必须确定，在 NASA 的“心目中”，到底谁才有资格决定哪些人是“身体条件允许的人”？第二，如果我们能够让那个人宣布霍金是“身体条件允许的人”，那么我们还需要降低风险以确保霍金的安全。

与律师进行了艰苦的讨论并征得了律师的同意后，我们认为只有霍金的私人医生、或许还有世界航天医学的专家才有资格来决定霍金是否适合零重力飞行。因此在为这几个家伙购买了医疗事故保险后，我们向 NASA 递呈了 3 封“陈情信”，证明霍金适合飞行这一点是毋庸置疑的。

为了解决第二个挑战，我们决定让四名医生和两位护士陪伴霍金进行这次飞行，从而在实际上组建了一个“飞行急诊室”。接下来，我们花了很长时间来对这个医疗队进行培训，让他们练习如何在零重力的情况下处理从心脏病发作到骨折等各种各样的突发情况。我们还决定（并向公众宣布），只进行一次为时 30 秒的零重力飞行，也许，如果一切都很完美的话，那么还可以进行第二次。

这就是我们的计划。这个计划唯一“问题”出在霍金身上。第一次零重力飞行结束后，霍金不但安然无恙，而且还告诉我，这是他生命中最美好的时刻，因此我们又让他飞了一次。但是他就是这样：飞完了一次又想再飞一次，最后我们让他总共飞了 8 次。“让霍金飞起来”的计划大获成功。紧接着，我们为 6 个坐在轮椅上的青少年提供了零重力飞行的美妙体验。这些孩子们在他们的生命中从来没有下过一次地，然而现在他们却能够像超人一样在空中自由地翱翔。这个故事告诉我们，事物确实经常会出错，而且我们应该期待事物出错，因为我们可以从中吸取教训，然后去修复它。只要坚持这样做，就会发生意想不到的奇迹。

彼得定律 2：当让你两者选其一时，你要两个都选！

我们一直被教导，当让你两者选其一时，你只能选择其中的某个选项，这就是所谓的“舍鱼而取熊掌也”。但是，为什么要做这种选择呢？所有通过研究生院入学考试的人都可能被告知，要么去上学，要么去创办公司。这似乎是一个二选一的问题。但是这显然并不适合于我。对我来说，我的答案是两者都选，并且还要更多。我在读研究生时，创办了 3 家公司。在我 40 岁前，我创办的公司就达到了 8 家之多。乔布斯掌握着苹果公司和皮克斯公司（Pixar）。马斯克成功地管理着 3 个价值数十亿美元的公司：特斯拉汽车公司、太空探索技术公司和太阳城公司（SolarCity）。布兰森和他的维珍管理团队一起，已经创办了 500 多家公司，其中包括分别属于 8 个不同行业的 8 个价值达数十亿美元的公司。这种“多选方式”能够创造巨大的动力，当然，前提是，如果管理得当的话。这是因为，随着思想的融合和网络的扩张，“整体必定大于部分之和”的效应就会显现出来。

彼得定律 10：当没有挑战时，就创造一个挑战！

我们人类与挑战是天生硬连线的。这就是为什么心流（即人类绩效处于最优时的状态）只有在我们的“舒适区”之外才会出现的原因。这时我们会突破局限，把我们的技能发挥到极致。你想要看这方面的证据吗？只要看一看提前退休与死亡率之间的显著相关性就一清二楚了。根据《英国医学杂志》（*British Medical Journal*）2005 年发表的一份科学报告，55 岁退休的人在退休后 10 年内死亡的概率比在 65 岁退休的人高了整整 89%。你要想活着，你就得充满活力。是的，就这么简单。

彼得定律 11：“不行”，就意味着你应该更上一层楼！

当有人说“不”的时候，通常是因为还没有到允许他们说“是”的时候。

在许多组织中,唯一能够说“是”的人是那个处于这条“食物链”最顶端的人。当我还在读研究生的时候,非常渴望体会一下乘坐NASA的零重力飞机的感受。我尽了一切努力希望能够登上这架飞机(包括“自愿充当一只医学豚鼠”,以医学实验被试的身份登机),但从来没有获得过许可。因此,我决定干脆把事情更向前推进一个层次:我与两个朋友创办了一个零重力公司,这是一个商业公司,专门提供这种服务。

但是,为了得到提供这种服务的许可,我们又继续奋斗了很长时间。确切地说,我们整整花了11年的时间。在这11年的时间里,我们与一大群NASA的律师“贴身缠斗”。他们坚称,根据美国联邦航空法规,进行大规模的商业性零重力飞行是不可能被允许的,尽管NASA从事零重力飞行已经不止30年了。他们一直要求我给他们提供证据,证明在美国联邦航空法规中,有某一个条款规定可以进行这种零重力飞行。我的回答只有一个:“应该是你们证明给我看,有哪一个条款规定我不能提供这种服务。”很简单,这些中层官僚没有一个人有权说“是”。最终,10年后,我的申请在“过五关斩六将”之后,终于被呈送给了NASA局长玛丽昂·布莱基(Marion Blakey)。这是一位了不起的女人,她最后一锤定音,给出了正确的答案:“当然,你们能够提供这项服务。接下来,就让我们一起来搞清楚如何操作吧。”

彼得定律17:预测未来最好的方法是你自己创造一个未来!

从亚伯拉罕·林肯到彼得·德鲁克,无数伟大人物都说过类似的名言,我把它们看成这个定律的不同变体。这在很大程度上意味着,这个定律肯定能永久流传下去。事实上,这是有充分的理由的。未来并非是注定不变的;它随着你的行动,你所做出的选择和你所承担的风险的结果而呈现出来。从最基本的层面上来讲,这就意味着,如果你想成为一名企业家,你就需要拥有一个关于明天的愿景,然后朝着这个愿景奋力向前。在我为未来勾画的宏图中,包括了私人商业太空飞行,所以我推出了X大奖。我认定,小行星开采矿产在未来将成为现实，所以我创办了行星资源公司。

彼得定律 18："有"与"无"之间的比值是无穷大

最能预测未来成功概率的是过去的行动，不管这些行动是多么微不足道。当我面试一些潜在员工时，我更感兴趣的，总是他们曾经做过的事情，而不是他们将来打算要做的事情。真正做成过一些事情（无论做的是什么事情），永远都比只是谈论要做什么更重要。这就是说，"有"与"无"之间的比值是无穷大的。因此制定一个计划，然后马上行动吧。设定一些子目标，让自己立即忙碌起来。即使你所要走的这条道路还不清晰，你也要利用所学过的东西采取第一步行动，这样你才能走向下一步，然后再下一步，结果便会随之而来。关于这一点，查尔斯·林德伯格所说的无疑是非常正确的："重要的是开始！马上制定一个计划，然后一步一步地去实现它，无论这一步看起来是多么渺小，还是多么伟大。"

彼得定律 21：所谓专家，就是那个只能告诉你什么事情不能做的人

当我第一次梦想着设立 X 大奖时，为了争取资助，我拜访了所有主要的航空承包商。他们全都对此不屑一顾。当 X 大奖正式设立后，这些专家还继续嘲笑它。但是，后来，只用短短 8 年的时间，鲁坦就证明他们完全错了。关于这一点，没有谁比亨利·福特谈得更好了："我们当中没有人是'专家'。我们非常遗憾地发现，当一个人认为自己是专家时，我们就必须抛开他。这是因为，任何一个人，只要他真正了解自己的工作，那么他就永远不会认为自己是一个'专家'。每一个了解自己工作的人都明白，要做的工作远比所能做到的多得多。他总是不断地向前，从来没有片刻的时间停下来思考自己已经做得多么好、多么有效率了。他的思维总是奔向前方，他总是思索着、尝试着去做更多的事情。他始终保持着这样一种心态：认为一切皆有可能。一旦你认为自己已经是一名'专家'了，那么也就意味着，对你来说，很多事情便变成不可能了。"

BOLD
指数级成长的智慧

HOW TO GO BIG,CREATE WEALTH, AND IMPACT THE WORLD

彼得定律 ™

永恒的信念和时刻充满激情

彼得定律 1：如果某个事物有可能出错，那么请立即修复它！（让墨菲定律见鬼去吧！）

彼得定律 2：当让你两者选其一时，你要两个都选！

彼得定律 3：多一个项目便会多一次成功。

彼得定律 4：从高起点启动，然后一步一个脚印向上攀登。

彼得定律 5：你可以按书上说的去做……但前提是，你自己要成为作者！

彼得定律 6：当你被迫妥协时，请要求更多。

彼得定律 7：如果你无法获胜，那么想办法改变规则。

彼得定律 8：如果你不能改变规则，那么请忽略它们。

彼得定律 9：完美不是一个可选项。

彼得定律 10：当没有挑战时，就创造一个挑战！

彼得定律 11：“不行”，就意味着你应该更上一层楼！

彼得定律 12：能跑就不要走。

彼得定律 13：当有疑问时，请思考！

彼得定律 14：耐心是一种美德，但是只有在成功前一直保持耐心，你才能成功。

彼得定律 15：吱吱作响的轮子会最先被换掉。

彼得定律 16：动得越快，时间流逝得越慢，寿命也就越长。

彼得定律 17：预测未来最好的方法是你自己创造一个未来！

彼得定律 18：“有”与“无”之间的比值是无穷大。

彼得定律 19：非常想得到才可能得到。

彼得定律 20：如果你认为这是不可能的，那么只是对你来说是这样。

彼得定律 21：所谓专家，就是那个只能告诉你什么事情不能做的人。

彼得定律 22：在事情获得突破性进展的前一天，它仍然只是一个疯狂的想法。

彼得定律 23：如果事情很容易，那么它早已经完成了。

彼得定律 24：如果没有目标，你每次都会错过。

彼得定律 25：早失败，常失败，在失败中前行！

彼得定律 26：如果你无法测量它，那么请你改进它。

彼得定律 27：世界上最宝贵的资源是坚持不懈的努力和充满激情的人类思想。

彼得定律 28：要克服官僚主义，需要坚持不懈的努力和无比强大的信心，必要时甚至要用推土机。①

① 彼得定律 12 和彼得定律 15 源于托德·霍利（Todd B. Hawley）；彼得定律 17 源于艾伦·凯（Alan Kay）；彼得定律 21 引用自罗伯特·海因莱因（Robert Heinlein）；彼得定律 24 源于拜伦·利希滕伯格（Byron K. Lichtenberg）；彼得定律 25 引用自约翰·麦克斯韦（John Maxwell）。

09

规模思维，成就亿万富翁的智慧

突破线性思维的局限性，借助于规模思维，指数型企业家可以快速扩大规模，于是，小组织也可以产生巨大的影响力，一个充满激情的创新团队在转瞬之间就能改变 10 亿人的生活。他们都是规模思维的最强代表，他们用 3 个心理工具和 5 个心理策略，向世人展现了他们非凡的智慧人生。

HOW TO GO BIG,
CREATE WEALTH,
AND
IMPACT THE WORLD

BOLD

规模思维的 3 大心理工具和 5 大心理策略

在前面 8 章中，我们已经阐述了各种提升你自己的方法。指数型技术极大地加强了物理杠杆的力量，心理工具则提供了巨大的心理优势，把这一切结合到一起之后，指数型企业家就成了一股真正的颠覆性力量。本章将是我们心理探索旅程的最后一章，在这里，我们将集中关注 4 个非同凡响的人物的心灵骇客。这 4 个人都是伟大的企业家，他们已经利用指数型技术创办了一些价值数十亿美元的公司，并永远地改变了整个世界的面貌。他们分别是埃隆·马斯克、理查德·布兰森、杰夫·贝佐斯和拉里·佩奇。

我有幸与这 4 个人都进行过不同程度的合作。马斯克和佩奇两人是 X 大奖基金会的受托人和捐助者；贝佐斯曾经是探索和开发太空学生联合会普林斯顿大学分会的负责人，而且在过去的 40 年里，他一直热衷于太空开发；布兰森则获得了许可，利用安萨里 X 大奖的获奖技术创办了维珍银河公司。所有这 4 个人的经历都证明了本书的核心思想，凡事都需有大无畏的精神，勇往直前、无所畏惧。

这些企业家全都精通一种对大胆的追求和对指数型企业家非常重要，却鲜少被人们讨论的技能——规模思维（think at scale）。指数型技术允许我们前所未有地扩大规模，小组织也可以产生巨大的影响，一个充满激情的创新团队在眨眼之间就能改变 10 亿人的生活。说真的，说这种影响难以估量其实是一种客气的说法。

但是，人类与规模远未做到“心灵相通”。我们演化而来的大脑只能用来应对一个更简单的世界，在这个世界里我们所遇到的每一件事都是局部性的、线性的。然而，我在本章中将要描述的这 4 个人全都突破了线性思维的局限。深入了解他们在进行规模思维时所采取的各种策略，能够帮助我们取得与他们一样的成功。

为了“得到”这些策略，除了多年来进行的多次交谈和面对面的采访之外，我的研究团队还对这些人超过 200 个小时的视频片段进行了梳理，对他们的思想进行了分类和剖析。最后，我们发现，在进行规模思维的时候，这 4 个人都在很大程度上依赖于我们在前面几章中讨论过的 3 大心理工具。他们每个人采取的具体运用方式都有所不同，而且每个人都有自己独到而深刻的见解。此外，他们每个人还都依赖于另外 5 个心理策略。

BOLD
指数级成长的智慧

HOW TO GO BIG,CREATE WEALTH, AND IMPACT THE WORLD
规模思维

1. 承担风险和降低风险
2. 快速迭代和不断地实验
3. 激情和目的
4. 长远思考
5. 以客户为中心的思想
6. 概率思维
7. 理性乐观的思考方式
8. 依赖第一性原理，即基本的真理

亿万富翁的智慧

现在，为了搞清楚这些策略究竟是怎样发挥它们的“魔力”的，让我们近距离接触一下这 4 位企业家，他们都堪称创业路上的姣姣者。

连续颠覆者——埃隆·马斯克

在电影《钢铁侠》的拍摄早期，导演乔恩·费儒（Jon Favreau）遇到了一个“合理性”问题。他的主角、天才型的亿万富翁超级英雄托尼·斯塔克是超群绝伦的——事实上，他已经太过于超群绝伦了。“我不知道，应该怎样做才能让他看起来更加真实，”费儒告诉《时代周刊》，“然后罗伯特·唐尼（Robert Downey）对我说：‘我们必须坐下来与马斯克谈谈。’他说得太对了。”

虽然马斯克还缺少一副钢铁侠的盔甲，但是他已经彻底改变了多个行业。他创办了 4 个价值数十亿美元的公司：PayPal（银行业）、太空探索技术公司（航空航天和国防业），特斯拉汽车公司（汽车行业）以及太阳城公司（电力行业）。正如你所预料的那样，作为一个拥有如此耀眼履历的人，马斯克的创业激情在很早的时候就已经涌现出来了。

马斯克出生于南非的比勒陀利亚（Pretoria），9 岁时他就能进行计算机编程。12 岁时他就为一个名叫 Blastar 的视频游戏编程，从而成功赚到了 500 美元。马斯克 17 岁进入大学，先是在加拿大安大略省的皇后大学读了两年，之后转入沃顿商学院学习商业和物理。接着，马斯克来到斯坦福大学，攻读应用物理学博士学位。但是这一次，他的学业并没有持续多久，事实上，仅仅两天之后他就抛弃了学业，转而一头扎进了当时正处于爆炸性增长阶段的互联网世界。

“我最初的目标并不是创办一个公司，”马斯克后来解释道，“我实际上是想在美国网景公司找到一份工作；在当时，它似乎是唯一一个真正对互联网感兴趣的公司。我把自己的简历投给了网景，甚至还把我的简历贴到了他们公司的大厅里，但是由于我过于腼腆，不会与任何人交流，他们从来没有给过我任何工作的机会。最后我说，让它见鬼去吧。于是我自己开始写代码，并且创办了 Zip2 公司。”

Zip2 是一个应用程序，它允许各个公司在线“发帖”——在网上发布图片、目录清单，等等。在当时，这绝对是一个实打实的技术，因此马斯克创办的这个初创公司很快就被康柏公司（Compaq）以 3.07 亿美元的高价收购了。在当时，这个价格是有史以来为购买互联网公司所支付的最高金额。于是，马斯克获得了他的人生中的第一个 2 800 万美元。

接下来，马斯克又创办了一个公司，名叫 X.com，它是一个在线金融服务公司，后来更名为 PayPal。仅仅 3 年后，eBay 就以价值 15 亿美元的股票为代价收购了 PayPal。作为 PayPal 的最大股东，马斯克赚得了他的第一个一亿美元。现在的问题是，下一步做什么？

> “早在 2001 年，我的大学室友阿德奥·雷西（Adeo Ressi）就曾经问过我，继 PayPal 之后我将要做什么。记得当时我告诉他，我认为有某些东西是对人类的未来比较重要的，例如，互联网、可持续能源和太空。不过，太空属于完全处于政府掌控之下的领域。而与雷西的谈话触动了我，我想搞清楚 NASA 计划在什么时候将人类送上火星。于是我动手去寻找答案，但是在他们的网站上我却找不到答案。起初，我还以为这是 NASA 的网站设计得不够好的缘故。因为很显然，当你去访问 NASA 的官方网站时，你想知道的第一件事一定是这个。但是，你就是找不到关于这个关键信息的任何只言片语。后来，我终于搞明白了，原来 NASA 根本未曾制订过任何将人类送上火星的计划。事实上，NASA 甚至还拟定了一个疯狂的政策，即不允许自己的雇员讨论有关如何把人类送往火星的话题。我想，或许需要启动一个慈善资助的火星任务计划，以便引起全世界的关注。为此，我与雷西想出了两个主意。第一个主意是将一只老鼠送入太空，去进行一次绕火星的单程旅行。”

由于送一只老鼠去火星“自杀”这个任务显得有些太过于残忍了，因此他们准备实现第二个想法：用一个玻璃暖房代替老鼠。就这样，火星绿洲

（Mars Oasis）项目诞生了。这个项目的目标是，通过激发公众的兴趣，来帮助NASA 为火星探索任务提高预算。他们的计划很简单：准备好一个小小的温室，里面装着种子和脱水营养凝胶，然后将它发送到火星这颗红色星球的表面。着陆后，凝胶会化开，浸润着那些种子，随后那些种子将会发芽。而这整个过程都将被记录下来。马斯克相信，在看到这些种子发芽生长的图片后，全世界的人都将大受鼓舞，然后他们就会积极地行动起来。“想象一下这个重要的镜头吧，”马斯克说，“以红色星球为背景的绿色植物！”

但是，当马斯克开始考虑为这个玻璃暖房购买去火星的“机票”时，他很快就得知，卫星发射技术自阿波罗号宇宙飞船之后就已经严重衰落了。这是他顿悟的开始。“这个事实改变了整个计划，”马斯克说，“除非我们能做些什么来扭转这种衰落的局面，否则火星上的温室这个设想便不可能实现。”

那么为什么不试着扭转这种衰落的局面呢？当然，太空是属于“大政府”的领域，但是融资却是金融机构的传统领域。所以，在筹集到了所需的资金之后，马斯克在 2002 年创办了太空探索技术公司。这个公司最早开发出的是猎鹰 1 号发射器，然后又开发出了更强大的猎鹰 9 号火箭和可重复使用的龙飞船。2012 年 5 月，太空探索技术公司的龙飞船成功地与国际空间站实现了对接。马斯克创造了历史，龙飞船成了有史以来第一个由商业公司生产的、成功与国际空间站对接的飞行器。虽然马斯克至今仍然还未能把那个玻璃暖房送上火星，但是他最近宣布，在接下来的 15 年内，他相信自己能够将人类送到这个红色星球上去旅行，而费用大约为每人 50 万美元。

这就是我们能够从马斯克身上学到的第一个经验：他总是不断地进行大胆的追求，而且更重要的一点是，他从来不瞻前顾后。当他无法找到心仪的工作时，他就自己创办一家公司。当互联网电商业停滞不前时，他重塑了银行业。当他无法为火星温室找到合适的发射服务时，他挺进了火箭产业。而且，作为一名对能源问题从未失去过兴趣的极客，他还创办了电动汽车公司和太阳城公司。在这里，值得着重指出的是，特斯拉汽车公司是美国这 50 年内所创办的第一个成功的汽车公司，而太阳城公司已经成了美国最大的住宅太阳能供应商之一。总之，在不到 12 年的时间里，马斯克的大胆追求已经创造出了一个价值约 300 亿美元的商业帝国。

那么他的成功秘诀是什么呢？秘诀不止一个，但是没有任何一个是比激情和目标更重要的。“我之所以要进军火箭业、汽车业和太阳能行业，并不是因为我认为那都是很好的机会。我只是觉得，为了使这个世界有所不同，我必须做些什么。我想要产生影响力。我想创造一些明显比过去的人们所创造的东西更加美好的东西。”马斯克如是说。

因此，就像我们在本章中要提到的任何一位企业家一样，马斯克也是由他的激情和目标所驱动的。为什么呢？激情和目标的作用过去一直都存在，而且未来也将永远存在下去。每一次运动，每一场变革都证明了这个事实。另外，要做好任何一件伟大的和大胆的事情，无疑都是极其困难的，你也许已经连续第五个晚上工作到凌晨两点了，但是还得继续努力下去，这一切的动力只能源自你的内心深处。如果这是别人强压给你的任务，你便不会有前进的动力，必须是你自己的任务才行。

但是，拥有激情和目标仅仅是第一步。“刚刚开始创办一个公司时，任何人通常都会很乐观，而且饱含激情，”马斯克说，“这种状态大约能够持续 6 个月，然后现实就会显露出它残酷的一面。到那个时候，你就知道，你的很多假设都是错误的，胜利彼岸的距离比你想象的还要远得多。也就在这段时间内，大多数公司都倒闭了，能够扩大规模、更上一层楼的只是少数。”

这也正是马斯克总渴望从亲密的朋友那里得到直接的、直言不讳的反馈的原因。“这不是一件容易的事，但是，从朋友那里征求负面反馈真的很重要。特别是，这种反馈能够帮助你尽快地认识到你正在做的事情错在哪里，以便及时做出调整。通常人们都不会这么去做。他们不会尽快地做出调整去适应现实的情况。”

为了适应现实，马斯克还采用了许多其他策略。我们将从“第一性原理”

开始，这是他从物理学中借用来的一个经验教训。“学习物理学是培养推理能力的一个很好的方法，”马斯克解释道，“物理学‘迫使’你将所有事情都归结为一些关于它们的最基本的真理，然后用一种能够让你认清现实的方式把这些真理联系起来。这就给了你攻击违反直觉的东西的方法，给了你弄清楚那些不太清晰的事情的方法。当你试图创造一个新的产品或一种新的服务时，我认为使用这个推理框架是至关重要的。它需要我们付出大量的精力，但是它仍然不失为一种正确的方法。”

那么，这一切究竟是如何发挥作用的呢？2012 年，在接受凯文·罗斯（Kevin Rose）的《基金会》杂志（*Foundation*）采访时，马斯克谈到当他在开发一种新的电池的时候（这种电池是特斯拉汽车公司和太阳城公司的一个非常重要的元器件），第一性原理是如何给他带来巨大的优势的。“因此，第一性原理是弄清楚制造电池的材料有哪些，这些材料在现货市场上的价格是多少，所需的材料有碳、镍、铝、一些分离用聚合物以及一种钢罐。但是如果我们在伦敦金属交易所买进这些材料，那么它们的成本是多少？哦，天啊——每千瓦时 80 美元。很显然，你需要想出一些聪明的方法把这些材料组合成电池的形状，但是通过依靠第一性原理，你可以生产出比任何人所能想象的都要便宜的电池。”

应该指出，第一性原理之所以能够很好地发挥作用，是因为它为我们提供了一个删减复杂性的行之有效的策略，同时还允许企业家避开大众舆论的漩涡。“人们之所以会去做一些事情，很可能只是因为其他人也正在做这些事情，”马斯克解释道，“因为这是一种趋势，因为他们看到每个人都朝着一个方向行动，他们就觉得这就是最好的前进方向。有时候这是正确的，但是有时候它会使你摔下悬崖。将第一性原理时刻记在心里，你就能避免这种错误。”

而且，这并不是我们必须警惕的唯一错误。丹尼尔·卡尼曼和阿莫斯·特维尔斯基（Amos Tversky）因为他们对人类的不理性行为的研究而获得了诺贝尔奖。在这个方面，最好的一个例子是，当两种最常见的认知偏差——损失厌恶（loss aversion）和狭窄框架（narrow framing）——相互重叠时人们常犯的错误。损失厌恶是指，与收益相比，人们对损失更为敏感，即使损失的程度非常小的时候也是如此。而狭窄框架则指，我们将自己所遇到的每一个风险都视为一个独立事件的倾向。这两种认知偏差结合起来就意味着，在我们对风险进行评估的时候，我们往往会看不到事情的全部。对此，在接受《大思想》杂志（*Big Think*）的采访时，卡尼曼是这样解释的：

> 人们倾向于将事情框定在一个非常狭窄的框架内来解决。他们在进行决策的时候，往往都是目光短浅、思路狭隘的。他们只能看见摆在眼前的那个问题，而且他们处理这个问题的方式就好像它是他们唯一要处理的问题一样。通常而言，更好的办法是，在处理问题的时候，要想到如果这些问题再次出现在你的生活中，你要如何处理。要做到这一点很难，但是这种做法肯定要好得多。举个例子，因为人们总是把事物框定在一个狭窄的框架内，所以他们会以不同方式对待储蓄和借贷，而不能把自己的整个资产组合视为同一件事。因此一般来说，如果人们能够从一个更广阔的视野来看问题，他们就可以做出更好的决策。

像在本节中将会提到的所有亿万富翁一样，马斯克也克服了这些认知偏差。通过概率思维，他的视野一直在扩大。“结果通常是不确定的，”他说，“它们是概率性的。但是我们一般人却不这样认为。对‘疯狂’的通俗定义是，一个人不断地重复做同一件事，却期待得到一个不同的结果；但是这种定义只有在一个高度确定的环境中，才是正确的。如果你要处理的是概率性的问题，那么在大多数情况下，只要你做同一件事两次，就可以相当合理地期待出现一个不同的结果了。”

这种差异是至关重要的。采用概率思维（例如，这件事情有 60% 的机会获得成功），摒弃确定性思维（例如，如果我去做 A 和 B，那么 C 就肯定会发生），不仅可以防止过于简单化，而且还可以进一步防止大脑变得懒惰。不要忘记，大脑本身就有“偷懒”的倾向。大脑是一个能源和水的消耗大户（它的重量只占人体重量的 2%，却消耗了我们 25% 的能量），因此它总是会表现得倾向于“保守”。或者说，因为更节省能耗的一种思维方式是“非此即彼”的思维方式，所以人们经常这么做。但是，结果通常不是唯一的，而是分布于一定范围内的。“未来是不确定的，”马斯克继续说道，“它真的是一系列不断分叉的概率事件流。”

那么马斯克将选择哪一条概率事件流来进行探索呢？这取决于这些概率与他的目标的重要性之间的关系。“即使成功的概率相当低，如果目标真的是非常重要的，它就仍然值得去做。相反，如果目标是不那么重要的，那么概率就必须高得多。我决定采用哪个项目，最终取决于概率乘以目标的重要性的值。”

太空探索技术公司和特斯拉公司就是两个绝佳的例子。当马斯克创办这两家公司时，他认为自己的成功概率还不到 50%——事实上，比 50% 低得多。“但是，”他说，“我还是认定它们是需要我去做的事情。因此，即使血本无归，还是值得去试一试的。”

对马斯克来说，激情、概率和第一性原理并不仅仅是口号，他还用实际行动去证明它们的意义。“在 2007—2009 年间，我总是不断地受挫。似乎，一切都出了问题。在 2008 年，猎鹰 1 号火箭连续三次发射失败；同时，因为金融市场崩溃了，特斯拉也无法获得融资；另外太阳城公司与摩根士丹利之间的交易也无法履行，因为摩根士丹利自己也出现了财务危机。在那个时期，看起来所有 3 家公司都有很大可能会遭到彻底失败。除此之外，更令我雪上加霜的是，我的前妻又要和我闹离婚。2008 年，我花光了我的最后 1 美元来拯救特斯拉，我实际上已经成了负资产一族了。我不得不借钱来支付租金。”

然而在 2008 年年底，事情发生了转机。猎鹰 1 号的第四次发射成功了，金融市场也开始复苏了，太空探索技术公司从 NASA 赢得了一份价值 16 亿美元的合同。那么，这些事情留下的教益是什么呢？“我要告诉大家的经验是，”马斯克说，“不要留下任何备用的资金。你总有办法养活你自己的，因此不要把钱闲置起来。这就是我要告诉企业家的一个原则——把钱花光。”

那么，马斯克这种做法又给他带来了什么样的结果呢？

对此，TED 创办人克里斯·安德森在他最近发表在《财富》杂志上的一篇文章进行了非常恰当的总结：“你可以看到，马斯克涉足领域的范围之广是何等的难以置信。当你试图在商业王国里寻找可以与他相媲美的人物时，你很可能只能找到一个人，那就是乔布斯。大多数业务创新都只是‘增量改进型’的。在所有非常幸运地因为一些大胆的想法而获得了成功的企业家当中，大多数人在创业后都继续坚守在原来的行业内进行扩张和整合。只有乔布斯和马斯克属于一类极其独特的企业家类型——连环颠覆者。”

无所畏惧的叛逆者——理查德·布兰森

布兰森爵士所做的一切事情几乎都是十分大胆的；事实上，奋勇无畏就是他的品牌。也正因为如此，为了写就这本书，我当然要去采访他。我是在 2013 年 9 月的一个晴朗的早晨采访他的。我们在日落侯爵酒店（Sunset Marquis）一起吃了一顿“迟到”的早餐。日落侯爵酒店是洛杉矶的一家时尚酒店，到处都散落着名人的足迹。然后我们前往范纳伊斯机场（Van Nuys Airport），在那里我带着布兰森体验了他的第一次零重力飞行。如果这也算一次冒险活动的话，也肯定只是这个世界名人一生中尝试过无数冒险活动当中微不足道的一次。

尽管布兰森爵士的冒险故事已经很好地反映在了一些传记作品和无数的采访中了，但是我在这里仍然有必要讲述他的基本经历。布兰森在 1950 年 7 月 18 日出生于英格兰的萨里郡（Surrey）。由于受困于诵读困难，他早年几乎被学校拒收；后来终于在 16 岁的时候，正式辍学创办了一份名叫《学生》（*Student*）的青年文化杂志。这是一份完全面向学生的杂志，而且完全由学生自己管理。它的宗旨，用布兰森自己的话来说就是，“给像我这样的反对越南战争和权势集团的人一个说话的空间”。

因此，布兰森从一开始就是一个叛逆者，他总是完全无所畏惧。很快地，他就把他的杂志扩展到了全国，然后又开始寻找他的下一个机会。这并没有花费他太长的时间。他住在伦敦的一个“公社”内，那里整天都淹没在浓厚的音乐氛围中，这使他情不自禁地注意到，唱片的定价实在太高了。于是他创办了一个名为维珍（Virgin）的邮购唱片公司。

维珍公司表现中规中矩，虽然没有赚什么大钱，但是却让他有了足够的资金去创办一个唱片店和录音室。随后，公司得到了扩张。维珍公司与一大批明星歌手和乐队签订了协议，其中包括性手枪乐队（Sex Pistols）、文化俱乐部乐队（Culture Club）、滚石乐队（Rolling Stones），等等（这里只列出了其中的很小一部分）。这使公司进入了史诗般的 10 年大发展期，最后，维珍音乐成了全世界最大的唱片公司之一。也就是这个时候，布兰森又看到了下一个机会。

音乐公司的高管需要频繁地乘坐飞机出行。当时的航空公司的服务质量极其糟糕，长期以来布兰森深受折磨。“我一直在想，我们为什么不能自己创办一个优质的航空公司呢？然后当你需要出行的时候，你会感觉到——哇，这家航空公司太棒了！”

这种感觉催生出了维珍大西洋航空公司（Virgin Atlantic）。布兰森在维珍音乐公司的同事们对他的决定非常吃惊。“在公司创办之初，”他说，“我们所拥有的是，一架二手的波音 747 飞机，以及一个非常成功的唱片公司。但是，唱片公司的每个人都被我正在做的事情吓坏了。”

布兰森正在做的这件事情确实不容易。现在，布兰森与英国航空公司（British Airways）的竞争已成为一个传奇。为了拯救航空公司和避免破产，布兰森被迫低价卖掉了他在维珍音乐公司的大部分股权，这为他筹得了保住他自己和他的航空公司所需的 8 亿美元。

尽管出现了各种各样的困难，但是布兰森还是以他的音乐业务和航空业务为基础，继续在各个领域投资，同时不断地创办公司。根据不完全统计，他先后一共创办了 500 多个不同的公司。最终，布兰森建立了一个全球性的帝国，业务涉及许许多多的领域，从移动通信到火车，再到海底勘探、葡萄酒分销、健身中心、医疗诊所，无所不包；特别值得一提的是，他的业务还包括从事商业太空飞行业务的维珍银河公司（Virg in Galactic）。根据2012年《福布斯》杂志公布的亿万富翁排行榜，布兰森的个人资产大约为46亿美元。总之，这个给我们带来了《管钟》（*Tubular Bells*）的家伙实在了不起。

那么，你肯定想知道布兰森究竟是怎样一步步地从《学生》走到《管钟》，再闯入商业太空飞行领域的。还是来听听他自己的说法吧。“我们是一个不同寻常的公司，”他说，“我们打的是‘生活方式’这张牌。如果我们没有打‘生活方式’这张牌，那么我们今天就不会取得这些成就。我们的第一个业务是音乐商店。到今天，音乐商店已经完全退出市场了。但是由于我们追求的是一种生活方式,因此我们又尝试着进入了航空业、移动电话业和许多其他领域。因此，虽然我们被迫出售了我们的音乐商店，但是直到今天我们依然屹立不倒。不过如果你回顾一下新闻头条，几乎每一次，当我们从一个行业转移到另一个行业时，媒体总是会提出疑问：‘这一步是不是走得太远了？这一次布兰森的气球会不会破裂？’”

不过，正确的问题其实应该是：布兰森的气球为什么一直没有破裂。

布兰森是一个“对玩乐上了瘾”的人。他不仅在热气球升空高度、快艇飞驰速度等方面创造了世界纪录，而且在“搞怪”方面也创造了世界纪录。一个例子是，维珍大西洋航空公司的主要竞争对手英国航空公司决定，在伦敦市中心建造一个高达130米的摩天轮，但是工程被延期了。于是布兰森毫不客气地立即驾驶着一艘飞艇飞到了摩天轮工地的上方，而飞艇尾部挂着一条巨大的横幅，上面赫然写着：“英国航空公司根本无法做到”。

但是，在通常的讨论中，一般的观察家都未能注意到，这种“玩乐大师”的特质其实在两个非常关键的方面帮助了布兰森。首先，这意味着他对自己所做的每一件事都抱着极大的热情。他想把上一年的1/3的利润拿来创办维珍大西洋航空公司，当他第一次把这个想法告诉维珍音乐公司的首席执行官时，他提出的理由是，这件事值得去冒险，因为它很“有趣”。“他们对‘有趣’这个词很不满意，”布兰森在他那本介于商业、传记和哲学著作之间的《管他呢，想做就去做吧》(*Screw It, Let's Do It.*)一书中写道,“对他们来说,商业是严肃的。但是对我来说,有趣更重要。”

BOLD
指数级成长的智慧
HOW TO GO BIG, CREATE WEALTH, AND IMPACT THE WORLD

有趣之所以更重要,是因为布兰森把它当成了一种规模思维的策略。这就是说,他不仅把它当成了一种动力(或者说,利用他激情的方法),而且还把它当作了一项第一性原理。他认为,如果他觉得某件事情是很有趣的(例如,一家能够让你情不自禁地说“哇!”的航空公司),那么这件事情对所有人也应该是有趣的。为了证明他是对的(也因为这很有趣),布兰森总是敢于大胆试验。

这就是关键所在。布兰森的气球之所以一直没有破裂,正因为他直接把这种对“有趣”的狂热追求运用到了对忠诚的客户和狂热的粉丝的追求上。由此,它变成了一种基于“顾客中心主义”的、以大胆试验为主要特点的商业战略。如果布兰森认为某种特定的服务可能会对他的客户有益(也就是有趣),他就会去尝试。这就是为什么英国维珍大西洋航空公司会成为第一个提供免费的椅背电视、机载按摩服务、机载鸡尾酒会的航空公司的原因。“只有以顾客为中心,”布兰森解释道,“你才有可能创造出一些美好的东西,否则你便无法生存下去。你的每一个细节都要做得非常到位。经营航空公司就像你自己拥有一个高档酒店一样,而且是那种老板每天都会在场的酒店。英国维珍大西洋航空公司在创办之初只有一架飞机,当时的英国航空公司则早就拥有了几百架飞机。从表面上看,我们是不应该有生存机会的。但是,由于我们以顾客为中心,人们出门总是更加喜欢坐我们的飞机。我们已经生存了30年,在此期间,曾经与我们展开过竞争的许多航空公司都一一破产了,它们包括:泛美航空公司(Pan Am)、环球航空公司(TWA)、佛罗里达航空公司(Air Florida)、人民捷运航空公司（People's Express）、莱克航空公司（Laker Airways）、英国金狮航空公司（British Caledonian）以及其他大约20家航空公司。"

这种方法迅速形成了规模效应。由于一直把顾客利益放在首位，布兰森能够化繁为简，迅速发现那些陷于停滞的行业，并立即采取行动，利用自己的品牌和经验进行整合。

而且，与拉里·佩奇和杰夫·贝佐斯一样，布兰森所经营的企业王国也是一个竞争的生态系统——让其中一些公司生存下去，让另一些公司破产，并且总是不断地进行试验。布兰森能够迅速地把自己的想法付诸行动，然后以更快的速度丢弃那些失败的想法。众所周知，布兰森总计创办了大约500家公司，但是他也毫不留情地关闭了其中运营失败的200多家公司。与此同时，布兰森也认为降低风险这一点是至关重要的。

> "从表面上看，"他说，"企业家应该对风险有一个很高的容忍度。话虽如此，但我生命中最重要的一句话是'保护劣势'。在任何一个商人的生活中它应该也是最重要的一句话了。是的，我们做出了一个大胆的决定：进军航空业。但是我们与波音公司最重要的一个协议是，在12个月之后我们有权退回飞机。这就意味着，我可以先进入这个行业，可以看看人们是否喜欢我们的航空公司。但是如果我失败了，这个决定不会让一切全盘崩溃。我还可以直视我的唱片公司的老板们，我们仍然还是朋友，因为他们还有自己的工作。保护劣势是至关重要的。大胆地去行动，但是如果事情搞砸了，那么一定要确保有一条出路。"

行文至此，读者可能已经注意到了，布兰森和马斯克分别采用了不同的风险管理策略。事实上，我们在本章中叙述的所有这4位伟大人物都有不同的策略。到目前为止我们已经看到了，马斯克认为如果创意足够重要，那么即使存在巨大的风险也没有关系。布兰森的赌注也总是下得很大，但是与一个独立的公司（例如，特斯拉公司）的情况不同，他是拿同一个品牌（维珍）在冒险，因此他需要采取一种不会危及他的整个商业帝国的方法。

维珍银河公司就是一个绝佳的例子。2004年10月，伯特·鲁坦证明，可以携带 3 名乘客的太空船 1 号运输工具取得了成功，并且因此赢得了安萨里 X 大奖。这个时候，布兰森和他的团队带着一份价值几亿美元的合同走了进来。他想要设计一种能够搭载 8 名乘客、并且每天可以起降多次的运载工具。布兰森的设想是，每一年都可以把数千名乘客送上太空。但是这只是布兰森的风格的一个方面；另一个方面体现在，到了 2009 年的某个时候，他成功地让中东投资基金 Aabar 以 2.8 亿美元的价格购买了维珍银河公司的 32% 的股权，从而化解了自己的商业帝国承担的风险。而且，两年后，Aabar 又追加购买了 6% 的股权，并承诺投入 1.1 亿美元用以资助小卫星发射。所以，布兰森先是在维珍银河公司身上下了一个巨大的赌注，但是随后，为了保护他的投资，他又带来了额外的 3.9 亿美元作为流动资金，以确保这个项目能够成功。这就说明，布兰森不仅在承担风险方面是大胆的，而且在降低风险方面也是非常高明的。很明显，最终的结果都是相同的。

几年前，谷歌上曾经出现过一个愚人节笑话：据报道称，最近诞生了一个名为维歌（Virgle）的新公司，它是谷歌和维珍合并后出现的公司（当然，这是一个被捏造出来的公司），该公司准备在火星上建立一个永久性的人类定居点。在 YouTube 上还有相应的视频。在视频中，布兰森、布林和佩奇在谈论着让人们到哪里去填写移民申请书，他们还商量着如何把物理学、工程学等领域的最顶尖的专家都找过来，而且更关键的是，怎样才能把吉他英雄三世（Guitar Hero III）找出来。这是一个愚人节玩笑，但是真正有意思的部分在于，很多人都没有意识到这是一个笑话，而且，有不少人打电话给我，要我确定这是不是一个笑话。这种现象意味着，布兰森是如此的大胆无畏，他的人生答卷的成绩又是如此的完美出色，因此对于许多人来说，让他们相信布兰森不去火星反而是一件困难的事情。

以顾客为中心的远见家——杰夫·贝佐斯

杰夫·贝佐斯是一个非常忙碌的人。大约在 5 年前，当我发邮件给他提出开个早餐会时，他的回应是：“戴曼迪斯，我很忙，我正设法充分利用刷牙的时间。”他当然有充分的理由如此忙个不停。基于同样的理由，埃里克·施密特把亚马逊列为技术界的四骑士之一（另外三家为谷歌、苹果和 Facebook）。贝佐斯对一些小的变化或温和的进展不感兴趣。他想在极大规模的尺度上带来巨大的革命，他想让以顾客为中心的思维和长远考虑成为这场革命背后的主要驱动因素。

贝佐斯于 1964 年 1 月 12 日出生在新墨西哥州的阿尔伯克基（Albuquerque）。与马斯克一样，他也很早就显示出了对事物工作原理的强烈兴趣。当他还是一个刚刚学会走路的孩子时，他就已经用螺丝刀把自己的婴儿床“大卸八块”了。后来他又在门上安装了一系列他自己精心设计的电动警报器，以便阻止他的兄弟姐妹们进入他的房间。他的童年是在休斯敦度过的，那里充斥着大量的科学项目、科学博览会。电影《星际迷航》（*Star Trek*）也是在那里拍摄的。贝佐斯的高中生活是在迈阿密度过的，也就是在那里，他开始爱上了电脑。他的兄弟马克·贝佐斯（Mark Bezos）曾经告诉记者：“毫无疑问，贝佐斯是肯定可以被归入‘书呆子’行列的。”

似乎是为了“捍卫”他“书呆子”的称号，贝佐斯进入了普林斯顿大学，他于 1986 年以特优成绩获得了计算机科学和电子工程学位。毕业后，贝佐斯进入了投资银行工作，并很快成了大名鼎鼎的华尔街公司德劭基金（D.E.Shaw）最年轻的副总裁。但是他注定不是一个终身从事金融行业的人。在 4 年后的某一天，贝佐斯突然“顿悟”，于是他辞去了利润丰厚的工作，搬到了西雅图，并尝试着自己动手去改变世界——他决定从事电子商务。

“让我如梦初醒并使得亚马逊公司诞生的是这样一个数据：1994 年春天的统计表明，互联网的使用量的年增长率达到了 2 300%。”2001 年，贝佐斯在华盛顿特区的成就学院发表演讲时说道：“这简直不对劲儿了。一般的事物是不应该发展得那么快的……你可以把它当作一件奇闻轶事来说，因为在那个时候，还没有人好好地进行相关研究。但是，网络使用量的基本情况不可能是不重要的……所以问题在于，在这样的一种增长态势下，什么样的商业计划是最行之有效的。我考虑了很多不同东西。我列出了一张包含有 20 种不同产品的单子，希望能够找到便于在线销售的第一款产品。最后我想到了图书，然后找出了一大堆理由，但是最主要的原因是，从某种角度来说，书确实是一种非同寻常的商品……它的数量比任何其他商品都要多。你能够在网上把书目都列出来，但是用其他方法你简直无法做到这一点。世界上有数百万种不同的印刷书籍……计算机擅长于组织选择余地如此之大的产品。而且，你不可能建立一个拥有数以百万计的不同印刷书籍的实体书店或纸质书目。”

在早期，亚马逊的成功并不是上天注定的，但是贝佐斯一直都是一个极为出色的“布道者”。他也是一个诚实的布道者。当他的父母决定把他们毕生积蓄的很大一部分投资于他的公司时，贝佐斯告诉父母他们有“70% 的概率会失去这笔钱”（这是概率思维的一个绝佳例子）。他也承认，他已经对冲了自己的赌注。“我给了自己正常概率的三倍。如果你看看初创公司成功的概率，你就会发现大约只有 10% 的成功率。而在这里，我给了自己 30% 的成功率。”

贝佐斯用父母的钱，在西雅图自己家中的车库里开了一个店（这个车库后来变得非常出名），这个店很快就扩展到车库旁边的两间卧室。1995 年 7 月 16 日，亚马逊公司从这里开始营业。贝佐斯和他的运营团队策划了一个小型的开业仪式。他们邀请了几百个朋友和家人访问他们的网站，他们对业务发展的巨大潜力感到非常兴奋；他们还设置了一个电子铃声，每次有交易发生时，铃声就会响起来。“铃声响起来的时候，就是我们检查订单的时候了，”贝佐斯说，“我们团队中的所有成员的家人都在下订单。但是我们所获得的第一个订单却是来自一个陌生人的。我记得，那个时候，我们公司里大约只有 10 个人，当铃声响起来后，所有人都聚拢过来查看订单。我们相互问：‘那是你妈妈下的订单吗？’‘那不是我的妈妈！’就这样，生意来了！”然后生意就没有停过！

铃声很快就连续不断地响了起来（现在，他们必须把这个电子铃声切断了）。在一个月内，亚马逊就拥有了来自 45 个国家和来自美国 50 个州的客户。

在两个月内，销售额就达到了每个星期 2 万美元。1997 年 5 月，他们以 5 亿美元的估值公开发售股票。6 个月之后，公司的市值就攀升到了 12 亿美元，在接下来的两年内，市值继续一路高涨到了 230 亿美元。贝佐斯当时才 30 多岁，在短短 5 年的时间内，他就完成了从“我有一个好主意”到“我经营着一家市值 10 亿美元的公司”的转变。

贝佐斯的成功基于两个关键策略：长远考虑和以顾客为中心的思想。接下来，我们就把它们一一介绍给大家。

贝佐斯对快速盈利或短期回报从未感兴趣过。从始至终，亚马逊都是在放长线钓大鱼。在他那封写于 1997 年、现在已经非常著名的致股东们的信中，贝佐斯是这样说的：“我们认为，衡量我们成功的基本标准是为股东们创造长期的价值……基于我们对长期目标的专注，我们所做的很多决策以及衡量得失的方法都有别于其他一般企业。”

这封信之后，贝佐斯继续用如今已经变得非常著名的一些观点来解释他的思维策略：

- 我们将更多地围绕着“强化长期市场领导地位”这一目标而进行持续的长期投资决策，而非关注短期的盈利以及华尔街的反应。
- 当我们看到有足够机会来提升我们的市场领导力的时候，我们将会大胆地做出决策，而不是谨小慎微。在此过程中，有些投资会获得回报，也有一些投资会失败，但是我们会从每一个案例中汲取有价值的经验教训。
- 当我们做出大胆的投资决策的时候（在竞争压力许可的范围内），我们会与你们分享我们的战略决策流程，以便让你们评估这样的长期投资决策是否理性。
- 我们会平衡增长与长期盈利和资本管理这两者之间的关系。在这个阶段，我们会把市场增长放在最优先的位置，因为我们相信，规模是实现商业模式最为核心的基础。

人们通常认为，这封信浓缩了贝佐斯在这个问题上的观点，但是就我个人而言，我认为他在亚马逊网络服务 2012 年大会上对一个现场听众的回答更能体现他的核心观点：

> “在接下来的10年里什么东西将会发生改变？”这是一个非常有意思的问题，也是一个很常见的问题。我几乎从未看到过这样的问题——在接下来的10年里什么将不会改变？但是我认为，实际上，在这两个问题当中，第二个问题其实更加重要，因为你可以根据随着时间流逝保持稳定趋势的事物构建一个商业战略……在我们的零售业里，我们知道客户想要的是低价格，我知道从现在开始的10年内还是如此。他们想要的是尽可能快地送货；他们想要大量的可选择的商品。你不可能去想象这样的情景：10年后某个顾客走到你跟前，对你说：“贝佐斯，我爱亚马逊；但是我只希望商品价格能再高一点点儿。”或者是：“我喜欢亚马逊；但是只希望你送货慢一点儿。”这是不可能的。所以我们一直致力于做好这两件事，而且还要好上加好。我们知道我们今天投入的精力仍将会使从现在开始后的10年内的顾客都感到满意。当你知道有一些事情确实会发生时，你就应该多花些精力在它们上面，即使它们是属于长期的。

同样是在上面这段话中，贝佐斯还揭示了他的第二个成功秘诀：激进的“以顾客为中心”的思想。这也是我们从一开始就在强调的东西。在他写于1997年的致股东的那封信中，我们可以找到里面有一句话充分体现了这种理念：“我们将继续坚持不懈地以我们的客户为中心。”然后，在那封信的结尾部分，贝佐斯又强调了一遍：

> 一开始，我们就专注于为客户带来价值。但是我们也意识到，互联网过去是，现在仍然处于“全球等待网”的状态。因此，我们也开始为客户提供一些他们无法从其他途径获取的物品，并开始向他们销售图书。我们能够为客户提供比实体书店更丰富的选择（我们的书店的容量有6个足球场那么大），我们的书店一天24小时、一年365天都开放，而且非常便于搜索和浏览。我们坚持提升购物体验，并于1997年对我们的线上书店进行大幅度的优化改进。亚马逊目前能够提供优惠券、一键购物（1-Click，亚马逊的一键购物技术可以让它的回头客只需用鼠标点击一次便可以完成商品的购买，这样顾客就不用再次输入信用卡卡号以及个人信息）、更多评论、更多内容、更多浏览选择以及产品推荐等多种功能。同时，我们还降低了价格，以便在更大程度上给予顾客实惠。口碑是我们吸引用户最有利的工具，我们也非常感激

顾客给予我们的信任。重复购买和口碑，共同铸就了亚马逊在在线图书市场的领先地位。

正是长远考虑和以顾客为中心的思想的融合，帮助亚马逊迅速拓展了其业务领域，从而远远超越了图书经营。贝佐斯“冒险”进入了音乐、电影、玩具、电子产品、汽车配件等领域，使亚马逊的商品几乎无所不包。他们还继续围绕他们的“原始市场”，把图书销售业务扩展到了电子书和电子书阅读器（Kindle）领域，最近亚马逊还涉足了出版界。与此同时，亚马逊网络服务（亚马逊提供的云计算服务）也凭借自身的力量成了这个领域的一匹黑马，根据2013年11月《商业内幕》（*Business Insider*）杂志的分析，亚马逊云计算的价值已经达到了30亿美元。正如摩根士丹利的分析师斯科特·德维特（Scott Devitt）告诉《纽约时报》的那样：“亚马逊正走在一条与众不同的道路上，这是一条很长的路。他们做对了吗？绝对是对的。亚马逊的增长速度是整个电子商务行业的两倍，而电子商务行业的增长速度则是整个传统零售行业的5倍。为了保证增长，亚马逊根本不在意收益和利润。”

贝佐斯知道，他的以顾客为中心的长期策略要想真正获得成功，唯一的途径是通过不断的试验。他也知道，这种方法有时也可能会带来极为惊人的失败。正如他最近在犹他州科学技术委员会名人堂发表晚餐演讲时所言：“我是这样想的，如果你想要创造发明，如果你想要创新，如果你想做出一些新的东西，你总是会遭到失败，因此你需要不断地进行尝试。我认为，你所完成的有用的发明的数量直接与你每年每月每周所做的试验的数量成正比。当然，如果你增加了试验的次数，那么你的失败的次数也会增加。”

“如果你想要发明一些东西，你必须愿意长时间被他人误解。任何新的、不一样的东西最初都会被误解。它会遭到一些善意的批评者的误解，他们担心这个创新无法实现。它也会遭到一些利己主义的批评者的误解，他们这些人墨守成规，只知道用老方法赚取利润。无论是哪种方式，如果你无法承受这样的误解和批评，那么无论你做什么，都不会有任何创新。”

虽然贝佐斯无法进入所有新的领域。但是他的“副业”蓝色起源公司（Blue Origin，属于航空业）正试图解决一个长期困扰着火箭技术的难题，即垂直起飞和着陆问题。航空业与亚马逊的结合似乎有点“异花受粉”的味道。2013年12月贝佐斯宣布，在未来5年的某一时刻，无人驾驶飞机将为亚马逊派送包裹，从而全面实现半小时内送货上门。而且，无人机也将使贝佐斯最大的梦想变成现实——进入食品市场，到那个时候，贝佐斯将把沃尔玛从零售业的王座上拉下来，使亚马逊成为有史以来最成功的“万货商店”。

贝佐斯在他2014年致股东的信中讨论了他的无人机计划，而且再次提到了不断进行试验和快速迭代这个话题：“失败是创新必不可少的一部分，这是别无选择的。我们非常理解这一点，并相信经历早期的失败和不断改进之后，我们终将获得成功。当这个流程开始发挥作用时，就意味着我们的失败从规模上来说是相对较小的（大多数试验都能从小规模开始做起），而当我们找到了对消费者有利的东西时，我们就会加倍努力，因为我们希望将它发展成为更大的成功。”

在2014年的TED大会上，当我问贝佐斯他愿意给指数型企业家提什么建议时，像马斯克一样，他的建议是——持之以恒的激情，而非一时的狂热。

> “要抓住大家都已经知道的、很热门的东西，是非常困难的。”贝佐斯说，“你真正所能做的事情是，摆正自己的位置，然后等待有利于你的潮流到来。这样的话，你会追问，那么，我自己的定位在哪里呢？你得把自己定位于那些能够捕捉到你自己的好奇心，并且你正在‘布道’的东西上面。我告诉人们，当我们收购公司时，我总是要试图弄清楚：领导这个公司的人是一名‘布道者’，还是一个唯利是图的商人？‘布道者’之所以能创造产品和服务，是因为他们热爱顾客、热爱产品、热爱服务。唯利是图的商人们也在制造产品或服务，但是他们只是在操纵公司，以便赚取利润。然而，一个巨大的悖论是，‘布道者’最终赚到的钱却比唯利是图的商人们多得多。因此，选择你真正感兴趣的东西，这是我的第一个建议。”

理性乐观派——拉里·佩奇

2004 年 11 月，在安萨里 X 大奖“名花有主”一个月后，我来到了谷歌总部，为谷歌的几千名员工介绍未来的太空旅行。演讲结束后，我被那些想继续讨论这个话题的人团团围住了。排在最后面的是一位三十来岁的年轻人，他身穿一件黑色的 T 恤，背着一个背包，到最后轮到他的时候，“嗨，”他说，“我叫拉里·佩奇，一起吃午饭怎么样？”

在午餐期间，我们无所不谈，从机器人到太空电梯，再到自动汽车。有一件事情非常清楚，那就是佩奇对一切技术都极具好奇心，并且对推动太空新疆界开发具有极其强烈的欲望。他最喜欢问的两个问题是“为什么不呢？”和“为什么不变得更大一些呢？”。很显然我正在与一位完全不习惯受到约束的人打交道。我和佩奇之间同样的谈话，在差不多 10 年之后又再次发生了，几乎什么都没有发生改变——不过从另一个角度来看，事实上，几乎所有东西都已经变得完全不同了。

佩奇于 1973 年 3 月 26 日出生在密歇根州的东兰辛（East Lansing），他对计算机的偏爱是有遗传的。他的母亲格洛丽亚（Gloria）是密歇根州立大学计算机科学的教授，他的父亲卡尔（Carl）是计算机科学领域和人工智能领域的先驱。考虑到这种家学渊源，佩奇在上小学的时候成了他所在的小学里第一个用文字处理软件完成作业的学生，就一点儿也不令人惊奇了。

佩奇从密歇根大学获得了计算机工程学位，他在那里留下的一个传奇是，用乐高积木制造了一台喷墨打印机；在那之后，他来到了斯坦福大学，攻读计算机科学博士学位。在准备博士论文的选题的时候，佩奇上网搜索了很多东西。在搜索过程中，他对网络的数学特性产生了非常大的兴趣；逐渐地，他形成了这样一个思想：网络的链接结构是建立在相互引用的基础上的，而且这种引用关系可以表示为一张巨大的图。基于这个思想，佩奇与斯坦福大学的另一名博士生谢尔盖·布林（Sergey Brin）合作启动了一个绰号叫作 BackRub 的研究项目。这个研究项目最后发展为谷歌的网页排名算法。由于这个原因，佩奇和布林两人都未能完成博士学位。当然，这个结果一点儿都不出人意料。

事实是，在1998年的某一天，他们辍学创办了一个公司，并且改变了历史。网页排名算法（PageRank）使得信息的获得大众化了,或者正如《连线》杂志最近发表的一篇文章里所指出的那样："谷歌的核心产品，即搜索本身就已经是非常奇妙的。不过，与那些'耀眼'的新产品不同，谷歌搜索现在已经成了互联网网络结构本身必不可少的一个部分了，它已经变得非常普通了。"与此同时，YouTube成了占主导地位的网络视频平台，Chrome成了最受欢迎的浏览器,Android成了有史以来使用最频繁的手机操作系统。从另一个角度看，今天，如果拥有一部手机，并且能够利用谷歌去搜索（这无疑是一件轻而易举的事情），那么肯尼亚中部的一位马赛战士所能获得的信息量丝毫不亚于18年前美国总统所能获得的信息量。

这种足以改变世界的影响力尤其让佩奇感兴趣。在奇点大学成立大会的即兴演讲上，佩奇站在大约150名与会者面前，这样说道："我有一个非常简单的衡量标准：你正在做的事情能够改变世界吗？是，或者不是？ 99.999 99%的人会说不是。我认为，我们需要训练一些知道如何改变世界的人。"

在今天，佩奇要改变世界的愿望与谷歌对未来的愿景，实际上已经很难辨别清楚了；但是不管怎么说，佩奇的行动已经将谷歌公司推向了新的发展高度和财富水平。2011年，佩奇由谷歌联合主席转任首席执行官，自那之后的3年内，谷歌公司的价值已翻了一番，达到3 500亿美元以上（而佩奇本人所持有的16%的谷歌股份价值大约为500亿美元），谷歌筹措的资金已经上升到了750亿美元，年度研发预算也提高到85亿美元。作为一名有远见卓识的首席执行官，佩奇可以把这些钱花在任何一个他所喜欢的地方。自动汽车、扩增实境、终结衰老，当然，还有无处不在的互联网。很显然，最令佩奇感兴趣的都是重要而"大胆"的东西。

2012年我出席了谷歌时代精神大会（Google Zeitgeist），这是他们为客户举办的年会。在第二天会议结束之后，会议的组织者找到了我，邀请我根据《富足》一书提供的信息做一个振奋人心的演讲。后来，当我结束演讲后，佩奇也上台做了闭幕演讲。听完这个演讲后，我明白了他无所畏惧、大胆追求的精神的起源。

> "当我还是一名密歇根大学的学生的时候，"佩奇在演讲中说道，"我参加了一个夏季领导力研修班。这个研修班的口号是'理性地蔑视一切不可能'。这些年来我一直都继续坚持着这个观点。我知道这听上去似乎有点狂妄，但是事实是，当你真的雄心勃勃的时候，往往更容易取得进步。因为没有人愿意去尝试这些东西，你也就没有任何竞争对手。你能够得到所有最优秀的人，因为最优秀的人总是想去做那些最具野心的事。出于这个原因，我开始相信，自己所能想到的任何事情都可能是可行的。你只需要去想象它，并且付诸实施就可以了。"

因此，佩奇总能想象一些常人看来不可能的事情，帮助他做到这一点的是他对理性乐观主义的强烈信念。理性乐观主义这个术语是从作家马特·里德利（Matt Ridley）那里借用来的，它所指的也就是我在《富足》里提倡的那种乐观的情绪。当然，这并不意味，我们只要做一些遥不可及的白日梦就可以了。它意味着冷静地评估各种事实，其中当然也包括正在以指数级速度增长的、正在把稀缺变为富足的技术，这些似乎明天才可能拥有的工具使我们解决问题的能力不断增强，从而使我们的世界也以指数级速度变得更好（这可以从几十个指标看出来，具体请参见《富足》一书的附录）。由此而引出的一个结果是，到了现在，小团队比以往任何时候都更有能力去解决重大的挑战。正是基于这些原因，理性的乐观主义成为规模思维非常重要的一个策略。或者，正如佩奇在2013年谷歌开发者大会的主旨演讲中说的那句名言："消极绝不会让我们取得进展。"

毫无疑问，这并不是这位谷歌首席执行官一时的感触，而是谷歌的核心理念。"我非常乐观，"佩奇说，"我确信无论我们面对何种挑战，都可以通过共同努力和一些好的技术来解决。这就是令人兴奋的地方。这意味着我们的工作真的会让世界变得更美好。我们需要更多人从事这方面的工作。我们需要树立更加雄心勃勃的目标。这个世界拥有足够的资源，能够为每个人提供美好的生活。我们拥有足够的原材料。我们需要更好地组织起来，并且以更快的速度行动起来。”

对佩奇来说，速度是极其重要的，这就是为什么他会利用非常合理的风险偏好和大胆创新去支持理性的乐观主义的原因。当佩奇将塞巴斯蒂安·特龙（Sebastian Thrun）招致麾下，主持谷歌的自动驾驶汽车开发项目时，曾经以为，自动驾驶汽车能够“自己”行驶 10 万公里，就是一个令人难以置信的目标了。但是，到目前为止，自动驾驶汽车“自己”行驶的距离早就超过 50 万公里了。当谷歌想实现不同语言之间的自动翻译时，他们找到了一些研究机器学习的专家，当时的情况用佩奇本人的话来说是这样的：“我问他们，你们认为能够创建一种算法，它可以在任意两种语言之间进行翻译，并且翻译得比人类更好吗？他们嘲笑我们说，这是绝对不可能的。但是他们愿意去尝试。现在，6 年之后，我们已经能够在 64 种不同的语言之间进行自动翻译，而且在许多语言中，我们的翻译水平已经超过了一般的人类译者。我们可以做到即时翻译，并且是完全免费的。”

在这里，我还可以再举一个更具有传奇色彩的例子。它最早出现在史蒂芬·利维（Steven Levy）为《连线》杂志撰写的一篇文章中：阿斯特罗·特勒说，他将一台假想的时间机器推进了佩奇的办公室，然后插上电源线，演示它的工作原理。“佩奇根本没有被震住，”特勒说，“相反，佩奇问，为什么它还需要一个插头呢？如果它根本不需要电源岂不是更好？这并不是因为他对时间机器不感兴趣，也不是因为他不喜欢我们把时间花在制造时间机器上，只是因为他本来就是这样一个人。可以做的事情非常多，他关注的重点在于下一个 10 倍速增长点将出现在什么地方。”

那么即将到来的 10 倍速增长点到底在哪里呢？就像马斯克和布兰森、贝佐斯一样，对于佩奇来说，这个答案总是位于长远思考和以客户为中心的思维的交点上：

> **KEY WORD**
> **| 牙刷测试 |** toothbrush test
> 确定一个事物的使用是否会像使用牙刷一样频繁——至少一天两次。

我们总是试图专注于长远考虑。有很多的东西，当我们开始着手去做时，都曾经被许多人认为是疯狂的行为（Chrome 浏览器就是一个例子）。那么，我们是如何决定到底应该做什么的呢？我们是如何决定真正重要的工作是什么的呢？我喜欢把我们所用的方法称为“牙刷测试”（toothbrush test）。牙刷测试很简单：使用它会像使用牙刷一样频繁吗？我知道，对大多数人来说，每天都会用两次牙刷。我认为我们真正想要的就是这样的东西。我们使用 Gmail 的次数远远超过了一天两次。YouTube 也是如此。这些东西是非常惊人的。然而，我们当初买下 YouTube 的时候，有的人却说：“哦，你们这些人是永远也不可能通过它来赚钱的，但是你们却以 14 亿美元的价格买下了它。你们真是彻底疯了！”你知道，我们确实是相当疯狂的，但这是一个不错的选择。4 年来我们在 YouTube 上的收益实际上每年都在翻倍。如果你能让一件东西不断翻倍增长，那么它的起点在哪里就是无关紧要的，因为它一旦开始增长便会非常快。我们的理念是，人们经常使用的东西就是对他们非常重要的东西，我们认为随着时间的推移，你就可以从那些东西上赚到钱。

出于同样的原因，佩奇投入了相当可观的资源去开发人工智能。“人工智能将是谷歌的最终版本——终极搜索发动机，”他解释道，“它将能够理解网络上的一切东西，将能够确切地了解你所想要的东西，将能够做对每一件事。现在我们还远远做不到这一点。然而，我们可以逐渐地接近它。这就是我们正在做的事情。”

在 2014 年的春天，佩奇在谷歌总部接待了一群 X 大奖的捐助者。在演讲中，他再一次阐述了雄心勃勃的好处：“你们曾经认为，当我们去做更多更具雄心壮志的事情的时候，我们的失败率就会上升，但是事实似乎并不是这样。我认为原因在于，即使你在做一些雄心勃勃的事情时失败了，但是在你所做的一些重要的事情上，你通常会获得成功。我喜欢用我们在创造人工智能时的第一次尝试作为例子来说明。那是在2000年，谷歌的员工还不到200人。在创造人工智能上我们并没有获得成功，但是我们却推出了广告联盟AdSense，我们的目标是针对网页搜索广告，这已经成为我们的一大笔收入了。因此虽然我们在人工智能上失败了，但是我们通过其他一些有用的东西获得了收入。事情几乎100%都是这样的。"

当然，人工智能并不是谷歌正在研究的未来时代的唯一技术。谷歌还是总额为3 000万美元的谷歌月球X大奖的冠名赞助商，这个大奖的目标是激励人们第一次把机器人送上月球（这可以视为人类科研和经济活动的影响超越地球向外拓展的第一步），也就是说，就像贝佐斯、布兰森和马斯克一样，佩奇也想实现开辟外太空新疆界的梦想。而且他的雄心壮志并没有就此止步。与其他人不同的是，佩奇甚至已经采取了更加冒险的一步，2013年11月，他宣布成立一个名为卡利科（Calico）的长寿初创公司，这意味着谷歌大踏步进入了抗衰老领域，正如《时代周刊》所说，"谷歌开始对抗死神了"。

互联网企业家和博主贾森·卡拉坎尼斯（Jason Calacanis）在他广为流传的文章《谷歌赢得了一切》（*Google Wins Everything*）中这样说道："如果你为佩奇工作，并且不以10倍的思维来思考问题，那么你别指望能够长期地工作下去。这个天生的狂人永远都能胜人一筹，这种本事似乎是有史以来从未见到过的。佩奇已经打响了一场战役，如果他最终获胜的话，那么与他将来能够取得的成就相比，甚至连恺撒、拿破仑、哥伦布、莱特兄弟、阿波罗11号计划、曼哈顿计划，以及我们开国元勋的功业，都会显得有些过于狭隘。"

BOLD

|第三部分|

指数级成长，指数型企业家的目标

10

指数型工具 1

众包的舞台

极大地提高业务扩张的速度

今天，几乎你想要做的任何事情都可以在“线上”完成。仅仅在 Freelancer 一个网站上，你就可以找到来自 600 多个学科领域的专家。众包的关键前提是，它利用了开源的方式和大量的潜在的劳动者组成的网络。众包会给你一种幸福的麻烦与困扰：你会被大量的好点子所淹没。准备好接受这个好点子的“洪流”吧，而这个点子“洪流”正是众包的真正优势所在。

HOW TO GO BIG,
CREATE WEALTH,
AND
IMPACT THE WORLD

BOLD

崛起中的10亿人市场

时间回到2000年的秋天。那个时候，整个互联网上的网站总数早就超过2 000万家了。浏览器大战——美国在线公司与美国网景公司的战争也已经如火如荼地全面展开了。随着互联网泡沫的破灭，很多平面设计师都失业了，他们整天挂在网上，只希望能找到一些可以做的事情。

杰克·尼克尔（Jake Nickell）和雅各布·德哈特（Jacob DeHart）就是其中的两位。

尼克尔和德哈特都只有19岁。他们都是失业的平面设计师。他们相遇在一个在线的T恤衫设计大赛上，也就是那个时候，他们偶然之间想到了一个主意。他们想让这样的比赛更加频繁地举行，让它们可以每周举办一次而不是每年举办一次。于是他们决定在网上建立一个社群，任何一个拥有优秀的T恤衫设计理念的人都可以参与进来。社群里的每个人都可以参与投票表决。获胜者可以得到100美元的奖励，而胜出的T恤衫设计则可以放在网站上出售。他们把这个新创企业命名为Threadless。看起来，这个社群即使不能大获成功，但至少也肯定不会有什么害处。

事实证明，人们非常喜欢对T恤衫设计进行投票表决——他们是真的喜欢。在短短的几年内，Threadless 每年的利润总额就达到了 2 000 多万美元。毫无悬念地，尼克尔和德哈特成为美国第三大 T 恤衫制造商。

Threadless 并不是唯一一个设法利用新兴的在线社群找到出路的公司。在同一时期，一个名叫菲利普·罗斯戴尔（Philip Rosedale）的软件设计师注意到，“骨灰级”玩家并不只是对玩游戏感兴趣；他们似乎也想花时间自己来设计游戏。因此他创办了第二人生社群（Second Life），这是一个庞大的虚拟世界。重要的是，罗斯戴尔在创造这个“世界”的时候实际上并没有投入多少成本，他所做的无非是把软件开发外包给玩游戏的人群。正如杰夫·豪（Jeff Howe）在《连线》杂志中写的那样，“这一人群实在是太渴望有事做了”。

是的，实际上他们是如此的渴望，以至于在整个 21 世纪初，第二人生社群每天都能生成 10 000 个开发小时的内容。在这个游戏中，甚至形成了一个完整的经济形态。就在 Threadless 刚刚开始创办的那段时间里，第二人生社群每年的利润就达到了 2 000 万美元。《商业世界》（*Business World*）也把“钟安舍”（Anshe Chung）作为他们的封面人物——这是第一个因为自己在第二人生社群中的业务而在现实世界中真正成为百万富翁的虚拟公民。

KEY WORD

| **众包** | crowdsourcing

指一个公司或机构把过去由员工执行的工作任务，以自由自愿的形式外包给非特定的（而且通常是大型的）大众网络的做法。

杰夫·豪和《连线》杂志的编辑马克·罗宾逊（Mark Robinson）认识到，发生在 Threadless 上的情况与发生在第二人生社群上的非常相似，他们为这种情况创造了一个术语：众包（crowdsourcing）。杰夫·豪把这一术语定义为“一个公司或机构把过去由员工执行的工作任务，以自由自愿的形式外包给非特定的（而且通常是大型的）大众网络的做法。众包的任务通常由个人来承担，但如果涉及需要多人协作完成的任务，也有可能以依靠开源的个体生产的形式出现，众包的关键前提条件是，它利用的是开源的方式和大量的潜在劳动者组成的网络”。

随着众包形成了一股潮流，众筹（crowdfunding，在下一章中将会详细论述）也蓬勃发展起来。事实上，众筹这种观念至少可以追溯到20世纪80年代，但直到2005年，它才演变为一种主流现象。当时，Kiva成为第一个小额贷款网站，它利用大众提供的小额贷款（通常不到100美元）给发展中国家的企业家投资。到2009年，Kiva已经发放了超过1亿美元的贷款，而它的还款率也达到了惊人的98%。到2013年，Kiva网站上的1 047 653个放款人共放出了526 460 675美元的小额贷款，同时还款率继续保持在98.96%的极高水平。

正是在同一时间，像Indiegogo和Kickstarter这样的众筹网站开始涌现，并且为创意项目的资金筹集开辟出了一条新路。你想制作一部电影吗？你想剪辑出一张新的CD吗？你想设计一种新的手表吗？你只需把推广视频放到上面这两个网站中的任意一个，然后向大众"伸手要钱"就可以了。在不久之前，《纽约时报》把Kickstarter称为"人民国家艺术基金会（National Endowment for the Arts，简称NEA）"，他们并不是在开玩笑。2010年，这个网站募集到了2 700多万美元，资助了3 910个项目。次年，他们筹集到的资金跃升至9 900万美元，资助了11 836个项目。2013年，这些数字已经上升到了4.8亿美元和19 911个项目。当然，Kickstarter只是无数众筹网站当中的一个而已。Indiegogo还没有公布它的增长数据，但仅在2014年，它的成功就已经非常令人印象深刻了，它募集到了4 000万美元的股权投资，这是众筹初创公司募集到的最大一笔风险投资。总之，在各个领域，数以百计的众筹平台开始实体化，它们每年都给企业家筹集到超过数百亿美元的资金。

随着众筹和众包的迅速发展，它们的形式变得越来越多元化，各种各样的商业平台也随之应运而生。例如，有一个名为99设计（99 designs）的平面设计平台，任何用户都可以在这个平台上提交一份设计要求和相关预算——确切地说，就是一个新的标志和299美元，然后让大家竞争这项业务。Gengo提供众包人工翻译，Casting Words提供音频转录，Maven Research（它也被称为"全球知识市场"）则提供成千上万位各个学科领域的专家。

大企业也已开始行动了。安海斯-布希公司（Anheuser-Busch）现在依靠大众来精酿啤酒。通用磨坊（General Mills）在产品开发和生产的每一个环节上（从产品包装设计的创新到营养成分配方的变更）都充分利用了众包资源。科学研究也成为另一个急剧增长的领域。Polymath Project 让大家竞相解决一些无法解决的数学问题，Foldit 利用众包资源进行蛋白质折叠，Zooniverse 则允许任何人对星系进行分类，发现新的行星，甚至寻找外星生命。

那么，为什么众包舞台对指数型企业家如此重要呢？为了回答这个问题，请读者先想象一下，当拉里·佩奇的人工智能梦想最终实现的时候，世界会是一个什么样子。人工智能将会成为这样一个系统：它能够理解你的意图和愿望，并且能够帮助你把这些意图和愿望变成现实。无论你什么时候出现了什么需要，只要把你的要求告诉贾维斯，那么这个人工智能机器便会分析数据、编写程序、进行创造，然后设计并且制造出完全符合你要求的产品（很可能是通过 3D 打印技术）。从新产品的原型设计到获得有关整个市场的实时数据分析结果，每一件事情都易如反掌。这听起来实在令人兴奋，难道不是吗？虽然要让这些拥有非凡能力的人工智能系统变成现实可能还需要 10 年左右的时间，但是幸运的是，在此期间，我们不会束手无策，因为我们有“大众”（crowd）。

本书第三部分将介绍我们精心挑选出来的若干个指数型大众工具（exponential crowd tool），它们让我们每个人都能利用大众的力量。这些大众工具的力量都是指数级的，这基于以下 3 个简单的原因：首先，在未来的 10 年里，大众（所有在线的人）的规模预计将超过现在的两倍（见图 10-1）——大约从 20 亿增加到 50 亿，如果轨道通信或平流层通信等解决方案变成现实的话，那么这个数字很可能会达到 70 亿。这就意味着，将会有 30 亿“新人”参与到全球对话中来（这个群体在《富足》一书中被称为“崛起中的 10 亿人”）。其次，支持众包的通信技术也是呈指数级发展的，过去“单薄”的窄带数据连接已经变成了现在无处不在的宽带连接。跨国专业服务公司普华永道（Pricewaterhouse

> KEY WORD
> **|指数型大众工具|**
> exponential crowd tool
> 指让我们每个人都能利用大众力量的工具。

Coopers）估计，到 2017 年末，移动（宽带）互联网服务的普及率将达到全世界人口的 54%（见图 10-1）。因此，众包正在变成一种“超级连接的”和“超级快速反应的”事物。再次，或许也是最重要的，在本书第一部分中讨论过的所有的指数型技术开始变得更加便于大众接触和掌握了，这更进一步增强了这个“超级连接的”和“超级快速反应的”众包力量。当然，这就意味着，你现在可以利用来支持自己的人已经比以往任何时候都更有能力了。

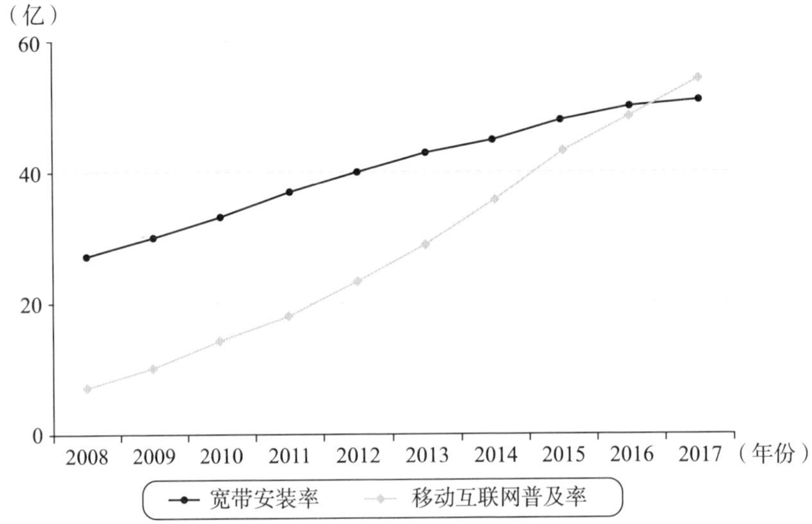

图 10-1　互联网普及率：崛起中的 10 亿人

资料来源：http://www.pwc.com。

不过，在我们更详细地讨论众包之前，还是先简单地介绍一下本书第三部分的整体安排，这有利于我们在一个更大的背景下理解众包的作用。在本章中，我们将对众包进行更加深入的探讨，以便让读者理解，为什么任何你想要做的事情都能够通过一些由大众驱动的平台来完成。我们同时也将开始理解，为什么众包能够如此完美地发挥作用。不过，至关重要的是，你将明白你如何才能以最有效的方式利用它。此外，考虑到你也可能希望创建你自己的众包网站，我将会介绍一下众包平台的创始人在创造他们自己的众包平台时所面临的挑战以及我们可以从他们那里学到的经验教训。最后，如果你对利用现有的平台感兴趣，我将向你介绍一些为指数型企业家量身定制的、能够提供最强大服务的众包网站。

接下来，在第 11 章中，我们将把目光转向众筹，它是适合于今天的企业家的最强大的融资工具之一。在这一章中，我们将为你深度综述这一部分内容，并且一步一步地指导你去挖掘它的潜能。然后，在第 12 章中，我们将会看到如何构建一个充满激情的、坚定的、有力的指数型社群来支持和促进你最大胆的想法。最后，在第 13 章中，我们将讨论如何创办激励性大奖赛。激励性大奖赛是一个强大的指数型工具，它能够让你利用人类的基本动机（渴望竞争）从根本上加快创新，从而为企业家应对重大挑战提供一个特别有效的机制。

在这里，我们有必要暂停一下，以便更加深入地探讨如何应对重大挑战这个问题。直到最近，对大多数普通人来说，许多重大挑战仍然都是不折不扣的“禁区”。解决重大挑战必然涉及规模问题，而在以往，要达到一定规模从来没有免费的途径。从历史上看，要变得强大、要获得规模，意味着要押下投入巨额资本和等待几十年时间的重注；它也意味着需要许许多多的人才，需要准备好雇用这些人才所需的基础设施，还意味着随着技术变革，需要留住人才并更新他们的知识。但是到了今天，随着适合于今天的企业家的一系列指数型大众工具的出现，整个“竞技场”已经发生了根本变化。今天，令许多人难以置信的是，要发挥规模化的力量，无非是鼠标轻轻点击几下而已。

为了更加有效地讨论所有这些指数型大众工具，在整个第三部分的每一章中，我们都将采用我们在上文中介绍 3D 打印技术时曾经采用过的模式。首先，我们将分析每一种指数型大众工具的过去、现在和未来：它在过去的发展历史、它当前的状态，以及它在未来的潜力。接下来，我们将来深入探讨三个典型案例，看看其他企业家是如何利用这些指数型大众工具来解决重大问题的。而且，每一章的最后一节，都将包括一个非常实用、非常具体地告诉读者“如何去做”的实施指南。我们这样安排的目的是，让任何一个读者在阅读完一章后，立即就能够将学到的东西应用到实践中去。

为了收集本书第三部分各章的实施指南所提供的这些建议，我的团队进行了长时间细致的研究，他们对 100 多名顶尖的平台提供商进行了访谈（他们就是站在这些大众驱动的公司背后的人），并且与这些平台的所有最顶级的用户进行了对话。这些用户就是指数型企业家，他们已经利用各种众包工具成功地解决了一些大胆而重要的问题。我们还对大量网络文章和媒体报道进行了精细的分析，萃取出最关键的经验和洞见。最后，在写作本书的这段时间里，我本人有幸成了“第一个吃螃蟹的人”；也就是说，我已经将本书中提出的许多建议付诸实践，把它们放在我自己的公司里进行了检验。综上所述，我衷心希望，本部分阐述“如何去做”的这几节真的能够成为一本引导人们做大做强、创造财富和影响世界的用户指南。

Freelancer，按小时出租的技术人员带来的量子力学革命

风起于青萍之末。那是在 20 世纪末期的某一天，马特·巴里（Matt Barrie）被激怒了。巴里是一名风险投资家，也是一位拥有丰富的信息安全专业知识的企业家，当时他正在筹建一个网站。他亲自编写了代码，需要雇用一些人，做一些基本的数据录入工作。其实，他的工作任何人都可以做。他提供的工资是相当可观的：他愿意按每行两美元的标准给朋友的弟弟或妹妹支付报酬。但是这些人总是不时去参加足球训练，或者去参加考试，效率极其低下。整个过程持续了好几个月，但是事情却完全没有做成。

> “这种状况令我非常沮丧，”巴里回忆道，“于是我在一个名叫 Get a Freelancer 的网站上发了一个帖子。三个小时后，当我回到电脑前时，收到了 74 封愿意承担这份工作的人发给我的电子邮件，他们的要价从 100 美元到 1 000 美元不等。我雇用了一个越南的团队，他们在三天内就完成了这项工作。真是太好了。而且在任务完成之前我不需要预先给他们支付报酬。整个过程非常让人兴奋。”

巴里这段亲身经历给了他很大的启发。此后，巴里开始收购现有的外包公司。他首先收购了第一次使用的 Get a Freelancer，接着又收购了 Scriptlance 和 vWorker，后来又很快收购了另外 7 个外包网站。然后，巴里把这 10 个网站合并成了 Freelancer。不久之后，Freelancer 迅速发展成了该行业中的巨头。有关的数字无疑是震憾人心的：在不到 6 年的时间里，该网站已发展到拥有 1 000 万个用户的规模,并已成为了世界上最大的自由职业者的"市场"。在该网站上，已经发布了 540 万个工作岗位，工作总价值达到了 13.9 亿美元。它拥有来自全球 234 个国家和地区的成员，约有 75% 的工人来自美国之外，特别是像印度、巴基斯坦、孟加拉国、菲律宾和中国这样的国家。"这是一个非常、非常长的名单，"巴里说，"只有约 25% 的招聘信息来自大型公司。绝大多数招聘信息都来自于个人或小型企业。"

揭开它的神秘面纱，我们发现，Freelancer 实际上从事的是连接性质的业务，即把现有的两种类型的企业家"撮合"到一起。对此，巴里这样解释道："一方面，我们拥有无数身处发达国家、资源不足、经营小型企业的企业家。他们没有很多钱，也没有很多时间，但是他们拥有想法。另一方面，我们还拥有无数身处发展中国家的另一类全新的企业家，他们是服务的提供者，他们帮助把这些想法变为现实。"

> 活跃在 Freelance 上的这些专家们与传统的专家有多大的不同呢？"在网站上，许多人在晚上从事兼职工作，"巴里说，"因此我们要讨论的并不是那些水管安装或害虫防治这样的工作。我们要谈论的是你所能想象的任何工作。我们网站上的很多人都拥有博士学位。我曾经看到过，我们网站上的专家很好地解决了量子物理学领域和航空航天领域的疑难问题。从宏观的角度来看，自由职业者是这场席卷整个发展中国家的经济革命的真正先锋，因为人们现在一觉醒来后就可以说：'嘿，我想在这个非常有利可图的领域里做一些技术工作。也许在本地没有工作岗位，但是现在我可以在全球客户的基础上工作，并且赚得非同一般的收入。'"

这意味着，利用 Freelancer 网站，企业家能做的不仅仅是外包工作——你实际上可以在它的基础上创建一个企业。来看看巴里的业务合作伙伴西蒙·克劳森（Simon Clausen）吧。克劳森是澳大利亚最顶尖的科技型企业家之一。当克劳森创建了他自己的杀毒软件公司 PC Tools 时，他是通过将他的第一个杀毒软件众包出去开始的——他为这个程序支付给印度的一家公司 1 000 美元。这真的奏效，公司就这样运作了起来。在卖给赛门铁克公司（Symantec）之前，PC Tools 每年的收益额已经达到 1 亿美元。

巴里很好地总结了众包的发展潜力："今天你可以找一个人去替你分析数据，完美地把一些数字和图表整合到一起；你还可以让别人帮你鼓捣数字，完成数学建模。一切都可以完成得像你所想象的一样精致。到未来，你唯一的限制就是你自己的想象力。"

BOLD
指数级成长的智慧
HOW TO GO BIG, CREATE WEALTH, AND IMPACT THE WORLD

《纽约时报》专栏作家托马斯·弗里德曼（Thomas Friedman）则这样说："现在，如果你拥有一个好点子，那么你可以在中国台湾找个设计师把它设计出来，然后你可以在中国大陆把它的原型制造出来，接着你就可以在越南进行批量生产了。通过 Freelancer，它们就是你的办公室，你的厂房，你的企业，等等。我的意思是，真的，现在你完全有机会成为这样的一个人了：怀揣几千美元，一个人坐在房间里，利用信用卡支付，就能够创办一个价值数百万美元的公司。"

Tongal，价格只有原来百分之一的天才电视广告

在某种程度上，我所居住的洛杉矶有点儿像一个"公司之城"，当然，好莱坞就是那个"公司"。因此，几乎在洛杉矶的每一个咖啡厅、汽车站都挤满

了编剧、制片人和导演。高度集中的人才，高清的摄像机，功能强大的编辑软件，当所有这一切全都结合到一起之后，仅靠你自己一个人，便能够掀起一场视频生产革命了。

“一切从你的利益出发”，在这方面没有谁比 Tongal 做得更好了。Tongal 是一个众包平台，它能够帮助你创建数字电视级的视频广告或电视广告，但是价格却只是传统方法的 1/10，速度也快 10 倍，其可供选择的内容的数量也比通过标准流程多 10 倍。与 Freelancer 一样，Tongal 也是在沮丧中诞生的——只不过在本案例中，觉得非常沮丧的那个人是詹姆斯·德朱利奥（James DeJulio）。

德朱利奥是在投资银行开始他的职业生涯的，但是他很快就意识到金融界并不是适合他大展宏图的舞台，因此他决定尝试进军好莱坞。像很多天才型和高素质的人一样，德朱利奥开始时也一直在最底层挣扎。“我简直不敢相信工作如此难找，而且收入如此微薄。”他后来回忆道。

德朱利奥最终在派拉蒙影业公司（Paramount）的制作部找到了一份工作，在那里他发展得相当顺利，一路晋升，最终成为副总裁。他是《十日拍拖手册》（*How to Lose a Guy in 10 Days*）和《光影留情》（*The Kid Stays in the Picture*）等大受欢迎的影片的制片人，但是他很快便感到厌烦了。他对好莱坞越来越失望，一如他对金融机构的想法。“我很失望，有那么多非常好的想法从未得见天日，一小撮人严格地控制着所有创意性的工作，多少有才能的人无法进入这个系统。”德朱利奥如是说。

后来的事实证明，《达·芬奇密码》（*The Da Vinci Code*）是德朱利奥一生中的转折点。在丹·布朗（Dan Brown）的这本书成为超级畅销书之前，德朱利奥的老板曾经拿到过这本书的预读本，并且请德朱利奥看了一下。“我读完了它，我认为这是一本真正引人入胜的书，我把书还给了我的老板并且对他说：‘这本书真是太让人激动了，我们制作室应该把它拍成电影。’”但是制作室却把它交给了另一个人，那个人觉得这本书“没有真正的娱乐价值”。那年夏天，当美国的每个人都在阅读这部惊悚小说时，德朱利奥觉得自己必须找到一种更好的方法。

也就是在这段时间里，他无意中碰到了众包软件公司 TopCoder 的创始人杰克·休斯（Jack Hughes），休斯让德朱利奥意识到，TopCoder 所采用的那种分散式的、利用大众的力量去帮助各个公司满足它们对软件需求的方法，在好莱坞也同样是行得通的。

> “我开始考虑我们如何才能颠覆影视制作这个行业，也就是说，我们可能以一种非常不同的、基于激励的方式去冲击视频内容的创建过程，”德朱利奥说，“因为有那么多人都至少拥有一个高清摄像头和一台平板电脑，而且他们都是真正想从事这项工作的。”

德朱利奥并没有夸大其词。在今天，Tongal 的自由职业者库里包括了 4 万多名创意人员，他们的主要工作是进行短片视频和广告的制作，他们已经为一些大品牌如联合利华、乐高、品客薯片以及高露洁制作了相当多的内容。他们这种方式速度更快，更有创造性，并且比传统方法更具成本效益。

> “大品牌通常会将它们媒体预算的 10%~20% 用于创意活动上面，”德朱利奥解释道，“因此，如果它们有 5 亿美元的媒体预算，那么就会在创意活动上花费 5 000 万美元到 1 亿美元。他们能够利用这些钱拿到 7~10 个创意内容，获得这些创意得花一段较长的时间——6 个月、9 个月，甚至 1 年。根据这个预算和时间表不难看出，大品牌实际上没有多少空间去进行创造性的活动。”

相比之下，Tongal 的流程却完全不同。一般来说，Tongal 的流程是这样的：如果一个品牌想要众包一个商业广告，第一步是进行“悬赏”——从 5 万美元到 20 万美元不等。然后，Tongal 把这个项目分为 3 个阶段实施：构思、制作和发布。Tongal 让创意者利用他们的特长（写作、导演、动画、表演、社会媒体推广等），集中精力做他们最擅长的事情。

在第一个阶段——构思阶段，客户提交一份文稿，对自己想要达到的目标进行一番简要的描述。Tongal 的会员们阅读了这些简短的描述后，就把最好的想法写出来提交上去，篇幅为大约 500 个字符（即大约相当于 3 条 Twitter 简讯），然后客户从中挑选出他们最喜欢的几个构思，并且为这些赢家支付一小部分费用。

接下来是制作过程。制作者选择其中一个获奖的构思，根据它进行制作，并把制作好的作品提交上去。Tongal 再从中选出一些"获奖作品"，被选中的作品的制作者可以获得一些资金，但是，有资格参与这一阶段的，并不只限于那少数几个获奖的制作者。Tongal 允许任何人提交任何一个"外卡"视频。最后，赞助商会选择他们最喜欢的视频，获奖的制作者会得到报酬，获奖视频则向全世界发布。

按传统流程制作时，大品牌的公司只能得到 7~10 个创意内容，而且必须等待相当长的一段时间；相比之下，Tongal 的比赛机制在构思阶段就能够平均产生 422 个想法; 接着,在视频制作阶段一般能完成大约 20~100 个视频作品。这是对投入的时间和金钱的巨大回报。

> 有才的人和好的品牌都能够通过 Tongal 获得持续的发展。"在开始的时候，"德朱利奥说，"在 Tongal 社群工作的大多数有创造力的人都是业余爱好者，他们本来就是在制作互联网内容的过程中长大的。但是，由于我们的奖金稳步增加，我们开始看到了一些才华横溢的人。这些人原来都在传统广告行业工作，如今都被我们的平台吸引过来了。随着 Tongal 所制作的内容越来越好，一些品牌也在网络上投入了更多的资金。这是一个非常积极、自我增强的循环。现在，一般来说，一个品牌只需付出 5 万美元或者 6 万美元的奖金，就可以得到一系列创意和作品，但是，如果通过传统机构来获得这些成果，却通常需要付出数百万美元。"

那么，由此而得到的作品到底有多好呢？是否已经好到足以把它放到美国橄榄球超级碗大赛期间播放呢？ 2012 年，Tongal 接到了一个 2.7 万美元的任务，为高露洁棕榄公司的止汗香体创作一个30秒的数字（互联网）平台广告。最后制作出来的广告是如此之好，以至于高露洁棕榄公司把它放到了人们梦寐以求的超级碗比赛期间播放。事后，根据《今日美国》（*USA Today's*）的统计结果，这个广告在总共60个广告中排在了第24位，远远超过了其他30多个通过传统方式制作出来的、预算额整整高出了500多倍的广告。超级碗的电视观众估计超过1.1亿，而且在YouTube上，这个止汗香体的商业广告被点击将近120万次了。这2.7万美元的投资实在是太划算了！

reCAPTCHA，两用众包

在外人看来，卡内基梅隆大学的计算机科学家路易斯·冯阿纳（Luis von Ahn）无论从哪个角度来说都是一个成功人士，但是他对自己却并非完全满意。早在2000年，冯阿纳就已经是发明“全自动区分计算机和人类的图灵测试”（CAPTCHA）团队的成员之一了。这是一种图形文字验证码，目的是把我们人类与机器人区别开来。现在这种技术已经得到了广泛应用：我们必须把一些扭扭捏捏、东倒西歪的字符重新输入一遍才能登录某些网站。验证码无疑是一个巨大的成功，但是困扰着冯阿纳的也正是验证码的成功。

> “问题在于，”冯阿纳说，“全世界的互联网用户每天都要往电脑中输入大约两亿个形状古怪的验证码，你每输入一个验证码至少要浪费大约10秒钟。如果你把这个数字乘以两亿，这意味着全人类每天都要浪费大约50万个小时去填写这些恼人的验证码。”

因此，冯阿纳开始思考这样一个问题：是否可以找到一个更好的方法来充分利用这些时间和精力，也就是说，能不能把这被白白浪费掉的10秒时间用到实际工作中去。“假设存在某个很庞大的任务，”冯阿纳说，“它只有人类才能完成，而不能借助于电脑自动完成，而且可以被分解成一个个10秒钟的小任务，那么又会怎样呢？”这个思想促发了reCAPTCHA的诞生，这是一个具有双重目的的网站，既可以用于区分机器人与人类，同时又有助于将图书数字化。

我们将图书数字化的传统方法通常是这样的：首先把图书逐页逐页地扫描进计算机，以图像形式存储起来，然后运行某种光学字符识别程序，将这些图像转变成单词和文本。这无疑是一项工作量非常大的工作，而且在很多情况下，将图像转化为文本的效果并不好。最大的问题出现在处理一些古旧图书时，尤其是那些页面已经泛黄的图书。平均而言，一本写于 50 年前的图书，电脑只能识别出大约 70% 的文本。那么剩下的 30% 怎么办呢？我们可以求助于 reCAPTCHA 来完成。当电脑无法识别某个单词时，它便把它当作一个验证码发送出来。这也就意味着，下一次，当你把那些乱七八糟的字符敲进你的电脑的时候，你实际上正在帮助建立数字化图书馆。当然，有了这么多人的参与，这项工作就完成得非常迅速了。冯阿纳用众包平台每天都能够数字化超过 1 亿个单词，这相当于每年将 250 万本书数字化。

而且，冯阿纳并没有就此止步。“我开始思考如何将网页翻译成每一种主要的语言。这是一个非常重要的问题。有超过 50% 的网络页面是用英文写的，而世界上说英语的人口不到 50%。”

> 但是，怎样才能把大半个互联网都翻译成世界上每一种主要语言呢？“你不可能利用 50 个或 100 个翻译人员帮你完成这个翻译任务。但是，如果我们能得到更多人的帮助（比如说，1 亿人），也许就可以把网页翻译成全世界所有主要的语言了。这是一个好主意。但是，你如何才能激发这些人免费参与这项工作呢？毕竟，你不可能给 1 亿人支付报酬。或者，即使我能够向他们支付报酬，但是我们这个世界上并没有很多会说两种语言的人。”

就在这个时候，冯阿纳和他的同事忽然有了另一个关于“双重用途”的想法，他们意识到，他们可以在教一些人学习语言的同时，让他们来参与这项翻译网页的工作。“在任何一个时间点上，”冯阿纳说，“全世界都有大约 12 亿人正在学习外语。我们有这么多东西需要被翻译出来，那么为什么不能让这些正在学习外语的人帮我们把这些东西翻译出来呢？”

这就是 Duolingo 的诞生过程。它既是一个语言教育网站，又是一个真正有效的翻译游戏。“毫无疑问，它获得了巨大的成功，”冯阿纳说，“在 Duolingo 上学习外语的人，同时也在做一些翻译练习。但是，因为他们翻译的都是真实的内容（比如，《纽约时报》上的文章），这种翻译练习的性质就与一般的翻译练习有了很大不同，因为人们的积极性是被内容的质量所激发的，这正是最有意思的一点。由于在翻译每个内容的时候，我们都利用了多个来源，因此我们得到的结果与那些专业翻译所完成的一样精确。”而且，非常非常便宜。

例如，现在，维基百科只有 20% 的内容是用西班牙语写成的。如果你按通常的流程聘请专业人士翻译，那么将剩下的 80% 的内容翻译成西班牙的成本大约为 5 000 万美元，而且肯定需要很多年才可能完成这项工作。但是，利用 Duolingo 网站，我们却可以免费地完成这个任务——利用大约 10 万个用户，大概只需要 5 个星期的时间就可以了。这确实是可以实现的，因为截至今天，该网站已经拥有了大约 30 万名用户。

因此，Freelancer 和 Tongal 这两个案例研究的目的是探讨那种能够为今天的企业家提供非同凡响的众包平台的不同形态，而 reCAPTCHA 和 Duolingo 这两个案例研究的目的则有所不同，它们是另外一种众包平台的例子。它们是既能赚钱，同时又能让这个世界变得更加美好的众包平台，大胆创新的企业家肯定会对这种众包平台深感兴趣。

众包实施指南

众包是一个多样化的、不断发展的领域，每天都有更多的新的应用程序被创造出来。因此，在我们深入探讨这个领域的先行者留下的经验教训之前，首先需要让读者对“众包究竟是如何进行的”这一问题有一个更加清晰的认识。因此，在这一节中，我将分 4 个部分来介绍最常见的利用众包的方法，并且对每一种方法都分别给出一些简短的解释。

众包任务

任务就是工作。众包任务就是让身处某地的某个人为你工作。在大部分情况下，你只需要为你喜欢的结果支付报酬。而在另一些情况下，你可以指定你愿意为每个任务支付多少报酬，或者，你也可以让大家在众包市场上为你提供的任务展开竞争。在这个意义上，众包任务可以划分为两种基本类型：微观的和宏观的。

微观任务是指那些小型的、界线明确的工作模块。我们可以用一个微观任务来独立地解决一个小问题，也可以将许多个微观任务组合到一起，用来解决一个更大的问题（例如，reCAPTCHA）。这意味着，当我们进行众包时，首先需要回答的一个最重要的问题是，这个工作是否能够分解成更小、更简单的单元。如果可以，那么能够被界定和分包的最简单的微观任务是什么。例如，前一阵子，我想搞清楚这样一个问题：在过去的 60 年里，《时代周刊》杂志的封面文章是否变得更为消极了。刚开始的时候，我让我的行政助理把 1945 年以来的《时代周刊》杂志所有封面文章分成积极的、中性的或负面的三类。经过一天的工作后，她几乎毫无进展。这时候，我决定把目光转向大众：每完成一篇文章的分类，我就支付 0.05 美元的报酬。很快地，我就得到了《时代周刊》杂志全部 65 年封面文章的标题，总计大约有 3 000 个条目，而花的钱却不到 200 美元。

我是利用亚马逊公司的土耳其机器人众包平台（Mechanical Turk）来分析这些封面文章的。虽然土耳其机器人对于那些更复杂的工作并没有多大用处，但是对于那些比较简单的任务，它却能够非常快速地完成。在这个众包平台上，收集和分类任务通常很受欢迎。比如说，收集红色卡车的照片，撰写产品的描述，或对数以千计的推文进行"情绪分析"。请求者（你）在网站上发布任务——这种任务被称为人类智力任务（human intelligence task，简称 HIT），而工人们（被称为提供者）则浏览网站上列出的任务，从中选择某个任务来执行，完成任务后获得报酬。

我以前经常使用而且收效很大的另一个微观任务网站是 Fiverr。这是一个提供微观任务的在线市场，起价很低，仅为 5 美元。它典型的服务包括画外音、动画、工艺品、宣传视频和艺术品。这个网站上的产品稀奇古怪、无所不包，例如，“我将在加拿大的多伦多为你打印和分发 500 份传单，要价 5 美元”或者“我以我自己的漫画风格为你画一幅画像，要价 5 美元”。你可以浏览你感兴趣的网站服务，或者可以发一个请求。我曾经花 5 美元把我自己的手绘素描变成了一幅巨大的数字艺术品。

与上述的微观任务形成鲜明对比的是宏观任务，它是指这样一些工作：不能被分解；可以独立完成；需要某种特定的技能或思维过程；能被添加以及依赖于已经完成的工作；可以利用一个零散的、固定的时间来完成。有许多不同的公司允许你众包宏观任务，上述提到的 Freelancer 就是其中最大的一个公司。

> 我们一定不能忘记 Freelancer 创始人巴里对这类众包网站可以完成工作的多样性的强调：“因此我们要讨论的并不是那些水管安装或害虫防治这样的工作。我们要谈论的是你所能想象的任何工作。我们网站上的很多人都拥有博士学位。我曾经看到过，我们网站上的专家很好地解决了量子物理学领域和航空航天领域的疑难问题。”

众包创造性资产／营业用资产

资产是能为你和你的业务提供价值的任何东西——也就是说，应用程序、网站、视频、软件、设计、算法、营销材料、实体产品、机械和技术计划等，所有这一切全都是资产。为了理解如何众包资产，我把资产分成两个不同的类别：创造性资产和营业用资产。

创造性资产包括各种基于设计的资产，例如，商标、视频、网站设计、CAD 模型、营销计划和广告计划，等等。在前面的章节中，我已经提到过了我最喜欢的两个创造性资产开发网站：Tongal 和 99 设计。前者能够在数个星期内（而不是在几个月内）为你制作出一个电视广告或者互联网广告，费用却只有行业平均水平的1/10；后者则可以提供众包平面设计（标志、应用程序、web页面、图表、博客，等等）。我曾经多次使用99设计，发现这里的“大赛”通常能够产生25～400个创意（具体的数量则依赖于你设定的奖金数额）。更加令人欣喜的是，如果你一个都不喜欢，99设计将会全额退款。

营业用资产，指有效地经营业务所需要的、除了创造性资产之外的所有东西。例如，如果你正在管理一个软件公司，那么营业用资产就包括算法驱动软件、数据库架构和服务器实现、技术设计、模型、能够把交易流程和客户获得策略组织起来的框架，等等。你可以利用许多公司来将你创建营业用资产的任务众包出去。事实上，这样做正是成为一个数据驱动的、指数型组织的关键之一。

在这个方面，一个很好的例子是TopCoder。你可能已经听说过编码马拉松这个活动了——这是一种神秘的比赛，程序员们通过相互竞争来看看谁能在一个星期内设计出最佳的软件。好，现在利用TopCoder，你就能够利用超过60万名开发人员、设计师、数据科学家了，他们会一起进行设计竞争，目标就是为你创建一个解决方案。像软件和算法开发这样的领域，解决同一个问题存在着很多方法，提交多个方案能够让你对各种性能指标进行比较，并且选出最好的那个方案。

让我们再来看看Gigwalk吧，这是一个众包信息收集平台，你只需支付小额报酬，就可以激励大家（即任何一个拥有Gigwalk应用程序的人）在某一个特定的地点和时间来完成一个简单的任务。德勤咨询公司的主管马库斯·辛格勒茨（Marcus Shingles）指出，“在零售业和消费品行业，众包平台正在迅速被采用”。

任何一个零售商和消费品制造商，都不得不面临一个重大挑战，那就是，如何获取有关它们的产品的销售情况、流通情况和定价情况的重要信息。需要保持多少库存产品？店内促销的价格合理吗？展示和促销的标牌合适吗？竞争对手产品的销售情况如何？这些都是非常关键的数据，从这些数据中，可以提炼出一些非常重要的趋势性的“洞见”；零售商和制造商可以使用这些洞见来优化库存、开展促销活动、制订整体营销策略。让店员去获取这些信息不一定符合成本收益原则，派制造商的销售代表到每个商店去“巡视”也并不一定总能奏效。然而，通过众包平台却能够把每一个消费者的信息都利用起来。只要给消费者非常小的报酬，比如说 5 美元，他们就会花上 5 分钟的时间拍一张货架上商品的照片，这样，零售商和制造商只需要花 5 分钟的时间就能够收集到所需要的某个特定的数据点了。我们对数千个发布在网络上的任务进行了统计，结果表明，平均而言，大众会在不到一个小时的时间里就给我们提供有关的数据，每个请求的报酬为 5~8 美元不等。这些数据随后就被反馈到零售商和制造商的运营系统中；然后零售商和制造商就可以利用数据可视化技术来分析这些信息，并及时做出决策。

当然，在这个指数时代，我们“生产”出了比以往任何时代都要多的数据。不幸的是，并不是每个人都知道如何从这个数据洪流中梳理出有价值的见解。赶快进入像 Kaggle 和 TopCoder 这样的网站吧。这两个网站都是众包和数据挖掘的竞争平台，它们允许你先确定一个目标或期望的“洞见”、设定一个奖金额度，然后上传你的数据，再接下来，你就只需看着一大群（确切地说，是成千上万个）数据科学家相互竞争就行了，他们会找出最好的方法来对它们进行整理归类。最终，找到最佳算法者获胜。奖励方式通常多种多样，从纯粹的荣誉（即分文不费）到数千美元（通常来自于大公司）不等。

任何一位指数型企业家都必须依赖于数据优势，形势已经不容许他们做出其他的选择了。对此，德勤咨询公司的首席创新官安德鲁·瓦斯（Andrew Vaz）解释道：“当大数据颠覆了传统的计算和分析工具时，人工智能和大数据的结合将会导致创新思想的‘军备竞赛’。在这种情况下那些能够利用这些新兴技术的个人和组织将占据极大的竞争优势。”

以众包方式测试和发现“洞见”

无论你从事什么行业，洞察力都是无价之宝。深刻的洞见能够为你的公司塑造全新的目标和经营方式，极大地提高公司绩效、优化组织架构；或者，换一个角度来说，它们意味着某种反直觉的观念，能够为你揭示一些隐藏的数据，从而帮助你形成超越你的竞争对手的战略优势。洞察力或“洞见”也是可以众包的。在这里，存在着两个主要的变体：“洞见”的检验和“洞见”的发现。

“基于检验的洞见”（Testing-based insight）通常来自对现有的假设和当前的最佳实践的检验或测试，它包括调查研究、A/B 测试、典型抽样、客户反馈、案例研究和小组讨论等。在进行检验时，应该集中询问某个方面的特定问题，在此过程中，你可以随意地利用数据或资源以拟定合适的问题。

例如，如果你从事的是软件开发行业，那么你肯定很清楚，要完成对你的软件的测试，可能是非常乏味、困难和耗时的。由于不允许出现丝毫的差错，所以在产品正式投放市场之前你必须尽你所能找出所有错误。不过，现在这已经不再是一个棘手的问题了。uTest 为你提供了一个庞大的、能够帮助你对自己的程序进行功能测试、可用性测试、本地化测试、负载测试和安全性测试的“专业测试人员”社群。通过利用大众的力量，并参照来自先前测试的数据，他们能够优化和简化整个过程、降低成本，同时还能够减少用户波动率，并且提升功能，当然也能够加快上市的时间。

大量创意人员也已经参与到这个洞见游戏中来了。我们不妨以 ReverbNation 为例稍作说明。这是一个音乐传播、发行和众包测试平台。假设你是一名有抱负的音乐家，现在，你自己创作了几首歌曲，但是在把钱花在付费广告或其他方面之前，你想先看看是否有人真正喜欢你的音乐。ReverbNation 网站可以帮你实现这个目标。这就是说，你可以在把你的歌曲真正投入市场之前就让专家和乐迷来对它们进行“评级”和“审查”了。

另一种众包洞见的形式是对“基于发现的洞见”（discovery-based insight）的众包。很多众包都可以归入这一类。例如，你可以问大众，他们对某一个特定的问题有什么解释。例如，在天才（Genius）上，你可以请求大众诠释歌词的意义。在 Kaggle 上，你可以发布一个问题，然后它的社群成员们就会提出一些原始算法，用来解决这个问题。更简单地说，你可以为大众提供一个平台，让他们提出自己的想法和创意。Quirky 利用它的创新网络所做到的、Threadless 利用它的 T 恤衫大赛所做到，就是这样一件事情。

基于发现的洞见这种众包，最简单的形式是直接问大众一个问题，然后注意观察，等待最佳的解决方案、设计和发明浮现出来。在这里，我可以举我自己亲身经历的一个例子。2014 年春天，在为再版的《富足》平装本做准备的时候，我请大众帮我找到一些有关富足的新的证据，这样我就可以把它们放进附录中。结果，无数的人都用电子邮件把他们搜集到的数据、图表和图片发到了我提供的邮箱中。大家的反响非常强烈，为我们提供了大量可以证明人类正大步走在通往一个富足世界的道路上的证据。

至此，你对众包应该已经有了一个全面的认识。需要注意的是，只要有新的参与者进入、只要有新的人工智能技术涌现出来，这个领域就会发生重大的变化。因此，接下来我将为你介绍一些值得访问的新的行业网站，这些网站一直保持了鲜明的特色，并且能够跟上时代的步伐。

AbundanceHub.com，这是我创办的一个网站。在这个网站上，我会发文章讲述我自己的经历，上传我自己学到的经验教训（成功的、实验性的、失败的），并与那些致力于在为自己创造财富的同时创造一个富足的世界的企业家一起工作。AbundanceHub 的内容将由 Abundance360 社群推动更新。这个社群的成员都是胸怀壮志的企业家，而且我已经承诺将在这个社群连续担任“教练”25 年。

Crowdsourcing.org，这是众包行业最领先的平台，上面包括了与众包相关的一切资源。在众包世界里，它是最具影响力、最可信的权威网站之一。这个网站的运营者以深刻的行业分析、清晰而详尽的众包平台目录和公正的思想而著称。他们的使命是，为各众包平台的参与者、分析家、研究人员、记者、投资者、企业主、众包专家提供最完整与最全面的资源和信息。

Crowdsortium.org，这个网站致力于利用大众的力量，推动年轻的、不断演化的众包行业稳步向前发展。它能够帮助企业和组织发现、评估新的思想并付诸实施。其方法是：让大众在线协作，组织活动、聚会，并提供资源和指引。Crowdsortium 的创业者是众包行业的一群先行者，他们的使命是：通过实践、教育、数据收集、公开对话，推进众包行业。

实施众包的 12 个关键步骤

互联网上现在已经有了很多可以利用的众包平台了，它们每一个都拥有一些实质性的可以利用的资源。为了更好地实施众包，我们通过大量研究总结出了在几乎所有情况下都适用的 12 个关键步骤（见图 10-2）。

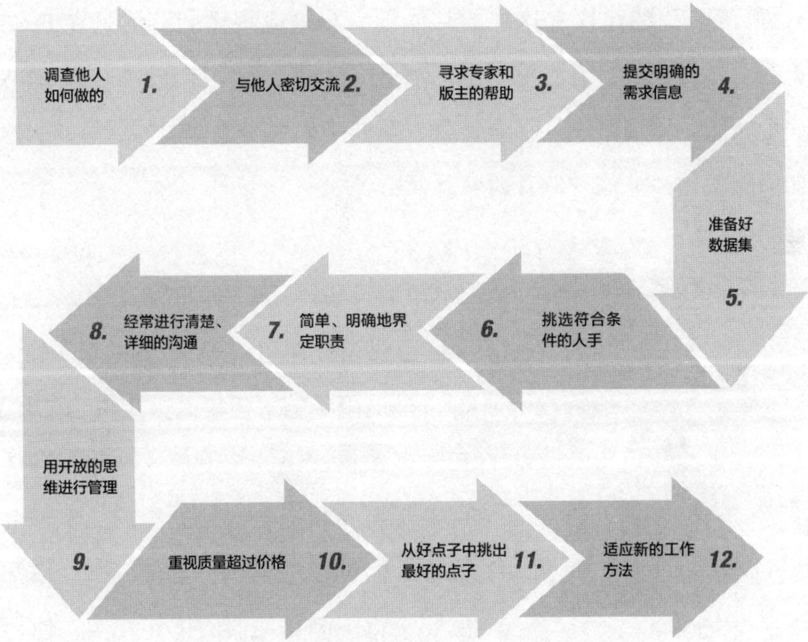

10-2 实施众包的 12 个关键步骤

步骤一 调查他人如何做的

今天，几乎你想要做的任何事情都可以在“线上”完成。仅仅在 Free-

lancer 这一个平台上，你就可以找到来自超过600 个学科领域的专家。有了这些众包平台，当你需要什么东西的时候，你无须遵照常规的过程，只要尝试着利用大众的力量就可以了，而且肯定能够完成得更快、更好，所付出的成本也更低。因此，非常重要的一点是，确定你所需要的大众，熟悉一些可利用的平台，然后选择那个正确的平台就可以了。“如果你想创办一个公司，从来没有这么容易过，也从来没有这么便宜过，”巴里说，“今天你要创建一个网络公司所需要的所有工具基本上都是免费的——例如，所有的软件都不用你出钱购买了：Linux、MySQL、网络语音协议、Gmail，等等。我的建议是这样的，你第一步最应该做的事情是在 Freelancer 上浏览一下各种项目，看看移动电话部分或者网站开发部分，抑或你感兴趣的任何一个领域，搞清楚别人在做什么，他们是如何表述他们的项目的，以及他们是如何付费的。从这种调查研究开始吧。”

步骤二 与他人密切交流

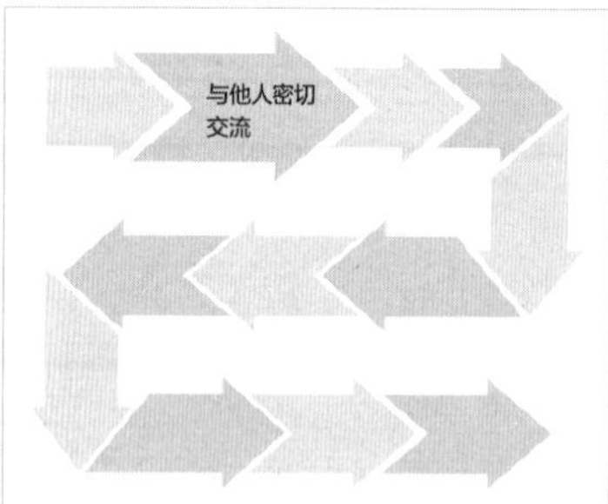

在做研究期间，我们收到的最一致的（或许也是最简单的）建议是：让自己忙碌起来。在大多数情况下，注册加入众包平台、在平台上发布项目，全都是免费的。来自世界各地的人们都在那里出价竞价。一旦你开始与他们交流，浏览他们的工作样本，他们就会给你带来一些想法。他们会告诉你，“嘿，我曾经做过类似的项目，你为什么不这样做或者你为什么不那样做”，等等。真的，在创业阶段所有的事情都是一样的，它实际上只不过是一个不断探索、不断地通过试错过程继续前进的问题。

步骤三 寻求专家和版主的帮助

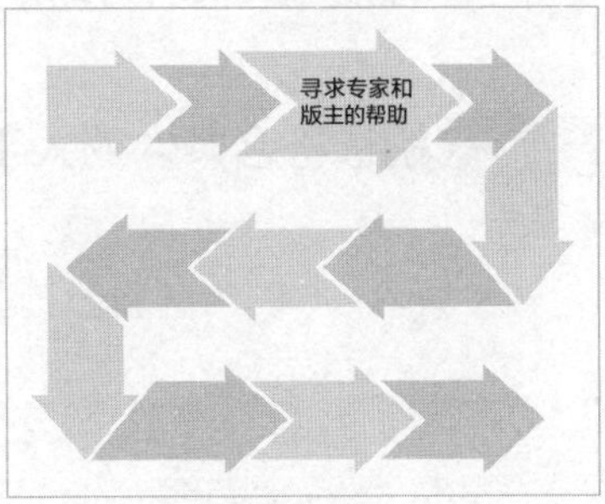

作为新手，最初几次利用众包平台完成众包项目可能确实是比较艰难的。每个平台都会有所不同，而且在所有这些平台当中，都包含着一些让人混淆的因素。进入某个平台后，你可能想得到针对该平台的特别指南，这时候，你可以向该平台的社群论坛寻求帮助。在看到你的求助后，专家和论坛的版主就会冒出来，他们可以告诉你许多窍门，并指导你完成整个过程，而且所有这些帮助都是免费的。

步骤四 提交明确的需求信息

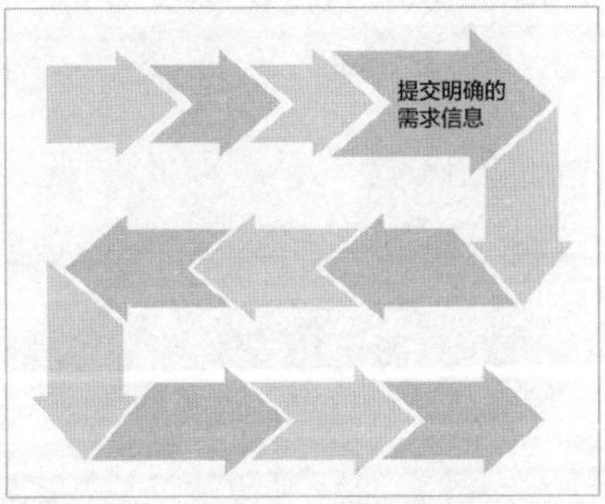

别指望大众会理解你的业务的核心理念。至关重要的是，把项目的具体内容和一些补充资料提供给大众，以便让那些需要更多背景资料的人查阅。把基础构建好非常关键，这意味着人们不必花太多时间去猜测你的需求，这样他们可以把更多的时间花在为你提供你所想要的东西上。

步骤五 准备好数据集

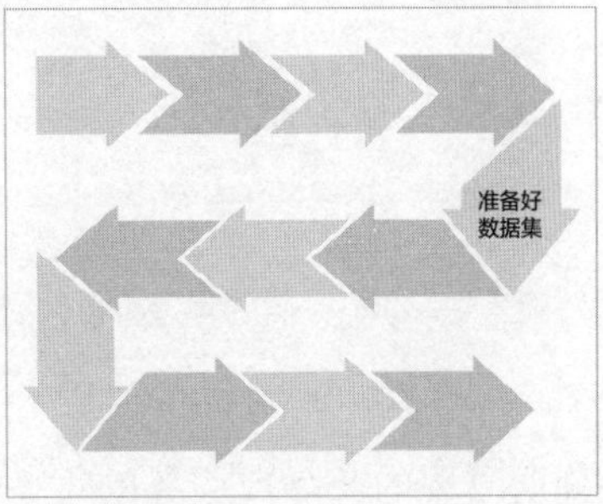

在众包那些非设计型的任务时，你通常需要准备一个供分析、分类使用的数据集。如果你没有一个经过完全格式化、立即可用的 .csv 文件，你也可以向大众寻求帮助。实际上，众包工人在大多数情况下也会把自己的项目众包出去，所以他们知道为整个流程准备数据的所有最佳方法。

步骤六 挑选符合条件的人手

不幸的是，众包确实也有可能会产生不理想的结果。最终结果的质量有的时候是无法令人满意的，因为众包也无法避免潜伏在网络上的骗子和滥竽充数者。不过幸运的是，只要挑选出符合条件的“工人”和值得信赖的“劳动者”，就可以帮助你避免这些问题了。至于如何挑选有资格的劳动者，你只需要先抛出一些报酬很低的且非常简单的任务，再看看他们完成这些任务时的速度和准确度就可以了。例如，如果你想要创建 100 个图形，同时可供你选择的众包工人也有十几个，在这种情况下，你就不要立刻选定某个图形艺术家，相反，你应该先拿出几张图来，要求他们先试做一下，以此来观察他们的风格和速度，然后再选择最好的那一个，把整个工作交给他做。这种快速的资格预审可以使你避免日后许多令人头疼的麻烦事，还可以帮你省下大量时间。

步骤七 简单、明确地界定职责

你想让大众在你的项目中扮演什么角色？界定得越清晰，结果就越好。如果你想要一个有创造性的解决方案，那么请你明确地告诉大家；如果你想要一个可行的解决方案，那么也请清晰明了地表达出来。模棱两可在众包中是最糟糕的。确保你自己已经把你所需要的产品或服务的每一个元素都彻底想清楚了，并已经做好准备，及时回答大众可能提出的问题。对于他们表达的担忧和表示不解的评论，你要积极做出回应。在众包过程中，这些都是不可避免的。

步骤八 经常进行清楚、详细的沟通

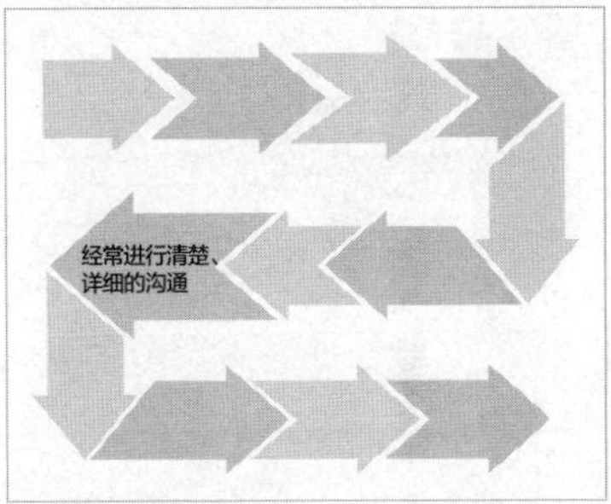

正如Freelancer的巴里所提醒的那样："千万不要忘记，你经常要与生活于地球另一端的人一起工作，如果你只写上短短的几个字，例如，'我需要建一个网站'，这可能意味着什么也没说。你对你所想要的东西描述得越详细（做出不同解释的空间越小），那么你得到的结果就越好。许多众包平台都允许你在发包过程中与大众沟通，你要选定一种沟通途径，经常与大众交流。这种协作策略对产生最好的结果是至关重要的。

步骤九 用开放的思维进行管理

考虑到之前的两点建议，这点建议似乎是违反直觉的，但是通常来说，众包的最好结果往往来自意料之外的视角。可以肯定的是，如果你正在处理一个微观任务，那么创造性思维并不受欢迎，但是对于一些较大的项目——比如说，在Tongal上众包一个视频——为了得到一个令你喜出望外的结果，你需要给大众留下足够的空间，他们会做到的。"不要去做意料之中的东西，"德朱利奥说，"尝试一些新的事物。允许大众提出大胆而疯狂的想法，它们有可能对你的品牌起到关键的补充作用。相信这个过程，不要试图重建你通常在做的东西。我们的目标是获得一些能够令人耳目一新的东西。"

步骤十 重视质量超过价格

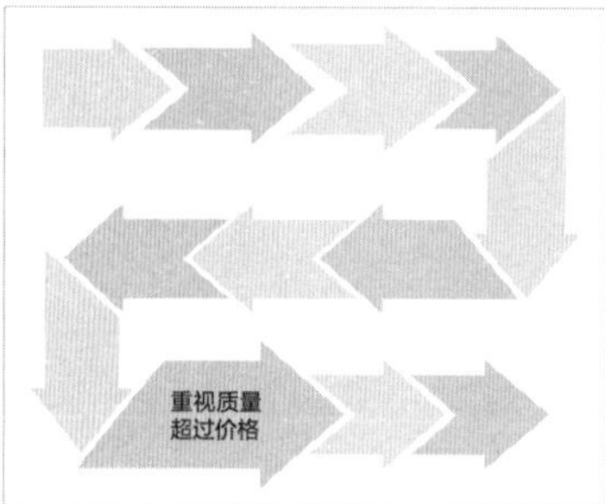

是的，众包的价格是比较便宜的，但是你不可能一分钱也不用花。举个例子，假设你正在99设计上举办一场设计比赛，如果你只愿意付出100美元，那么可以收到的设计方案的数量将大大少于你愿意付出199美元和299美元的时候。

对于这一点，巴里告诫我们："把你的预算范围写下来。这是一个自由市场。自由职业者会出价竞争项目，并告诉你他们想要得到多少报酬。或许是按小时计算的，或者也有可能是按固定的价格计费的。你可以浏览一下报价，但是最重要的是质量第一，因为价格本来就已经非常便宜了，你已经节省下了大量的成本。对于打算用有限的启动资金做些成绩出来的你来说，这已经给你带来了巨大的好处了。"

步骤十一 从好点子中挑出最好的点子

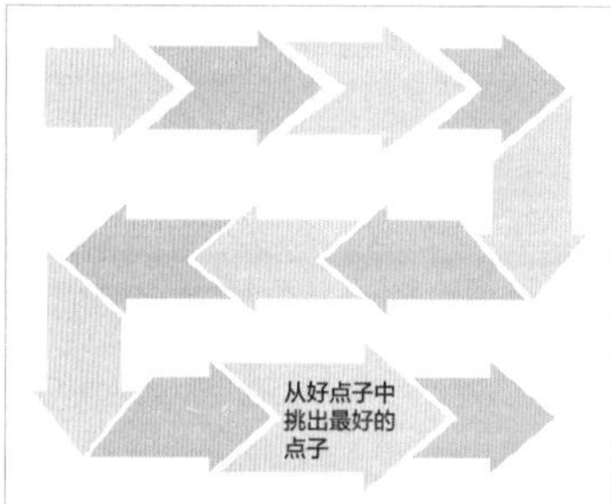

众包提供了一个克服经典的"没有足够好的点子"这个难题的方法。但是，众包也会给你带来困扰，不过那是一种幸福的麻烦：你会被大量的好点子所淹没。准备好接受这个好点子的"洪流"吧。你需要非常清楚你的大目标，但是同时也得保持开放的新思维。也就是说，你要大胆采纳通往你的大目标的新方法。这个点子"洪流"是众包的真正优势所在。

步骤十二 适应新的工作方法

"有一天，我在伦敦，"巴里说，"我遇到了一个在家工作的金融分析师，

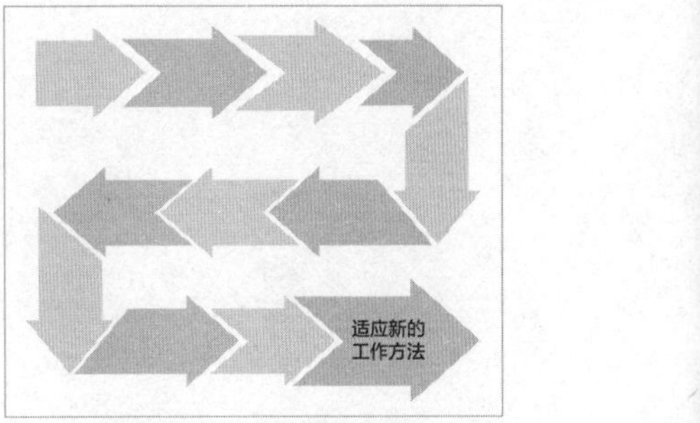

他承担的任务是为养老基金设计金融模型。他需要一个数学家用MATLAB来实现他的模型并将模型的结果呈现出来，因此他雇用了一位巴基斯坦的博士生来完成这项工作。他们通过网络电话进行聊天。现在，即使是在巴基斯坦这样的地方，视频的质量也已经好得令人难以置信了。他们两人就像在同一个房间里一起工作一样。他早上起床后，泡一杯茶，然后坐下来，打开iPad，接通视频通话，接着他们就会坐在那里聊一整天，就好像他们一直都在同一间屋子里一样。与身处地球上任何一个地方的任何一个人进行交流的能力已经越来越强了。这也就意味着，让地球上的任何一个人跟我们一起工作的能力也将变得令人不可思议地强。”

是的，你已经拥有了这种能力。总体上看，目前这个正处于指数级爆炸增长的众包世界，可以说是未来人工智能世界的缩影。而且，更加让人难以置信的是，就是在今天，人工智能这个指数级增长的技术也已经开始赶超普通大众了。就在最近，有一家名为Vicarious的人工智能公司宣布（这家公司是由马斯克、贝佐斯、马克·扎克伯格和彼得·蒂尔等业内最顶尖的投资者支持创办的），他们已经“破解”了验证码：该公司的机器学习软件在谷歌、雅虎、PayPal、CAPTCHA以及其他网站上输入验证码时的准确率达到了90%以上。因此，请你继续关注，因为就是连大众本身，最终也可能会被非物质化、非货币化。

但是大众至少还有一项长处是人工智能不可能在短期内胜过的，它表现在，如果把你的创造性想法提出来，那么来自世界各地的人们都可能会把他们的钱“白白地送给你用”。这就是众筹。它是我们下一章的主题：数以十亿美元计的巨额奖金是如何流入众筹领域的？为了“捕获”这些资金，你应该怎样做呢？

11

指数型工具 2

众筹的途径

调动数百亿美元的可用资金

无论是想成为企业家的人，还是功成名就的企业家，都把“筹资”列为他们创业的最大障碍。你有没有想过，如果把你的创造性想法提出来，那么来自世界各地的人们都可能会把他们的钱“白白地送给你用”。如何让数以十亿美元计的巨额资金流入你的钱包？为了“捕获”这些资金，你应该怎样做？

钱的问题

当我开始写这本书的时候，我的研究团队和我在奇点大学的同事们调查了1 000名已经功成名就的企业家和1 000名想成为企业家的人，询问他们创业时遇到的（或可能遇到的）最大的障碍是什么。在所有列出的清单中，筹集资金几乎全都排在第一位。这个结果其实一点儿都不奇怪，难道不是吗?

虽然具体数字每年都会有所增减，但是在任意指定的一个年度里，全美国都有大约2 700万家企业需要资金。根据美国小企业协会（US Small Business Association）的报告，50%的新创企业都会在它们投入运行之后的第一个5年内归于失败，而且最主要的原因就在于缺乏资金。然而，尽管它们在这方面的需要十分明确，但是仍有23%的公司由于觉得筹资无望而无所作为，有的甚至连尝试都不去尝试一下；另一方面，还有51%的公司曾经努力筹资，但是却遭遇了失败。不过，所有这一切现在正在开始改变。

从历史上看，我们的筹资能力受限于我们能够接触的人的范围。大部分企业家都是从他们的朋友和家人那里筹集到启动资金的。“朋友和家人”无疑只是一个人数非常有限的群体，而且他们能够拥有的资源也必定是非常有限的。在可能的投资人清单中，排在“朋友和家人”之后的就是传统的投资者——天使投资人、超级天使投资人以及风险资本家，等等。但是，根据我的经验，许多这样的专业投资者所关注的范围往往比较狭窄，而且他们比较短视，不敢做大胆的冒险。然而幸运的是，在今天这个超级连接的世界中，企业家们已经能够在瞬息之间就接触到数以百万计的潜在支持者和数以十亿计的潜在顾客了。

众筹（crowdfunding）是一种指数型大众工具，它能够让你利用这个新的资源，到世界各地挖掘出与你志同道合的人，并且以前所未有的速度去快速追踪各种充满激情的项目。第一个众筹平台是在 21 世纪第一个 10 年的中后期开始登上历史舞台的。在早期，众筹主要是一些未能得到电影公司或音乐公司投资的电影制作人和音乐家为了寻求资金而使用的一种工具。但是没过多久,更多的企业家就参与了进来。现在，使用众筹这种工具的企业家就更多了（见图 11-1）。

KEY WORD

| 众筹 | crowdfunding

一种指数型大众工具。指一种向大众募资，以支持发起的个人或组织的行为。由发起人、跟投人、平台构成。具有门槛低、多样性、依靠大众力量、注重创意等特征。

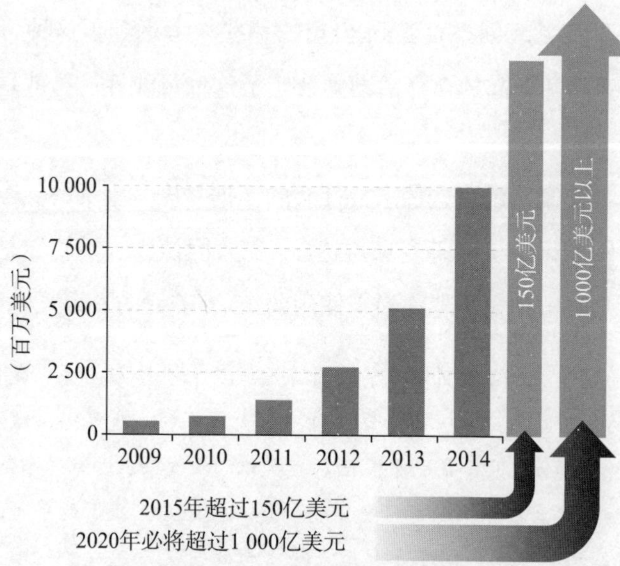

图 11-1　众筹的增长情况

资料来源：www.forbes.com; www.entrepreneur.com; www.gsvtomorrow.com。

自问世那一天起，在不到7年的时间内，众筹已经发展成了一个重要的经济引擎。今天，互联网上已经出现了700多个在线众筹网站，它们为世界上各个不同的项目提供了大量资金。这个数字预计在接下来的几年内将会翻一番。各众筹平台在全世界筹集到的资金也呈现出了指数级增长的态势，从2009年的5.3亿美元到2011年的15亿美元，再到2012年的27亿美元。专家预测，到2015年，我们这个星球上将会出现一个150亿美元的众筹市场。随着《促进新兴企业法案》(*JOBS Act*)的通过，再加上股权众筹(equity crowdfunding)的出现，在未来的几年内，美国很可能会出现一个令人难以置信的3000亿美元的市场。

在这个过程中,我们对众筹的信心也得到了增强。在众筹刚刚出现的早期，如果大众预先对某部电影进行投资，那就是一个非常清晰的信号：大家实际上都很想看到这部电影。这种情况也同样适用于产品或服务。以＋Pool公司为例,它通过Kickstarter网站筹集到了27万美元资金,那么它的服务是什么呢?它其实是漂浮在纽约东河上的一个有过滤系统的游泳池。那么，谁知道纽约人很想游泳呢？事实是，创办＋Pool公司的那些人考虑到了这种可能性，而他们在Kickstarter网站发起的众筹活动则证实了这种可能性。这就是众筹独特的力量。

对于一位企业家来说，这种来自社会的证据是极其宝贵的。当然，它们也意味着有利可图的机会。众筹专家坎达丝·克莱因认为，不管你是谁，在你的社会网络中通常都“预存”着你尚未使用的10万美元的资金。她说：

> 我认为这是一个基本的事实，与你来自哪个社会阶层无关。我自己就是一个很好的例子。我是在一间活动房屋中长大成人的。我第一次试图从网络上筹集资金的经历也几乎是一个笑话。我认识的人里面，没有一个是有钱人。我的很多朋友甚至不能按时支付账单。但是，我还是只花了两年时间就筹集到了20万美元，那还是在没有利用众筹平台的情况下完成的。今天，在有了这些众筹平台之后，你就可以大大加速这个进程了，扩大你的筹资范围，

并且还可以向与你自己完全不一样的资助者寻求帮助。

众筹不仅终结了需要无休无止募集资金的困境，它还为企业家提供了一个重要的心理刺激：通过众筹，他们拥有了克服“万事开头难”的动力。

一切都与动力相关。任何一个项目，最危险的时期都发生在“我有了一个好想法”与“我正在把这个好想法付诸实施”之间的拉锯战时期。以我为例，利用传统方法我花了近10年的时间才筹集到第一个X大奖所需要的数百万美元的基金。然后，我仅用了34天的时间，就利用众筹的方法为行星资源团队的ARKYD太空望远镜众筹项目筹集到了150万美元（关于这个故事，我们在下文中将会详细叙述）。换句话说，对于筹资过程中最令人困扰的耗时耗力的问题，众筹是最好的解毒良药，它能够让指数型企业家立即付诸实践。

那么，众筹到底是怎么操作的呢？

众筹的4种类型

众筹有4种主要类型。根据投资者在为众筹项目提供了资金资助后能够获得回报的不同，我们将众筹划分为以下4种形式：捐赠、债务、股权和奖励。

捐赠（Donation）。这也就是传统的慈善捐赠的数字化版本。捐赠者除了可以“收获”受捐赠者的感激之情和一张免税收据之外，再也得不到其他回报了。在线捐赠平台的例子包括：DonorsChoose、GlobalGiving和Causes，等等。

债务（Debt）。这种类型的众筹有时候也被称为小额贷款或点对点（P2P）贷款。具体地说，这种筹资方式指的是，企业家向大众贷款，然后再连本带利地还给大众。这种众筹平台的例子包括：Kiva和LendingClub等。

股权（Equity）。这是最新型的众筹形式。最近美国证监会的规则的改变让这种类型的众筹成为了可能。现在，如果采用股权众筹这种形式，企业家就能够在线出售他们公司的股票，要求投资者用现金换取股权。这类众筹平台的例子包括 Crowdfunder、Startup Crowdfunding 和 Angellist 等（不过，Angellist 只适用于那些已经筹集到第一笔 10 万美元的资金的人）。

奖励或激励（Reward or Incentive）。资助者以现金或其他形式支持、鼓励其他人提供自己感兴趣的产品或服务,事后他们会收到作为回报的某种奖励。简单地说，这种形式就是：你提供 25 美元，然后可以获得一件 T 恤衫；或者，提供 100 美元，然后获赠你所资助的那种产品（一件）。从理论上看，我们也可以认为这是一种预售产品形式。通常而言，基于奖励的众筹比直接捐赠的方式在效率上要高出 60% 左右（准确的数字随具体情况不同而有所不同）。这种众筹平台的例子包括 Indiegogo、Kickstarter、RocketHub，等等。

那么，到底哪种类型的众筹最适合你的项目呢？在上面这 4 种众筹方式中，捐赠方式比较适用于有社会性目的或政治性诉求的筹资活动，而通常不会被创办自己企业的创业者所采用。债务形式最适合用于有利于某个社群的本地项目，比如帮助某个人开一家新的餐馆、美发沙龙或零售商店，等等，但是这种形式对较大企业的创业则不是很适合。如果你想在当地扩展你的业务，这种方式比较适合于你。如若不然，那就看看其他的众筹方式吧。

股权融资是最近才发展起来的一种众筹方式。在美国，这种筹资方式直到 2012 年《促进新兴企业法案》通过之后，才变得切实可行。《促进新兴企业法案》允许初创企业利用基于股权的众筹方式筹集早期资金。

> “这是近 80 年以来的第一次，”股权众筹网站 Crowdfunder 的首席执行官钱斯·巴尼特（Chance Barnett）指出，“私人企业和小型企业可以公开筹集资金。它们可以利用像 Facebook 或 Twitter 这样的网站传播筹资信息，并通过股权众筹网站在线筹集资金，从而以一种开放程度更大、协作水平更高的方式获得投资。”

股权众筹的潜力是相当诱人的，估计在不久的将来，股权众筹市场的规模将扩大至 3 000 亿美元以上。事实上，即使在今天，当股权众筹刚刚起步的时候，筹集到的金额就已经相当可观了。一个很好的例子是，截至2014年7月，Crowdfunder已经筹集了1.052亿美元，资助了1.1万多个项目，在它的网站上登记注册的投资人达到了6.2万名。

AngelList是另一个已经引起了人们极大关注的股权众筹平台，当然，人们之所以要关注它，并不是没有理由的。Angellist是巴巴克·尼韦（Babak Nivi）和纳瓦尔·拉维康特（Naval Ravikant）在2010年创办的，它是一个连接初创公司和天使投资人的平台。投资者和创业公司都可以在这个网站上创建档案，列出他们的投资项目，相互之间可以进行联系。这个网站的许多参与者在自己的行业内都是数一数二的。例如，我们在本书前面讨论过的提供共乘服务的Uber，该公司不仅通过Angellist在线筹集到了创业所需要的第一个130万美元，而且还在这个网站上遇到了投资者施欧文·彼西弗（Shervin Pishevar）。在Uber的第二轮融资中，彼西弗为Uber争取到了来自于门罗风险投资公司（Menlo Ventures）的3 200万美元的投资（彼西弗已经成为AngelList最大的投资人之一）。而且，最好的消息是：在这里，如果你想对这些在本行业处于领先地位的公司进行投资，并不一定需要一次性投入数百万美元（乃至更多）。例如，2012年，AngelList与SecondMarket合作，让信誉良好的小投资者有机会和最顶尖的投资者一起向一些初创公司投资，每笔投资的金额最少可以低至1 000美元。

然而，尽管股权众筹拥有巨大的潜力，但本章仍然将主要关注第四种众筹方式——基于奖励的众筹。我们之所以决定将我们的注意力集中在基于奖励的众筹活动上，是因为股权众筹集资仍然太过新颖，我们缺乏提出正确的实施策略所必不可少的“硬”数据。与此同时，债务众筹仍然主要适用于“当地企业”，而并不太适合于大胆的创业活动。除了这些原因之外，我们重点关注基于奖励的众筹的根本原因在于，这种众筹方式已经使很多企业品尝到了创业成功的喜悦。事实已经证明，在为一些需要创意的项目（电影、光盘、书籍）和实物产品（手表、望远镜，甚至生物工程工厂）筹集所需的资金时，基于奖励的众筹是一种相当有效的筹资方式。而且，更加重要的是，正如我们将会在下面几个案例中清楚地看到的那样，这种筹资方式的适用范围仍然在不断扩大。

基于上述原因，在接下来的案例研究中，我们将考察 3 个不同的基于奖励的众筹项目。第一个是智能手表 Pebble Watch 项目，它既是有史以来最成功的众筹活动之一，同时也是关于一个小型的企业家团队如何筹集基金并推出新产品的绝佳例子。第二个案例研究涉及的是“该死的！就让我们建一个特斯拉博物馆吧！”项目（Let’s Build a Goddamn Tesla Museum，以下简称特斯拉博物馆项目），它不仅突显了在一些更加非同寻常的项目上，人们所拥有的可以不断拓展的筹集资金的能力，而且它还有力地证明了，当把巨大的热情和正确的合作伙伴结合在一起之后，我们确实能够改变一切。最后一个例子是 ARKYD 太空望远镜项目，这是由我的行星资源公司运行的一个项目，它帮助我们创建和打造了一个由狂热的太空爱好者组成的、非常具有激情的社群，我们这种未来型的项目绝对需要这种狂热的精神支持。

行文至此，有一点我们需要预先澄清一下。在下面的案例研究中，我们对有关的故事描述得都比较简短，这是有意的，因为紧随其后还有一个详尽的关于如何开展众筹活动的实施指南，那才是本章的精华所在。在实施指南中，我们对你开始众筹时需要完成的工作一步步进行了分解说明，然后为你提供了来自以下 4 个方面的信息：（1）对过去几年来出现过的所有主要的众筹指南进行的荟萃分析（共有 26 个）；（2）对一些众筹公司的创始人和首席执行官进行的长时间的深度访谈，例如，Indiegogo、RocketHub 和 Crowdfunder；（3）对一些非常成功地完成了众筹活动的企业家的深度访谈，例如，Pebble Watch 公司的创始人埃里克·米奇柯维斯基（Eric Migicovsky）；（4）我自己通过众筹方式筹集到 150 万美元的个人经历（在当时，这是 Kickstarter 网站有史以来排在第 25 位的成功众筹活动）。总之，细心地读完本章，你将学会如何设计和举办一个基于奖励的众筹活动。对于一个指数型企业家来说，这种众筹活动是必须尝试一下的，它将会在实现自己使命的过程中发挥极其重要的作用。

Pebble Watch 智能手表，成功筹资 1 000 万美元

你怎样才能做到一边骑自行车，一边回电话呢？这就是米奇柯维斯基在2008 年试图回答的一个问题。当时，米奇柯维斯基还是加拿大安大略省滑铁卢大学的一名工程学本科生。在那之后，他又花了一年的时间到荷兰代尔夫特理工大学学习工业设计。米奇柯维斯基很喜欢骑自行车，他经常骑着自行车到处跑。事实上，在荷兰，几乎每个人都以自行车代步，米奇柯维斯基很快也养成了以这种有两个轮子的车子为代步工具的习惯。

但是有的时候，这种出行方式也会让他觉得有些困扰。很多次，米奇柯维斯基正在骑车时，他的手机铃声响了起来，这说明有人打电话给他了，或者，他收到了一个短信或一封邮件。每到这种时候，他就得面对一个为难的决定：是停下车来呢（回电话、看短信、查邮件），还是不加理会，继续骑车前行呢？当然，有些信息是相当重要的。能不能找到一种方法或发明一种工具，只要看一眼便知道来电者是谁呢（或者知道发送电子邮件或短信的是谁）？如果真有必要，那么就靠边停车，回电话或回短信（邮件），没必要则继续骑车。有一些设备可以做到这一点，例如 Fossil Wrist Net，但是价格非常高昂。米奇柯维斯基想要的是一种所有普通人都买得起的东西，这就是智能手表。然而，市场上还没有智能手表，于是他决定自己造一个。

回到加拿大后，在他大学学习的最后一年，米奇柯维斯基把他所有的积蓄拼凑到一起（这包括了他从一个商业计划竞赛中获取的奖金，以及从他的父母那里借来的 1.5 万美元），然后组建了一个小团队，造出了一个智能手表原型。第一只 inPulse 就这样诞生了，它是一只智能手表。它不仅可以告诉你时间，而且还可以与移动设备同步。当然，最主要的是，它还是一个“只需瞥上一眼”的警报系统，它有一个相当大的平面屏幕，可以把手机里的信息通知给你。

此后，网络上逐渐形成了一个 inPulse 的铁杆爱好者的核心圈子，但是由于第一代产品只能在黑莓手机上使用（那是在 2008 年，米奇柯维斯基本人是

加拿大人，而与他一样，黑莓手机也是加拿大的产品），所以它一直未能壮大起来。但是由于最初的动机，它还是相当具有吸引力的。最后，米奇柯维斯基决定把这个项目转移到硅谷的 YC 创业营[①]，在那里，他找到了制造 inPulse 的符合时代潮流版本的启动资金。这个时期，可以说是他的“撞墙期”。

一些大客户的反馈意见促使设计者对 inPulse 进行了新一轮的设计改进，并由此而产生了一种全新的名为 Pebble Watch 的智能手表。Pebble Watch 无疑是一只伟大的智能手表，它能够与 iPhone 和安卓手机同步，还能够运行许多应用程序,并允许用户查看日历。正如米奇柯维斯基后来告诉《公司》杂志(*Inc.*)的那样：“这是有史以来最聪明的手表。”

然而，不幸的是，要想生产出这种最聪明的手表还需要再筹集 20 万美元的资金，但是米奇柯维斯基和他的团队在筹集资金时遇到了巨大的困难。他们会见了一个又一个风险投资者，其中有许多是曾经资助过他们的，但是始终未能达成协议。没有人愿意冒这个风险。由于还有一点资金，足够维持两个月，米奇柯维斯基和他的合作伙伴最终决定转到 Kickstarter 网站上去搞一个众筹活动，以求最后一搏。

米奇柯维斯基先打了几个电话。他打给得克萨斯州奥斯汀市（Austin）超级机械公司（Supermechanical）的创业团队，他们曾经“一不小心”地为他们的产品 Twine 筹集到了 50 多万美元的资金（尽管他们最初的目标仅为 3.5 万美元），Twine 是一种能够把日常用品连接到互联网上的无线传感器。米奇柯维斯基向他们请教了一些基本技巧，例如，如何制作视频，如何发布，期望得到什么，等等。然后他的团队又着手开始了另一项调查，他们研究了数百个成功的筹资活动以及这些活动背后的策略。最后，Pebble 全体成员选定了一小段技术含量相当低的视频，里面说的话有点儿像 20 世纪 70 年代的疯克（funk）碰到了极客（geek）时会说的那些东西，以及“我们用手机零件制造

① 想了解硅谷顶级创业孵化器的故事，请阅读《YC 创业营》，该书已由湛庐文化策划，浙江人民出版社出版。——编者注

出了一个原型”，等等。不过，他们设定的奖励等级则是根据客户的反馈意见精心设定的。这个筹资活动的筹划过程从头至尾只花了 6 个星期的时间。事实上，他们必须在这么短的时间内完成，因为他们几乎已经身无分文了。

在众筹平台上开展筹资活动，最初几个小时的表现非常重要，因此 Pebble 全体成员决定选择科技博客瘾科技（Engadget）作为他们产品独家发布会的媒体合作伙伴。早上 7 点，筹资活动开始了，一篇来自瘾科技的博客文章出现在网页上。Pebble 全体成员都屏住了呼吸。

> “我们所设定的筹款目标是 10 万美元，”米奇柯维斯基后来回忆道，“当然，事实上这个款额是远远不够的。要成功开发出这种手表，我们真正需要募集到的资金是 20 万美元。我与我的团队预先已经定下了一个协议：我们所设定的最低目标是 10 万美元，但是如果筹集不到 20 万美元，那么我们将把钱一分不少地还给大家。因为如果没有 20 万美元，我们要做的事情根本不可能获得成功。”
>
> 然而，接下来发生的事情震惊了所有人。“瘾科技的这篇文章上线两个小时后，我们就筹集到了 10 万美元，”米奇柯维斯基回忆道，“又过了两个小时，我们筹集到的款项的数额就达到了 20 万美元。然后，在最初的 28 个小时内，我们已经筹集到了 100 万美元。事实上，在筹资活动开始后的第一天，所有人都惊呆了。到 2012 年 5 月 18 日，我们已经筹集到了 1 000 万美元。支持者来自世界各地，我们从来不曾预料到会出现这样的结果。”

同样出乎意料的是他们最后所筹集到的款项的总额。在 37 天的时间里，Pebble 从 68 929 个支持者那里总共筹集到了 10 266 845 美元，这创造了当时最高的筹资纪录。从此以后，好事便接踵而来。就在一年前，他们只想筹到 20 万美元，结果却不断受挫。而现在，在众筹活动大获成功之后不久，他们又从风险投资者那里获得了 1 500 万美元的投资。更加可喜的是，Pebble Watch 这种智能手表在推出市场后的第一年里就卖出了 40 万只，这比 iPod 推出后第一年的销售业绩还要出色（iPod 在上市后的第一年里卖出了 39.4 万只）。

特斯拉博物馆，筹资 130 万美元的公益项目

大众喜爱的互联网漫画艺术家马修·英曼（Matthew Inman），有个绰号叫“燕麦粥”，他一直以来都是发明家尼古拉·特斯拉（Nikola Tesla）的狂热粉丝。为什么不呢？就是这个“科学狂人”特斯拉，发明了交变电流（尽管这个荣誉被爱迪生所获得）、无线电（然而，诺贝尔奖却颁给了马可尼）、X 射线、雷达、水力发电和晶体管（再一次，他没有获得任何殊荣）。特斯拉甚至还尝试着做了许多低温实验（那是在这个领域被正式命名为“低温学”整整 50 年以前）。因此，当英曼发现，特斯拉的最后一个实验室沃登克里夫（Wardenclyffe）即将被出售的时候，他决定自己必须做点儿什么。这个实验室位于纽约的肖姆勒（Shore ham），特斯拉试图在那里建造一座发电站，免费为全世界供电。事实上，当时已经有人提出了一份购买实验室所在的那块土地的提议：他们准备拆除这个实验室，然后在那里盖一个零售商店。

英曼找到了一个合作伙伴，那是一个名为特斯拉科学中心（Tesla Science Center）的非营利组织，这个组织一直试图购买这块土地，而且已经努力了 18 年，但是一直没有成功。他们决定，求助于众筹平台 Indiegogo。接着英曼创作了一系列有关尼古拉·特斯拉的非常有意思的漫画作品，这些漫画作品的主题非常明确：尼古拉·特斯拉是谁，他为什么是一个重要人物，为什么我们必须把那块土地买下来，并且在那里建造一个博物馆来纪念特斯拉，等等。而且，他们还把这次众筹活动幽默地命名为：该死的！就让我们建一个特斯拉博物馆吧！ 2012 年 8 月，英曼正式在互联网上发布了这个项目。

在一天之内，这个项目就像病毒一样被广泛传播开来。在第一个星期，它每天都能筹集到 14.5 万美元，即每小时 6 000 美元，或每分钟 100 美元。随后，事情真的变得非常有趣了。在这个众筹活动的某一时刻，捐赠的金额每分钟超过了 1 000 美元。到月底，他们就收到了来自 102 个国家 3.3 万名支持者的共计 130 万美元的捐款，远远超过了他们的预定目标 85 万美元。

就像 Pebble Watch 的那个众筹活动一样，特斯拉博物馆的众筹活动也是一个标志性事件：众筹时代的转折点已经来临。这个活动的真正特别之处在于，它是一个非营利项目（一般来说，非营利项目在众筹平台上是筹不到钱的），它不会提供任何真正的产品（也就是说，它与 Pebble Watch 不一样，支持者永远不会收到任何一个“小玩意儿”）。结果，特斯拉博物馆项目却出人意料地成为 Indiegogo 网站最成功的一次众筹活动，而且为更大、更具概念性的其他项目打开了一扇通向众筹之路的大门。事后，为了庆祝这个事件，“燕麦粥”为他的漫画写了一个新的结尾：“特斯拉先生……很抱歉人类忘了你一小会儿，但是我们仍然很爱你。这里将会出现一个‘该死’的博物馆。”

ARKYD 太空望远镜，人人可以拍一张以地球为背景的自拍照

从埃里克·安德森、克里斯·莱维茨基和我共同创办了以到小行星上开采矿产为目标的公司——行星资源公司的第一天起，我们就知道我们需要一个强大的社群来提供支持。当你正在做一些像到小行星上去开采矿产这样“激进”的事情的时候，拥有一群热情的支持者是非常必要的。问题是，我们如何才能让公众积极热情地参与到我们这个开辟太空新疆域的使命中来呢？毕竟，太空探索是十分昂贵的，一般人全都可望而不可及，而且正如我们到目前为止所知道的那样，太空中的许多事情都是无法预料的。此外，人们最关心的事情往往是能够立竿见影地见到效果的那些事情，但是自从人类开始探索外太空以来，几乎我们做过的每一件事情都是由一小群专家来完成的，而且他们也是花了数十年的时间才飞离地球的。现在我们希望做到的是，让普通人也能够亲身参与到太空探索的事业中来，从而极大地激发出他们的兴趣。最终，我们想到了一个主意：通过众筹的方式来筹集资金，生产制造 ARKYD 太空望远镜。

坐言起行。我们立即开始着手研究如何在 Kickstarter 网站上开展这个众筹活动。从调查研究，到制订计划，再到具体实施，我们总共花了 4 个月

的时间。我们任命弗兰克·米克罗夫特（Frank Mycroft）负责这项工作，他召集了一大群“合作发布伙伴”，其中包括一些杰出的太空界和科学界名人，例如比尔·奈（Bill Nye）、汉克·格林（Hank Green）和布伦特·斯派尔（Brent Spiner）；最后我们还想到了一个点子，把一大群被我们称为行星先锋（Planetary Vanguards）的超级活跃分子聚集到一起来帮助我们实施和推广这个活动。一切都紧张而有条不紊地展开了：我们的媒体团队忙着拍摄、编辑和测试路演视频；技术团队完成了定型设计、效果图，并且制造出了 ARKYD 太空望远镜的原型，以便让人们看到真正的成品的样子。

但是我们还面临着另外一个问题。绝大多数最成功的“产品”的众筹活动实际上都是有产品提供的，但是我们没有。我们要“卖”的不是一个类似于很酷的新手表的东西，而是要制造一架用来寻找小行星的望远镜。尽管我们可以把通过这个望远镜拍摄的图像提供给支持者看（也就是说，让他们看一些与小行星、星系和月亮有关的照片），但是，当我们在社群中征求大家的反馈信息时，却发现这个想法不可能会像病毒一样传播开来。就在众筹活动正式启动前一个月，团队的一个成员建议我们出售“太空自拍照”，即任何人都有机会将他自己的照片发送到我们的飞船上，这张照片会被显示在飞船的屏幕上，然后以地球作为背景进行拍摄，拍好后再把这张新的照片发还给他们。这就是“太空自拍照”，我们在下文中还会对此进行详细讨论。这张照片售价 25 美元，我们认为这是一个完美的解决方案，对此进行测试时，我们的社群成员也都觉得这个方案可行。

2013 年 5 月 29 日，我们举行了一场新闻发布会，推出了众筹活动。我们的目标是筹集到 100 万美元，这个钱已经足够把太空望远镜送入轨道了，至于制造太空望远镜的实际费用，则由行星资源公司来承担。在最初的两天内，我们就筹集到了将近 50 万美元。事实证明我们的行星先锋的行动能力确实是无与伦比的，他们帮助把消息传播开来，并且进一步推进了这个众筹运动。32 天后，我们从 17 614 名支持者那里获得了 1 505 366 美元的资金。我们这次活动成了有史以来规模最大、最成功、与太空相关的众筹活动，而且更加重要的是，我们的社群也建立起来了。我们的经验表明，对于一个正在从事全新、大胆的事业的公司来说，当它试图通过以众筹途径来寻求资金支持和解决方案时，拥有一大群热心的支持者是极为重要的。

Coolest Cooler，创造 1 300 万美元的众筹历史纪录

在我把本书的书稿交给我的出版商之后不久，一个住在波特兰市（Portland）的名叫瑞安·格瑞珀（Ryan Grepper）的产品开发能手又刷新了所有以前的众筹纪录（这些已经“作古”的纪录包括 Pebble Watch 智能手表和 ubuntu 所创下的纪录）：他获得了 62 642 个捐献者资助的 13 285 226 美元的资金，用来生产制造他的一个名为 Coolest Cooler 的产品。那么，这些捐献者支持的到底是什么东西呢？那是格瑞珀为 21 世纪发明的一款沙滩小冰箱，它带有一个内置的搅拌机、一个手机充电器以及一个蓝牙音箱。此外，它还安装了一个防水的照明系统，这样在天黑后你还能够在小冰箱里找到你想喝的饮料。由于我的好友、营销天才布伦登·伯查德（Brendon Burchard）曾经给这个创纪录的众筹活动提供过很多帮助，于是我向他取经，想搞清楚它为什么能够取得这么大的成功。事实证明，在进行这次众筹活动期间，伯查德和格瑞珀又发现了我们以前的案例中都不曾讨论过的 4 个“众筹要点”。由于它们非常重要，所以我又把书稿拿回来，在这里对它们进行最后的压轴讨论。这种做法当然是合情合理的。下面，我们就来快速浏览一下从他们那里学到的东西：

在失败中奋勇前行。尽管他们最终取得了巨大的成功，但是 Coolest Cooler 的成功绝不是一蹴而就的。事实上，这次成功筹集的 1 300 多万美元是格瑞珀第二次为 Coolest Cooler 筹资的结果。他第一次众筹甚至未能达到原定的仅为 12.5 万美元的目标，这个产品几乎就此流产。

这是一个漫长的故事。“早在 10 年前，”格瑞珀解释道，“我就利用一台旧

的割草机制造出了一个沙滩搅拌机，这样一来，这台冰箱就成了家庭出游时很棒的一个电器。第二年，我又把我的旧汽车音响也安装进了这个小冰箱中，于是我在出外旅行的时候还能听听音乐。多年以来，这些小配件的功能一直都很好。后来，我把它们拆了下来，并且把它们收了起来，然后几乎忘记了它们。但是到了去年，我又把小冰箱和搅拌机从储藏室里拿了出来；突然之间，我意识到自从我把它们组装在一起，制造出了一个新东西之后，技术又向前迈进了不少。今天我可以把更多的技术融合进去，制造出一个更小、更方便携带的小型冰箱。这时我马上就想到了，这是一个非常合适的众筹项目。”

但是事情进展得并不顺利。实际上格瑞珀为 Coolest Cooler 所进行的第一次众筹活动是以失败而告终的。2013 年年末，他只筹集到了 10 万美元，没有达到目标数额 12.5 万美元。他虽然很失望，但是并没有气馁，在第一次众筹活动的支持者们的敦促下，格瑞珀重新又回过头去研制开发小冰箱，并对它进行了多次改造和更新换代，最终获得了成功。这给我们带来了我们的第一个教训：在失败中前行。“你的第一次众筹努力失败了，并不意味着你不能就同一产品再次进行众筹活动，”格瑞珀说，“总的来说，把一个有创意的想法放到潜在顾客面前的最好的方法就是众筹，你能够得到你所能想到的最真实、最诚恳的反馈，即来自于他们的‘钱包’的反馈。如果筹资成功，那是再好不过了。如果失败了，那就说明这个产品并没有像你自己所想象的那么好。因此我们所能做的，就是去修改它，改进它，甚至对它进行更新换代，或者，这就是人们常说的那句——早失败，常失败，在失败中前行。”

从一个特定的人群开始起步。格瑞珀学到的第二个教训是，创建一个由关心你的产品的人所组成的社群是非常重要的。在本章的前面讨论“ARKYD 太空望远镜”众筹项目那个案例时，我已经阐述过如何创建一个行星先锋社群来发挥这种作用。在 Coolest Cooler 这个案例中，曾经在第一次众筹活动中支持过格瑞珀的那些人充当了这个角色。对此，格瑞珀解释道，“在第一次众筹活动中，我们已经做了大量的宣传和推广工作，比如说举办聚会、网络营销、建立联系，等等。就是这同一批人，他们鼓励我再尝试一次。我听从了他们的意见，于是才有了第二次众筹活动。在这第二次众筹活动中，这些一直对我们不离不弃的粉丝自始至终都在支持我们。他们是我们的探路先锋。俗语说，‘一石激起千层浪’，他们就是激起浪潮的那块石头，对我们的成功发挥了巨大的推动作用。”

实物模型非常重要。互联网是一种可视性的媒介。这就是人们为什么如此在意他们的手机屏幕大小的原因。这也是为什么我们一再强调你的众筹活动必须有一个非常出色的视频的原因。格瑞珀从自己的经历中学到的另一个经验也是对这一点的扩展：在视频中展示你的产品也是同样重要的。“在第一次众筹活动与第二次众筹活动之间，出现了一个间隔期，这给了我们充分的时间，我们制造出了一个非常出色的产品模型。”格瑞珀说，“这个模型发挥了非常大的作用。当然,它看上去怎么样其实是次要的。它关乎信任问题。在众筹活动中，你需要陌生人关注并相信你以及你的想法，这实际上是要求他们的信任出现一个飞跃。告诉他们，你已经非常接近生产出实际的产品了，给他们看一个已经完成的、看上去非常出色的实物模型，会产生令人难以置信的良好效果。”

针对性极强的广告。市场区隔非常重要。“必须把你的关键信息精准地传达给特定的人群，”格瑞珀解释道，“我们的第一次众筹虽然失败了，但是我们获得了许多关于我们的支持者的数据，比如说，他们都是一些什么样的人，最令他们兴奋的东西是什么，等等。因此，我们在 Facebook 上投放了非常有针对性的广告，同时还努力与我们的目标人群建立起紧密的联系。他们是一些对划船、赛前聚会、野营、野餐等活动非常感兴趣的人。当你真正了解你的消费者之后，在类似于 Facebook 这样的平台上投放有针对性的广告，就会起到令人震惊的效果。”所以，我们从格瑞珀的成功中学到的第四个经验是，通过 Facebook、YouTube 和领英等平台进行的定向广告宣传价值极大。你的公司必须是一个数据驱动的公司。如果在众筹活动中，广告能够帮助你募集到更多的资金（大于你的广告支出），那就去做广告吧。

最后，我还要再补充非常有意思的一点：如果众筹活动非常成功，那么它还可以给你带来另外一个很大的好处。对此，格瑞珀回忆道："有个家伙对我伸出了手，说道，'你还需要 2 000 万美元融资吗？我有一个很好的团队，我们能够把你的公司变成一个价值 2 亿美元的公司'。最重要的是，我们已经收到了无数个合作建议，涉及我们这个产品的几乎每个主要组件——从电池到搅拌机，再到扬声器。甚至潜在的经销商也在加紧与我们联系。"

众筹实施指南

在这一节中，你将会发现一些最宝贵的开展众筹活动的经验。它们来源于我对一系列成功的众筹活动的研究，并结合了我自己在进行众筹活动过程中学到的经验教训。我将对这些经验做一概述，然后再依次展开更详细的分析。我之所以要把这些宝贵的知识提供给所有人共享，是因为我希望这样做能够推动更多的创新者和颠覆型企业家启动他们自己的众筹活动，并且取得成功。

谁应该进行一次众筹活动？

虽然众筹对于筹集资金和发展社群是一个非常有价值的工具，但是它并不适合于所有人。我的研究表明，最好的众筹活动通常具有以下 5 个主要的特征：

- 产品通常处于原型开发阶段后期，并且有充分的证据表明，它已经拥有了许多潜在的支持者。
- 团队已经适当地组建起来了，而且有强大的执行力。
- 该产品受到了社群成员的关注，而且是面向消费者的。
- 团队拥有一个能够直接与之进行交流的庞大的追随者社群，或者这个团队有能力开展重大的公关活动，并能够充分利用媒体资源去吸引人们的注意。
- 该产品旨在解决一个问题，改善现有的产品，或讲述一个新的故事。

众筹的 7 个理由

众筹除了能够筹集资金之外，还有各种其他好处。下面我将列出其中一些最重要的好处。请记住，你如何设计你的众筹活动，在很大程度上将取决于你最渴望得到的好处是什么。

1. 市场验证和实际需求的测试。众筹最有价值的好处也许是，你能够获得客户的真实的反馈，即他们所真正渴望的产品功能、产品颜色，以及他们所希望得到的产品小附件，等等。同样重要的是，你也可以了解到他们不需要什么。与市场调查或小组讨论不一样，在众筹活动中，消费者是用自己的钱来投票的。当然,作为额外的“奖金”,你还可以通过众筹活动获得更多的通用数据，例如地理信息、价格敏感度等，这些数据都能够帮助你制定正确的策略。

2. 筹集重要的投资资本。有意思的是，一些风险投资家在投资之前，会要求公司组织开展一个众筹活动来验证市场对公司产品的兴趣。在这种情况下，一次成功的众筹活动会带来极大的好处：在早期能够为公司的发展提供不会稀释股权的资金，并且能够让公司在接下来的风险投资阶段获得更高的估值。只要看看 Pebble Watch 团队所取得的成功就明白了，他们在启动众筹活动之后的 12 个月内共筹集到了 1 500 万美元的风险投资。更让人印象深刻的是，Oculus Rift公司（它生产一种头戴显示器）从通过 Kickstarter 网站筹集到 240 万美元开始，到最终被 Facebook 以 20 亿美元的价格收购，总共只经历了 18 个月的时间。

3. 付费的消费者社群的发展。创建和获得一个付费的消费者社群具有巨大的价值，然而在一个常规的市场这样做是非常困难的，尤其是在产品正式发布之前几乎是根本不可能实现的。

4. 较低的单位顾客获得成本。通过其他方式获取顾客的成本通常非常高昂。但是，如果正确实施众筹活动，你不仅能够获得免费的广告，而且你的顾客会付钱给你，同时还会参与产品促销，向他们的朋友和家人推荐你的产品。

5. 表达你对自己的产品的热爱。如果你热爱你的想法，并且想要尽快地让这个想法对世界产生一些影响，那么或许再也没有比尽快行动、让你的想法变成实际产品并获取潜在利润更好的途径了。

6. 公共关系的好处。成功会带来成功。伴随着众筹成功而来的积极的品牌形象和媒体关注具有内在的价值，它能够帮助公司站稳脚跟、走上正轨，能够使公司更容易推出未来的产品并使它们有利可图。

7. 使公司保持正的现金流。当然，众筹还有一个好处。它能够让你获得一些短期资金，使成本和收益保持平衡，并让你的银行账户中保留一些产品开发所需的现金。

实施众筹的 12 个关键步骤

因此，如果你对上述其中一个或多个理由产生了共鸣，那么你就可以着手去筹划和启动你自己的众筹活动了。以下概要地列出了开展一个众筹活动必须经历的 12 个关键步骤（见图 11-2）。

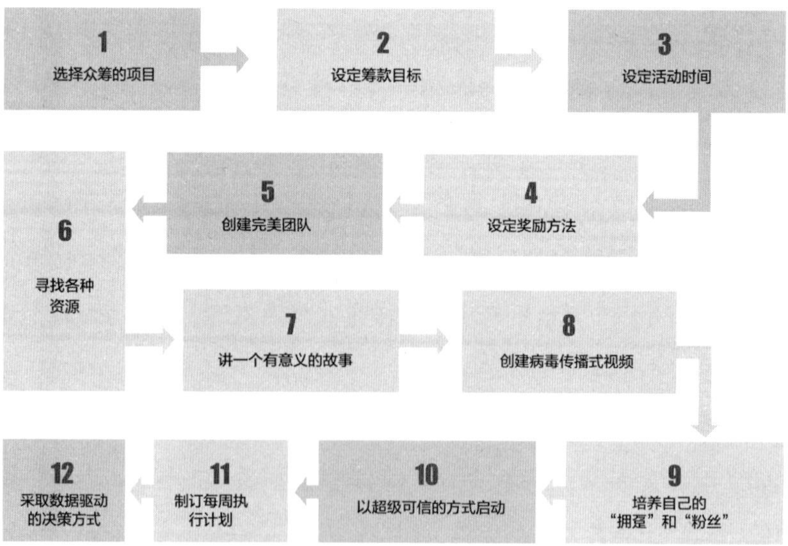

11-2　实施众筹的 12 个关键步骤

步骤一 选择众筹的项目

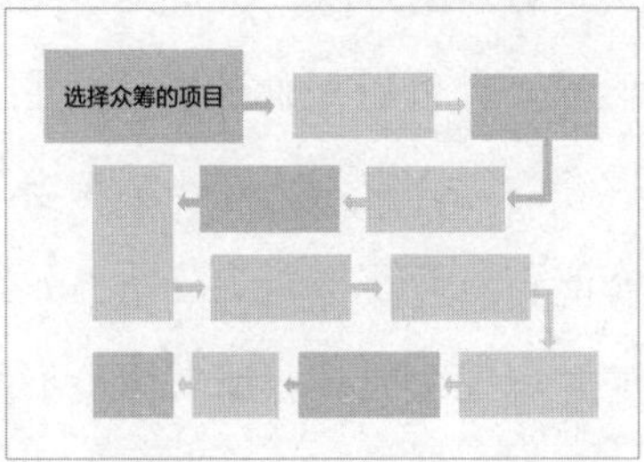

最基本的问题是，你应该选择什么东西来进行众筹？简单地讲，这就意味着，你必须找到两个主要驱动因素的交集：首先，找到你觉得自己会非常有热情地去创造的东西；其次，选择大众热衷于看到的一些东西。只要快速浏览一下诸如Indiegogo、Kickstarter、RocketHub等网站，你就会发现，近期以来完成众筹的东西表现出了非同寻常的多样性（见表11-1）。因此，关键的启示是：你所热爱的任何东西很可能都已经有过众筹的历史了。

表 11-1　众筹的多样性

领域	内容
艺术 / 娱乐	拍摄一部电影
	写作和出版一本书
	推出一个新的游戏
	开办一个艺术画廊
	制作一张CD或音乐视频
	举办一场音乐会或一个纪念活动
	制作一个视频游戏
慈善事业	组织一次性的慈善项目（一个救灾项目）
	创办或发展一个非政府组织
	赞助一个青年体育团队
	赞助一所学校
	组织保护动物行动
	支持某个值得支持的人
初创公司	对一个产品原型进行市场测试
	开发一个新的硬件
	开发一项新的软件功能
	推出一项新的服务
	设计服装和时装
	创办一份数字杂志
	开发一种新的食品 / 小吃 / 饮料

因此，首先你得找到真正新颖的东西。同时，如果你正在思考一些或许有众筹潜力的东西，但是又不确定到底哪一个才是最好的，那么就去问问你的社群吧。你可以把你的想法发布到网上去（Google +、Facebook 等），你会得到反馈的。你应该选择一个相当不错的想法发布到网上去，那样人们才会相信你有能力使它获得圆满成功。如果你的产品或者项目远未成型，人们就会认为你的梦想无法成真，那么你也不可能会得到所需要的支持。相反，如果你的产品很有前途，而且已经相当完善了，或者说，已经差不多完全开发好了，几乎可以上市了，那么人们为什么不支持它呢？

步骤二 设定筹款目标

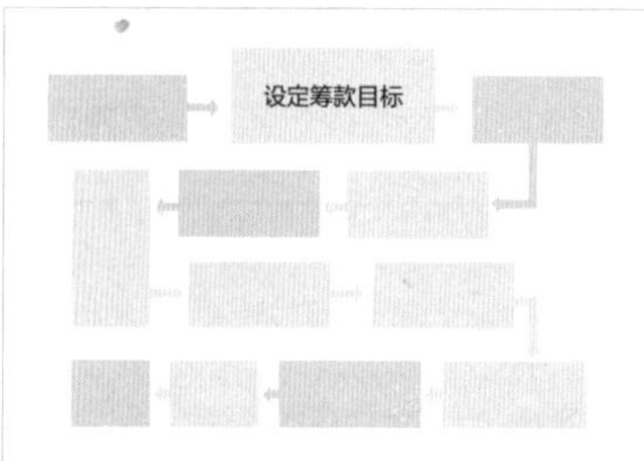

如果你已经决定了想要众筹的东西了，接下来的问题是：你想要筹集到多少钱？这里我们要再次强调一下：你需要考虑心理策略。

所有众筹活动都关乎激励。众筹活动的成功完全依赖于创造一个早期的兴奋点和提供一些紧急的、独有的、能够增值的激励。

筹款临界值。在许多众筹平台上，他们只允许你进行固定目标的筹资活动，也就是说，你只有达到了你的筹款目标，才能获得所筹集到的资金。因此，最重要的筹款临界值是达到筹款目标时的数字，但这个数字是很难估计的。例如，2012 年，Indiegogo 发现，平均而言，筹款目标设定在 5 万美元到 7.5 万美元之间的众筹活动比筹款目标设定在 10 万美元的众筹活动要多。

在固定目标的筹资活动中，如果你设定的筹款目标太高，那么就意味着，即使你筹集到了数以百万计的钱，并且获得了数以千计的支持者的支持，但你也有可能一分钱都拿不到。例如，Ubuntu 试图在 Indiegogo 上为它的一款新手机筹集到 3 200 万美元，虽然他们最终筹集到了 1 280 万美元，但是这个数字大大低于他们所设定的临界值，所以这 1 200 多万美元最后全都返还给了资助者。

那么你应该如何正确地设定临界值呢？首先要记住的一个要点是，众筹并不是你在拿项目赚钱。它只是用于补偿你的一些支出。注意我说的是“一些”支出。在大多数情况下，你不应该通过众筹的方式来弥补所有的开发成本，但是你可以利用它来补偿你绝大部分的投入资本或者你从自己口袋中拿出去的钱。

第二个要点是，每个人都喜欢赢家。如果人们相信你的众筹活动有可能获得成功，那么它就会成功。换句话说，如果你是可信的，并且能够实现你的目标，那么人们就更有可能会支持你。相反，如果人们不相信你，他们永远也不会掏出他们的信用卡来付钱。事实上，研究表明，如果把众筹活动的目标数额设定在实际想要筹集的数额的 30%，那么有 90% 的机会获得成功（也就是说筹集到所渴望的数额）。在 Pebble Watch 这个案例中，米奇柯维斯基需要 20 万美元的推动资金，但是他把目标设定为 10 万美元。在 ARKYD 太空望远镜这个众筹活动中，制造和发射太空望远镜的成本大约为 300 万美元，但是行星资源公司设定的目标为 100 万美元，如果能够筹集到这些预定的目标款项，至少能够帮助弥补发射成本。

这里的目标是计算出来的绝对最小值，如果得到资助，那就表示这些钱足以让你推动项目继续向前（计算方法见表 11-2）。当你提出这个数字时，重要的是要记住，任何众筹活动都会发生一些固定的额外成本：（1）交易费用，包括 4%~5% 左右的信用卡费用以及 4%~5% 左右的平台费用；（2）履行你的奖励承诺的费用。稍后我们将更加详细地讨论这些问题。

表 11-2　　计算你的众筹活动的筹款目标

要使你的产品或项目向前推进所需要筹集到的最低限额	________
+ 包含所有平台费用以及信用卡费用的利润的 10%	________
+ 你需要履约的所有奖励的成本	________
共计：此次众筹活动的目标	________

延伸目标。接下来的一个问题是，当你已经实现了你最初设定的筹资目标之后，人们往往还会继续提供资金，那么是什么东西在推动他们这样做呢？在这里，发挥作用的是一种叫作延伸目标的东西。这些是你试图达到下一个筹资目标时添加进众筹活动中的目标。在 ARKYD 太空望远镜这个例子中，当我们已经达到了 100 万美元的初始目标后，我们设定了一个 130 万美元的延伸目标，然后是 140 万美元，最后是 150 万美元。基本上，每一个延伸目标都承诺用户可以用更多的方式参与进来。

步骤三 设定活动时间

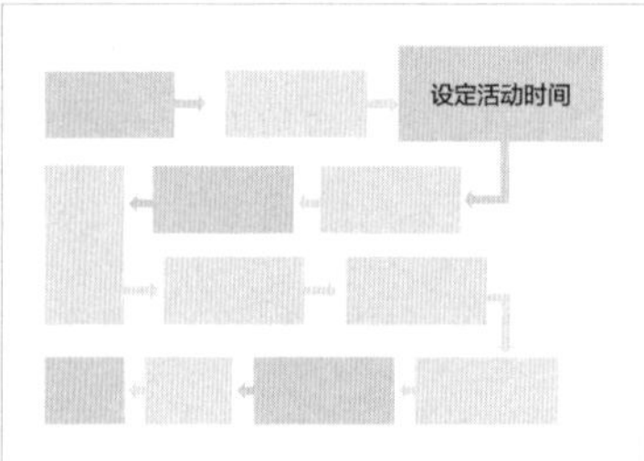

通常来说，一个众筹活动的持续时间从 30~120 天不等，虽然来自 Indiegogo 网站的数据表明，持续时间较短的众筹活动（平均时间为 33~40 天）的表现会比持续时间较长的众筹活动要好。我们可以比较一下，Pebble Watch 是一个为期 37 天的众筹活动，而 ARKYD 太空望远镜的众筹活动持续时间为 32 天，特斯拉博物馆项目则为 45 天。正如在图 11-3（这张图标出了每天筹集到的资金的情况）中所看到的那样，在开始阶段出现了一个巨大的尖峰期，中间阶段开始放缓（当所筹得的款项已经超过了 100 万美元时），在结束阶段又出现了一个巨大的飙升。这种在众筹活动的中间时段筹集款项突然急剧下降的情况是非常典型的，它也说明了光靠延长筹资活动的时间并不能带来太大帮助的原因。

你可以自行决定什么时候发起一个众筹活动，但是当你这样做的时候，你应该给出一个让“媒体兴奋起来”的理由。你可以试着推出一个重要的公告或周年纪念活动，使它成为一个新闻事件，这会大大有助于你的众筹活动。

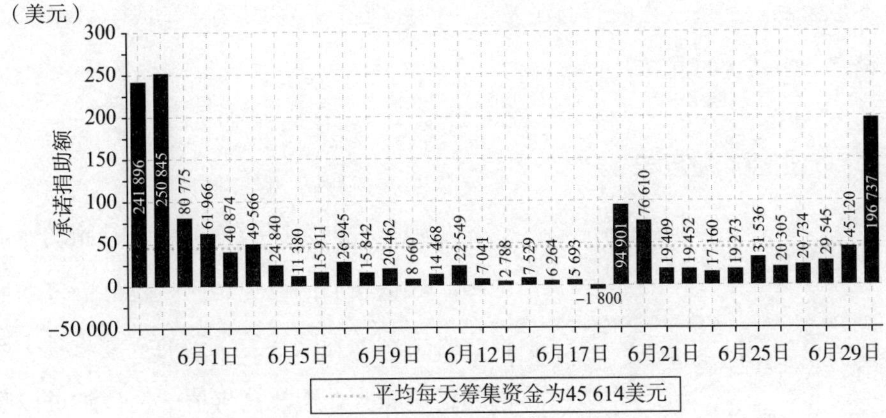

图 11-3　ARKYD 太空望远镜众筹活动——每天筹集资金

资料来源：www.planetaryresources.com。

那么，你得花多长时间去做准备呢？小型的众筹活动（1 000 美元到 5 万美元之间的）可以在一个月内完成准备工作；但是如果你想筹集到数十万美元或者数百万美元，那么更长期的准备是至关重要的。接下来，就让我们看一下，应该如何估计众筹活动的准备时间（见表 11-3）。

表 11–3　筹款准备期计算器

基准线	+ 30 天
你有一个团队吗？如果没有	+ 30 天
你有一个社群吗？如果没有	+ 30 天
你的筹款目标少于 5 万美元？如果是的	+ 30 天
你的筹款目标超过 25 万美元吗？如果是的	+ 30 天
你的筹款目标超过 100 万美元吗？如果是的	+ 30 天
总计准备时间	___天

例如，为了启动 ARKYD 太空望远镜众筹活动，我们花了大约 4 个月（120 天）的时间来做准备。请注意：如果你把筹款目标定得十分巨大，那么要想取得成功，沿着我们这个思路，你得把众筹活动的启动时间增加 1~2 倍，这一点

也不足为奇。不过，我最后的建议是：当你准备好了就开始行动吧，不要为自己设定一个截止时间。

步骤四 设定奖励方法

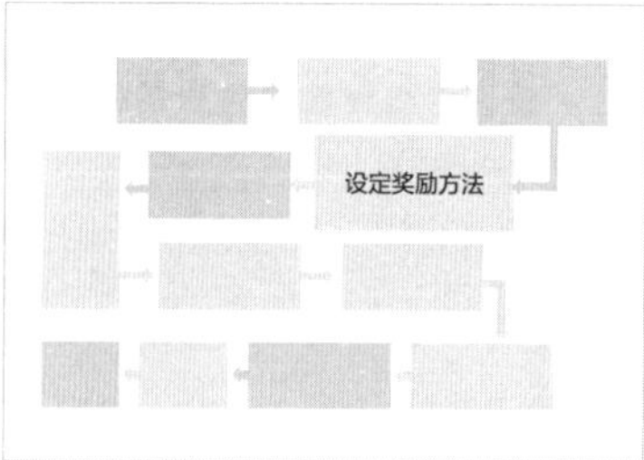

奖励是资助者因为他们的贡献而获得的回报。根据我们的研究结果，较低价值的回报所吸引到的捐款在筹集到的资金总额中所占的比例较大，而较高价值的回报则可以吸引到大额的单笔捐款。虽然每个众筹活动之间都存在着一定差异，但是大多数网站都建议将提供的回报的价值设定为 25 美元、50 美元、100 美元、500 美元和 1 000 美元。这些网站的报告显示，25 美元的回报最容易被捐赠者“认领”，有 25% 的捐赠者都选择了这个水平（见图 11-4）。

最好的回报所提供的奖励是这样一种奖励：顾客在任何其他情况下都不可能购买到这种奖励。这也就意味着，这些奖励是独一无二的、排他性的，是真正只属于你这个活动的。行星资源公司的“太空自拍照”，就是你在任何其他地方都不可能购买到的，以前也从未有人尝试过（因此也是独一无二的），最重要的是，它是数字化的，而这意味着它的实际成本基本为零。我们还对提供的奖励进行了“打包”处理，即把自拍照与从行星协会的会员资格到学校奖学金等一系列东西结合起来。最低一档为 10 美元，我们想以此来鼓励粉丝参与进来，例如，加入到我们的通讯录，为我们社群做些贡献。关键在于，奖励尽量要简单化，而且必须是对我们的支持者有意义、有价值的。

Kickstarter 众筹平台上的奖励等级的变动范围从 1 美元（最低）到 1 万美元（最高）；Indiegogo 众筹平台甚至允许更高等级的回报。在低等级层次上，重要的是设置一个低价、全数字、显而易见的奖励，因为它能够为你带来社群人群，而你无须付出额外成本。这会带来两个更进一步的好处。第一，62%

的成功的众筹活动拥有重复的资助者。你需要让人们进行注册。一旦他们参与了进来（进入了你的社群），你以后便可以再次向他们筹款。第二，如果你的目标就是创建一个社群，也就是说，你想找到一些能够与你共事的人，一些在众筹活动结束后还可以长期向他们销售产品的人，那么你就更加应该不惜一切代价让他们参与到这个活动中来了。

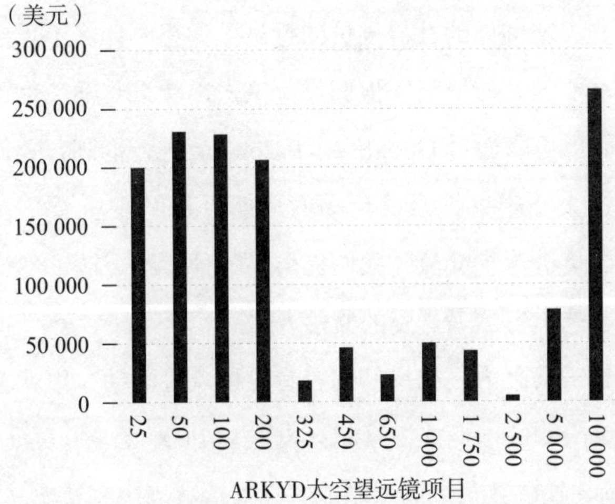

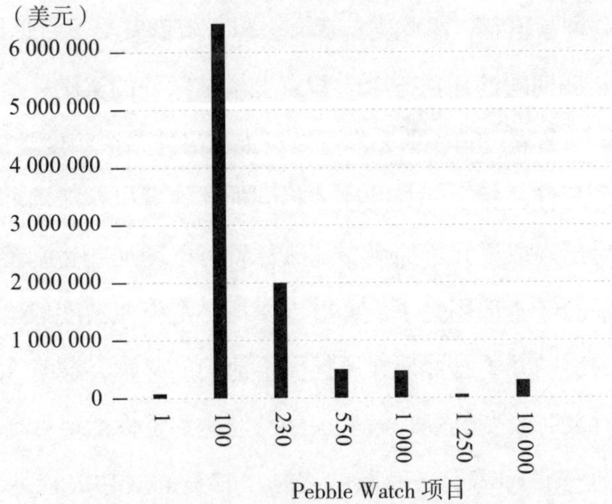

图 11-4　各奖励水平对应的募集资金（ARKYD 与 Pebble Watch 的对比）

资料来源：www.planetaryresources.com。

如果你的目标是想打出一个“全垒打”，即筹集到 25 万美元或更多的钱，那么对你来说，设置一个引人注目的 1 万美元等级的奖励也是很重要的。我们稍后还会对这个问题进行详细讨论，现在只需要知道这一点就足够了：这 1 万美元的奖励是让你的众筹活动横空出世、实现惊人一跃的一种方法，它能够帮助你以超级可信的方式启动你的众筹活动。

有关定价的最后一条建议是显而易见的，但是也值得在这里强调一下。那就是，你一定要去征询你的社群成员的意见。你想要什么不重要，他们渴望的东西才是真正重要的。所以问问他们你应该送出什么奖励。你可以利用电子邮件的方式询问，也可以通过 Google +、Facebook 进行询问，随便什么途径都可以。在 ARKYD 太空望远镜众筹活动的早期，我们建立了一个网页，在那里与现有的社群成员进行了交流，我们提出了各种奖励方法，然后征询他们的意见，请他们投票选出自己最喜爱的奖励方法。

让稀缺助你一臂之力。如果仔细看看各种众筹活动，你就会发现，大多数奖励都是有数量限制的。例如，可能只设置了 1 000 个 100 美元的奖励或 20 个 1 万美元的奖励。这些数量上的限制能够在支持者当中制造出一个稀缺的假象，并使他们产生一种紧迫感，由此支持者会去想，资助宜早不宜迟。当然真相是，你可以在活动开展期间的任何一个时间点上增加额外的奖励，所以，如果你设定的其中一个奖励名额已满，那么你可以再推出另外一个额度类似的奖励。

增加奖励和延伸目标。正如我刚才提到的，你可以在活动的开展期间增加新的奖励。如果出现以下几种原因，那么你就可以增加新奖励了：第一，如果某种水平的奖励已经全部用完了，你可以增加一个类似额度的奖励；第二，你获知公众想要的奖励并不是你现在所提供给他们的奖励，这时你就需要赶紧做试验，在需要时及时改变奖励；第三，你已经达到了你的目标，你需要一个延伸目标。这个延伸目标需要一套新的奖励。62% 的成功的众筹活动拥有重复资助者，而且 20% 的重复资助者是为了获得活动存续期间增加的那个回报。

步骤五 创建完美团队

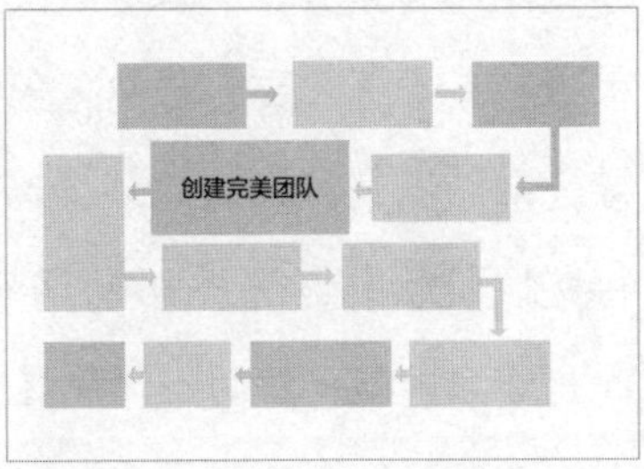

近年来，在硅谷几乎每个人都会告诉你，要想制造出一个优秀的产品或者创办一个优秀的公司，最重要的一个步骤是创建一个优秀的团队。如果要让众筹活动举办成功，创建一个优秀的团队同样重要。但是从某种程度上讲，团队的每个成员都是独一无二的。Pebble Watch 的创始人米奇柯维斯基与他的 3 个朋友一起制造出了第一代智能手表，他们全都是工程师。然而一旦他们在 Kickstarter 网站上的有关 Pebble 的网页像病毒一样被广泛传播开来之后，他就不得不雇用一个完整的外部公关团队来处理像洪水一样猛烈地涌来的大众关注了。不只是 Pebble Watch 是这样的，所有的众筹活动，甚至是那种金额较少的筹资活动，都是高度“劳动密集型”的，需要花费大量的时间和精力去计划和执行。一个优秀的团队将会使所有一切都变得不一样。

我们的研究表明，为了让你的众筹活动获得最大程度的成功，你组建的团队通常需要有 7 类关键的成员，其中 5 类是必需的角色，两类是可选的角色。当然这是针对规模比较大的众筹活动来说的。对于一次 5 000 美元到 2.5 万美元的众筹活动，有可能一类人或几类人就可以圆满成功了；但是如果你要筹集到 6 位数或 7 位数的款项，那么你就需要一个更大规模的团队。下面就是我给出的建议：

名人（脸面）。这个人能够充当此次众筹活动的“脸面”。他将会在路演视频中起到重要的作用，他能够把你的这次众筹活动推向高潮，他能够使得所有其他面对公众的努力都获得大家的支持。这个人必须全身心地投入到这个项目中，他必须是充满智慧的、雄辩的、谦逊的、真诚的。而且，非常有趣的一件事情是，有这样一个名人还带来一个额外的好处。这个名人应该也是你所提供的产品或服务的专家。他会在这次众筹活动的规划、启动、实施和总结阶段不知疲倦地为你造势。确切地说，这个“名人”可能是你公司的首席执行官，也可能是一个更有魅力和充满激情的创始团队的成员。或者，也可能是一个能引导公众做出某种行为的某个局外人，就如发动特斯拉博物馆众筹活动时那样。特斯拉科学中心花了 18 年的时间试图筹集资金来保住那个实验室，但是一直没有什么进展；然而，当英曼介入之后，事情立即就出现了转机。

众筹活动经理和战略家。众筹活动经理在众筹活动中很可能扮演着最重要的角色。在一个众筹活动的最初的计划阶段，与这个活动有关的所有事务都由经理操控。在大部分市场研究工作完成后，他就将主导一切事务：从确定筹资目标，到设置奖励水平，再到建设分销渠道和寻找合作伙伴。经理还将计划、组织和管理着这次活动的所有的日常后勤工作，以确保事情能够顺利进行。

专家。如果你所选的名人并不是产品或服务背后的技术专家，那么请确保坐在名人旁边的那个人是一个技术专家。如果你正在为某个产品筹集资金，那么你的团队中最好有一个产品方面的专家，他应该能够回答诸如“你是如何制造出这个产品的”此类有相当难度的问题。他还能够告诉你，哪些是你能够承诺给支持者的，哪些是你不能承诺给支持者的。他能够将产品的规格和制造产品的时间表告诉大家,并从技术的角度给出解释。他能够为你的整个众筹活动增加可信度。在进入产品的实际开发阶段之后，就应该由专家来回答所有的问题。

平面设计指导。我强烈建议整个团队当中应该拥有一个全职的平面设计师（或设计指导）。设计师将负责所有的标志、信息图形、视觉新闻发布、视频动画、项目更新、卡通、电子邮件、T 恤衫设计、赠品、海报、传单和小册子的设计开发。此外，所有这些东西都能够（并且应该）在我们在前一章中所讨论过的那些网站上被众包出去。但是应该由你的设计指导来协调一切有关的内容。在我对 ARKYD 太空望远镜的众筹活动进行反思后，我觉得有两件事情非常值得关注：第一，一致性是非常关键的。在整个活动中我们的设计、外观和感觉都始终保持一致，这使得我们这个众筹活动很快发挥了规模效应。第二，关注细节。网络漫画艺术家英曼，外号“燕麦粥”，是我们行星资源公司的最强大的“同盟军”之一。他不但自己捐赠了1万美元，而且还不遗余力地为我们做了大量的宣传，而这一切都只因为他在西雅图市中心的一个路灯的灯柱上看见了一张4英寸大小的ARKYD太空望远镜众筹活动的海报。你永远也不会知道谁会偶然发现你的宣传材料，然后受到鼓舞，并加入到你的团队中来。

技术经理。众筹需要相当高的“数字灵敏度”。技术经理应该部分是IT人员，部分是互联网开发人员，部分是视频制作人员。他们应该非常熟悉技术管理实务。在ARKYD太空望远镜这个众筹项目中，我们的技术经理完成了创建网页、编辑视频、创立直播流和谷歌视频群聊、在直播时调试视听设备等任务，并帮助实现了各种解决方案的跨平台整合。

公关经理（可选）。如前所述，当众筹活动像病毒一样迅速传播开来，而且媒体也开始蜂拥而至时，米奇柯维斯基不得不雇用一个外部公关团队。有些项目关注的是特定的利基市场，那样就不会产生这么多的新闻了。然而，如果你希望筹集到一笔数目巨大的资金，那么你就需要吸引到大量的人，这时候，你就应该让你的众筹活动成为在线讨论的焦点，尤其要让数字媒体链接到你的众筹活动的网页上，这样做是特别有效的。公关经理能够帮助你吸引外界的注意力，同样关键的是，他还能把这个创业神话故事传播出去。例如，当你确实制造出了一个非常“酷”的产品之后，你至少得让《连线》杂志把这件事报道出来。如果在你身边有一个专业人士，他就可以把你从“瞎忙活”中拯救出来，并且帮助你专注于那些真正有效的方法。

超级联系人（可选）。超级联系人是一个相当有影响力的人物，他能够接触到一个由重要人物、金钱和思想所组成的庞大的网络。他们通常拥有大量的追随者，因此对各种各样的思想和成功的机会也都了如指掌。他们可以与你一起进行“头脑风暴”，制定众筹活动的营销策略和内部激励措施。他们能够鼓舞整个团队的士气，他们可以帮助你实现一些更雄心勃勃的目标，他们还可以帮你引入私募资金。当然，他们还特别擅长为活动造势。如果你认识一个超级联系人，或者能够让一个超级联系人来帮助你，那么你的众筹活动将拥有极大的优势。

步骤六 寻找各种资源

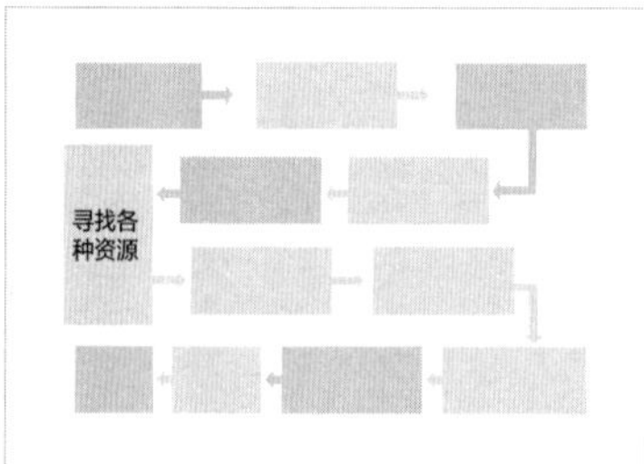

林肯曾经说过一句名言：“如果给我 6 个小时去砍倒一棵树，那么我会把前 4 个小时都花在磨斧头上。”这个道理也同样适用于众筹活动。对于众筹来说，准备就是一切。

计划和协调。众筹活动通常由很多个“移动部件”组成，因此事先对一切重要的事情做出周密的计划是至关重要的。在开始众筹活动之前，应该制定一个非常具体的策略，并细致地确定后勤保障的一切细节。活动经理应该对众筹过程中的会议、视频群聊以及各种事件做出详细规划，确定日程安排，并落实签到、接听电话等细节。团队的每个成员都应该非常了解这个日程安排，只有这样，大家才能做到齐心协力、各司其职。与你的团队成员、下属员工、主要赞助商和客户应该每两周一次或三周一次碰个面，以保证所有的人步调协调一致。这种碰面会还能够帮助你了解哪些事情已经做好了，哪些事情还需要进一步推动。

材料。虽然不同的众筹活动内容各不相同，但是你启动任何一个众筹活动都需要准备好一些通常的物品，这包括产品的原型或宣传资料、活动视频、集资平台网页、公司或者产品的网页、预先写好的电子邮件和公告、促销用的宣传材料和小册子、标志和内容设计、信息图表以及其他的奖品和纪念品（如 T 恤衫和海报），等等，所有这些都必须到位。这些材料有的需要自己制作，或者也可以通过一些众包网站，如 Freelancer、Tongal 或 99 设计来完成。基本的原则是，在启动活动之前，你准备得越充分，你就越有可能获得成功。

资源。众筹活动所需要的相关成本很容易被低估，不管是时间上的还是金钱上的。在进行行星资源公司的众筹活动时，我们花了整整 4 个月的时间进行广泛的计划、组织和制定战略。活动期间产生的费用包括广告费用（例如，在谷歌、Facebook、Kicktraq 等网站上进行广告宣传）、供应商费用（营销、激励成本、公关、法律）、Kickstarter 费用（Amazon 托管费、Kickstarter 按百分比计算的手续费）、必需的实物（T 恤衫、模型、卡片，等等）、网络应用程序和教育费、承包工程费和薪水。与发布任何数字产品一样，你还必须考虑到，有时候可能会因出现错误而不得不付出的一些代价，例如，退款、重新加工费用，等等。

步骤七 讲一个有意义的故事

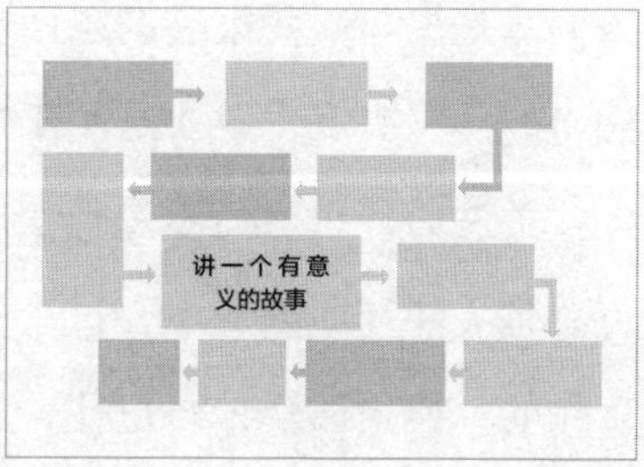

传统筹资活动有点像是玩一种小型的游戏，目的是取悦一个特定的人群，如风险资本家或银行信贷员。而众筹方式则相反。它所面对的人群非常广泛，绝对没有传统筹资方式那么狭窄。筹资过程中的每一个步骤都必须吸引到大众的注意力。那么，怎样才能做到最好呢？很简单，你必须运用与创作优秀的书、电影和歌曲同样的技巧，即讲述一个精彩的故事。

最成功的众筹活动会利用强有力的、令人信服的故事去吸引支持者。想想特斯拉博物馆这个众筹项目吧。它的目的是买下特斯拉的破旧实验室，并且把它变成一个博物馆。但是，在进行众筹活动的时候，是不能直接说筹集到的钱是用于购买房地产和制作展品的。相反，“燕麦粥”的漫画告诉大家的是一个有关尼古拉·特斯拉的故事，故事讲述了特斯拉杰出的发明和巨大的贡献，并且说明要购买他的实验室建成博物馆还缺乏大量的资金。由于“燕麦粥”是一个讲故事的高手，漫画就像病毒一样广泛地传播开来了：在 Facebook 上，这个故事获得了 82 万个“点赞”；而在 Twitter 上，它被转发了 4.3 万次。人们纷纷传阅特斯拉的故事，并表示愿意保护他的实验室。

在这里我们介绍一下讲述一个有意义的故事的若干技巧：

故事结构要严谨，环环相扣。最好的故事必须有很强的逻辑性，而且故事情节要做到层层递进。故事要有开头部分、中间部分和结尾部分。只需要几个主要人物就够了。太多的信息反而会让潜在的支持者感到困扰；因此不用在故事中塞入太多的事实、数据和代言人，那样的故事是不可能像病毒一样被广泛传播开的。

满足需要或愿望。在讲故事时，永远不要低估情感的力量。即使一个想法看起来似乎有点儿犯傻（比如说，像太空自拍照这样的想法），如果它能够非常令人信服，并且能够满足人们的一个基本需要，那么人们还是会认真倾听的。人们总是想与一些很酷的东西、重大的事件和鼓舞人心的人有点儿关系。人类做出的购买决策也主要是基于情感的冲动的。

关注为什么，而不是什么。不管是讲述产品的还是服务的故事，最简单的方法是关注其原因。不要过于担心，要怎么才能解释清楚它是什么、它是如何工作的。换句话说，要记住，人们内心深处的观点是不一样的。如果你多年来一直与某种产品或服务打交道，那么当然所有的细节都是非常令你着迷的。但是对你的听众来说它们或许并没有那么迷人。相反，大多数人想要听的是，为什么你的产品／服务／想法将能够改善他们的生活，也就是为什么对他们以及全世界来说，它是非常重要的，同时又是很“酷”的。请思考解决方案和改进措施，而不是解释或说明。

把故事与你自己联系起来。请精心雕琢你的故事让你的目标听众满意。如果你的听众是技术型的，那么就讲技术型的故事；如果你的听众是人道主义者，那么就强调你的解决方案能够改变世界。然而，正如上面提到的，即使是一个非常技术性的想法也需要把它讲述为一个精彩的故事。如果你实在想不出一个好的故事，那么请告诉大家你是如何制造你所要卖的产品的，或者你为什么要制造这个产品。真相就是最好的故事。

使用正确的语句。2014 年，佐治亚理工学院的研究人员发布了一项研究报告，他们研究了在 Kickstarter 网站上所使用的 900 多万个单词和短语，以确定哪些语句会促使成功。最重要的经验是，与互惠和权威相关的单词和短语最能够引起人们的反应，而过分关注资金需求则容易导致失败。

最成功的语言可以分为以下几类：

- 互惠，或者倾向于会有回报之类的语言，比如“又收到了两个……”、“我们保证会……”和“这确实是一件好事，而且……”。
- 稀缺表明稀缺性或与某件珍贵的东西是有联系的，如“可以选择的东西是……”和“将有机会……”。
- 承诺与一致，这表明人们会依靠别人的社会行为提供的线索来决定如何行动，如“已经承诺……”。
- 社会认同，或者归属于某一特定的社会群体的感觉。如“为了建立这种……”和“接触到……”等语句都属于这一类。
- 喜好，它指的是这样一个事实：人们认同他们所喜欢的产品或人。
- 权威，人们为了做出有效而快速的决定而会求助于专家们的意见，如“我们保证能提供……”和“这个项目将必定是……”之类的语句。

步骤八 创建病毒传播式视频

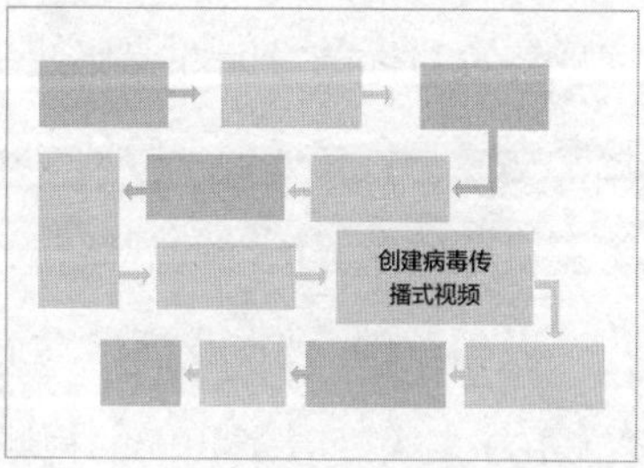

大多数集资平台都会让你发布一个简短的视频来帮助潜在支持者更好地了解你的产品：他们所资助的东西是什么，以及为什么得到他们的资助是非常重要的。乍听起来，这种视频似乎是可有可无的，但是，如果你认真对待这次筹资活动，那么它便不是一个可选项了。统计表明，带视频的固定筹资活动能够比没有视频的固定筹资活动多筹集到 239% 的资金。

在这里我们介绍一下制作视频的 5 个窍门。

找到 3 个使用案例。最好的众筹活动视频瞄准一到三个目标市场。例如，米奇柯维斯基的视频展示了 3 种使用 Pebble Watch 智能手表的人，——骑自行车的人，跑步的人以及开源程序开发人员。当然还有许多其他的人也会使用这种手表，但是他最关注的是这 3 个最大的纵向市场；而且这样做还可以让事情变得更加简单。

把团队成员融进视频中。视频是把你的团队介绍给大家的最完美的方式。不过，尽管尽可能多地展现团队成员是很重要的，但最好的视频都有一个主要的核心人物，即名人。由他们来叙述故事和解释产品。观众需要将产品与一个人联系起来，如果人物太多则会让这种关联性变得混乱。

让视频去展现，而不是过多地诉说。人们需要看到一些让他们信任的东西，但是更重要的是，他们需要看到一些能够让他们掏出钱包的东西。如果这是一次有关新产品的众筹活动，那么在视频中必须有一个产品的原型或能够宣传你的产品的突出特征。不能纸上谈兵，只进行空泛地夸夸其谈。向你的潜在支持者表达你的有价值的想法，一个最简单的方式是，向人们展示如何使用它。好消息是，在今天，通过 3D 打印和电脑动画制作很容易为你的产品制作出引人注目的视觉效果。

尽量简短。Indiegogo 网站的统计表明，在众筹活动中，使用 5 分钟以下视频，完成筹资目标的可能性要比使用时间更长的视频整整高 25%。在 2012 年，通过这个众筹平台完成的众筹活动的视频，其平均时长为 3 分 27 秒，而那些达到了筹资目标的众筹活动的视频，其平均时长则比这还要短 16 秒（即 3 分 11 秒）。

获得反馈。“在我们启动 Pebble Watch 众筹活动之前，”米奇柯维斯基说，“有 100 多人观看了我们的视频和网页，并且提出了一些反馈意见。”这样不仅能够使他们的视频制作得更完美，而且它还验证了他们的想法，并帮助他们塑造了活动的焦点。

步骤九 培养自己的“拥趸”和“粉丝”

在你启动众筹活动之前，拥有一个真正的社群和一些合作伙伴可能是非常

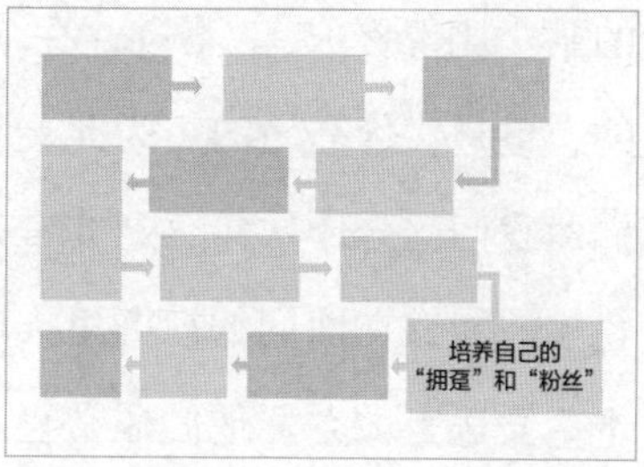

重要的。这些人将是你们的原动力，如果加以适当利用的话，他们将有助于让你的活动建立在“超级可信度之线”之上。他们会在他们的网络中积极地传播相关信息，这对你的众筹活动有极大的推动作用。为了简单起见，我们可将这个社群分为 3 个部分来论述：联盟成员（affiliate）、拥护者（advocate）和积极分子（activist）。在众筹活动启动前几个月，就应该积极动手组建这些团体，并大力支持这些团队的扩展。这是一项优先任务。

联盟成员。联盟营销（affiliate marketing）是指与有影响力的个人、公司或社群组织者联合发布产品或服务。联盟营销有两个关键点：选择正确的联盟成员和设计适当的激励机制。这样做的目的是最小化成本、最大化价值，并激发人们积极地参与进来。在这两种情况下，起关键作用的都是联盟。

首先要选择正确的联盟成员。理想的联盟成员与你有共同的愿景和客户基础。联盟成员必须在自愿基础上结成联盟。这里所说的“自愿”是指，当你要求联盟成员做些什么时，这些联盟成员就会去做。当我们开始为行星资源公司的 ARKYD 太空望远镜项目制定众筹计划时，我们认为科学博物馆将是我们最好的合作伙伴，因此我们主动出击，试图组建一个由五大科学中心所组成的联盟。然而我们错了。事实证明，科学博物馆的观众要么是一些非常年长的人，要么是一些非常年轻的人，他们不但不精通互联网，而且对众筹也完全不熟悉。最后，我们与比尔·奈（一个著名的科学家，也是行星协会的主席）、布伦特·斯派尔（因《星际迷航》而成名）、汉克·格林、豪尔赫·陈（“博士生漫画”的创作者）、雷恩·威尔森（演员）和英曼（“燕麦粥”）等人结成了合作联盟。他们每个人都拥有大量狂热的追随者，这些人才是你要找到并与他们结成联盟的合作伙伴。

其次要设计适当的激励手段。在一个典型的产品发布会上，联盟成员通常会因为他们在销售和宣传产品过程中的帮助而获得一定的回报（一般按销售额的某个比例提成）。不过，在众筹活动中，要想有效地做到这一点是相当复杂的，也是代价高昂的。为此，我们提出了其他一些非常有创意的替代方案，它们使我们的合作伙伴感到非常兴奋。例如，我们同意，如果“博士生漫画”的粉丝们能够在他们的社群里推广我们的众筹活动，那么我们将把某位粉丝的博士论文送上太空。他们非常喜欢这个创意。因此，这里的关键是，设计一个方案，使你的合作者在推销你的项目时，其实也就是在推销自己。

拥护者。拥护者是指你这个众筹活动的粉丝和支持者。他们是那些在你的社交网络里追随你的人，把他们的电子邮件地址存入你的邮件列表中，并让他们向自己的朋友们传播与你所要启动的众筹项目相关的信息。在众筹活动启动前几个月，你就应该创建好邮件列表，通知社交网络上的追随者，这一点非常重要。在行星资源公司这个案例中，我们在网站上创建了一个醒目的页面，要求人们加入到我们的活动中来，并要求他们把名字和电子邮箱告诉我们。

在众筹活动开始之前很久，米奇柯维斯基就已经培养了一批 inPulse 粉丝，并依靠他们的反馈意见改进了 Pebble Watch 智能手表的设计。在众筹活动开始之后，他又把他们发展成为众筹活动的第一批支持者。通过传播和分享众筹活动在 Kickstarter 网站上启动的页面，这些粉丝促使这个众筹活动像病毒一样传播开来。

但是，如果你没有一些积极的追随者，那么你应该怎么做呢？首先，花一些时间，确切地搞清楚你的项目的发展潜力。一定要弄明白哪些人对你的产品感兴趣以及为什么会感兴趣。接下来，找到他们，与他们进行在线视频群聊，邀请他们去访问你的网站。最后，在你的网站上应该有一个邀请他们加入你的社群的页面。得到电子邮件地址的最好方法是使用“道德贿赂”，也就是交易。那么你拿什么去交换你的潜在顾客的邮件地址和让他们加入你的社群呢？最简单的方法往往是最好的：向访问你博客的人发邀请函，向他们承诺，可以按折扣价买到未来上市的产品，可以获得早期的限量版产品。邀请他们参加活动，在某些比较特殊的情况下，送钱发红包（例如，当初的 PayPal）。总之，一定要有创意。

积极分子。积极分子就是那些想为这次众筹活动做一些有实质意义的、重要工作的狂热的支持者。以行星资源公司为例，我们创建了一支核心支持者的积极分子队伍。我们把他们称为行星先锋。为了筹备这次活动，在几个月之前，我们就向我们的电子邮箱列表中的2.5万个地址（即积极分子）发出了电子邮件。电子邮件是以一种戏谑的口吻写成的，内容如下：

> 你好：
>
> 行星团队的每个人都知道这个时刻即将到来。在这一刻，我们的呼吁是打破太空疆界，把我们人类推向其他行星！对我们许多人来说，这样的时刻通常是由科学中心或博物馆的导师、志愿者或教育家所引燃的。
>
> 正因为如此，我们应该教育和鼓舞下一代，让他们成为我们所做的每一件事的领导力量。这个月我们将与一个主要的科学组织联手创造出一条革命性的道路，使太空变得可亲近、可互动、有趣味。但是如果要让这个梦想成真，我们需要你的帮助。我们正在组建一个团队，一个有选择性的团队。我们向你——我们的支持者求助，我们需要在你们当中找到数百名团队成员。当然只有少数人才会被选中。我们把这个团队称为行星先锋。虽然我们不能与你分享所有的细节，但是我们可以告诉你，行星先锋将是让太空变得彻底唾手可得的一个重要的推动力量！你有兴趣加入到行星先锋的队伍中来吗？以下就是你需要做的事情：
>
> 第一，在这里填写一张申请表。这可以缩小我们寻找成为行星先锋团队的合适成员的范围。
>
> 第二，我们会向你确认你的兴趣和验证你的联系信息。请注意：对于其中一些人，我们可能需要与你签订保密协议。
>
> 第三，我们将邀请你加入到与我们的联合主席和联合创始人彼得·戴曼迪斯的一个独家的、互动式的谷歌视频群聊中，我们还会为你提供一份机密简报。
>
> 行星广播至此结束。
>
> 克里斯·莱维茨基
>
> 行星资源公司总裁兼首席执行官

正如你所看到的，我们对具体事项、名称和活动的日期都进行了保密。很快地，我们就收到了几千封回信。我们要求他们填写一份调查问卷，以估计他们每星期可以志愿贡献出多少时间，他们的邮箱列表中包含了多少个名字，他们在 Google +、Facebook、Twitter 上的追随者有多少，等等。最终，我们从中筛选出了 500 个人，然后邀请他们参加了一个名为“机密简报”的独家谷歌视频群聊。这些人当中有一部分将会参加我们的粉丝团，但是同样重要的是，我们通过他们测试了我们要众筹太空望远镜的想法。

在活动启动前的几个月里，我们给行星先锋团队布置了“作业”，并让他们参加了一系列会议。我们把他们作为我们所考虑的各种策略的测试对象。当莱维茨基、安德森和我在西雅图利用实况转播的方式启动我们这个活动时，行星先锋团队中有 50 多人出现在现场，有些人甚至是从欧洲飞过来的。所有人都已经准备好了，愿意为我们提供一切帮助。他们都是没有报酬的，他们都是自费来参加这个活动的。

那么，这些核心支持者到底有多重要呢？在我们第一天收到的 10 000 个独立点击中，差不多有 50% 都归功于行星先锋团队。

我们可以从这个事例中总结出什么经验呢？那就是，找到你最狂热的粉丝，让他们投入到你的工作中来。他们喜欢提供帮助，而且他们的贡献可能是无价的。

步骤十 以超级可信的方式启动

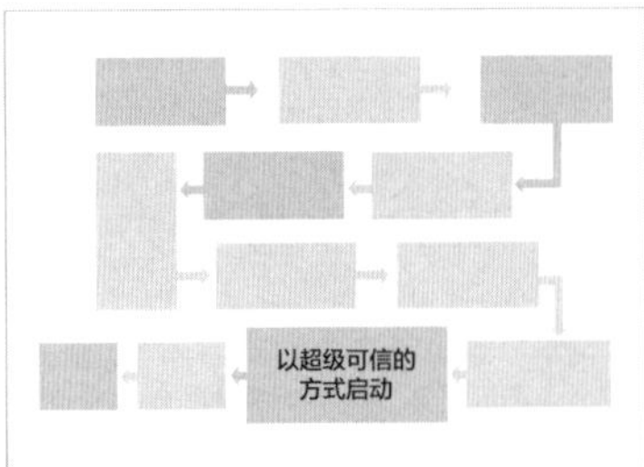

以什么方式公开宣布你的活动是至关重要的。你的众筹活动正式启动后的最初几天，也就是你能够吸引到最多的注意力和筹集到大部分钱的时候。要想有一个良好的开端，要想制造轰动效应，你必须要记住以下 3 个关键点：

在“超级可信度之线”之上启动。正如我们在本书第 7 章中已经讨论过的，如果你在“超级可信度之线”之上启动活动，那么人们就会立刻认定你的项目是真实可靠的，人们会从内心深处相信它必定能够取得成功。关键在于，你要把尽可能多的超级可信的人带到大家面前，同样你还要尽最大的努力使这些人的努力方向与你保持一致。具体地说，这种可信度源于你制作的视频的质量、你的视频中出现的人物和你的众筹活动代言人。如果你能够在众筹活动启动的同一天召开新闻发布会，那么是谁将在你的新闻发布会上发言也是至关重要的。

超级可信度也来自你早期的成功。人们喜欢支持一个赢家。你在一开始的时候做得越好，愿意支持你的人就越多。这样也就引出了下一个关键点：早期捐赠者的参与。

早期捐赠者的参与。在上一节中，我曾经解释过，5 000 美元和 10 000 美元的资助水平与低价位的资助水平同样重要。这是为什么呢？下面举例说明。在 ARKYD 太空望远镜这个众筹项目中，在正式启动前的两个星期，安德森、莱维萨斯基和我分别与我们每个人的“个人网络”中的所有人进行了联系。在众筹活动实况转播的前一天，我们每个人都发出了数十封邮件。这些邮件的内容大同小异，大致如下：

> 嗨，拉里（或者其他人的名字）：
>
> 明天是 5 月 29 日，星期三，我们将会推出一个我们生命中最伟大的、最激动人心的在线项目。我们这样说毫无夸张之意。我非常希望得到你的支持。这个项目的名称为“ARKYD 太空望远镜”。我们正在为一个轨道太空天文台筹集资金，它的太空望远镜将能够被全世界所有个人所利用。我们将通过众筹这种方式来促成一种全球性的探索太空的热情；而且这个项目成功之后，各科学中心和中小学观察太空的时间将得到大幅增加。这个项目将会使太空变得“触手可及”。
>
> 这次众筹活动在最初的几个小时内的表现（也就是收到的资助承诺）将决定整个活动的成败。正是出于这个原因，我以个人的名义向我最亲密的朋

友，也就是你，请求你的资助，并恳切地希望你把这个请求传递给你的朋友们。

这里有两个资助水平（10 000 美元和 5 000 美元）供你考虑。在做出了资助之后，你就可以将相当可观的望远镜观察时间捐献给任何一间你想捐献的中小学、博物馆或大学。在我们活动启动时，你可以在启动页面上阅读到所有有关的细节。公平地说，我们给这两个资助水平的捐助者提供的奖励应该说是属于最“顶级”的——我们甚至可以以你的名字命名我们发现的小行星。

这将是一次让你大饱眼福的众筹活动，请你好好看一看。请你记住，这次众筹活动的网址是：www.kickstarter.com/projects/1458134548/1966069095?token= 2 ab031d1。

一旦众筹活动开始实况转播，我就会把链接网址发到你的邮箱里。让我们拭目以待吧。谢谢！

彼得·戴曼迪斯

于是，当我们的活动启动后，公众看到我们在最初的 4 个小时内就筹集到了 20 万美元。这个良好的势头帮助我们建立了最初的信誉度，足以让我们这个活动像病毒一样传播开来。有了这样一个坚实的筹资基础，我们毫无疑问能够实现我们的目标。剩下的唯一问题是什么时候能够实现目标以及最后到底能够筹集到多少钱。

炒作。有意识地进行有意义的炒作。人们需要一个令人信服的理由来参与众筹活动，特别是在活动刚刚启动的时候。在 ARKYD 太空望远镜这个案例中，在众筹活动推出前几个星期，我们就开始与我们的社群成员以某种戏谑的形式暗示“伟大时刻就要来临了”，以争取激起社群成员的激动之情。然后，我们利用我们掌握的资源和我们的联盟成员掌握的资源，共同促成了在西雅图飞行博物馆举行的现场新闻发布会上的热烈气氛。我们提前做好了组织工作，确保会有 400 名热情的粉丝（来自西雅图地区）出现在现场活动中。至于那些一直收听我们的现场直播的人们（大约 1 个小时），我们向他们承诺，为他们每人准备了独家纪念品（一件 T 恤衫）。

私下里，我们也通过我们自己的人脉网络去筹集资金。人们对于众筹总是有一种通常的误解，认为你的大部分支持者只能是陌生人。事实上，众筹通常是一个正常的筹资策略（在你自己的网络里筹集资金）和众筹策略（寻找匿名公众捐助者）的组合。

媒体参与。在众筹时大多数人易犯的主要错误是，他们认为仅仅在 Indiegogo 和 Kickstarter 等众筹平台上发布消息就足够了。实际上这是远远不够的。是你，而不是平台，应该对你的众筹活动的页面点击流量负责。你给你的活动页面带来的流量越多，你所能筹集到的资金也就越多。事情就是这么简单。

除了社交媒体以及通过电子邮件、联盟成员和积极分子进行直接推广外，另一个提高流量的关键机制是利用数字媒体，也就是说，你一定要尽量争取直接链接到你的活动页面的文章和博客。以下列出了实现这个目标的一些方法。

接触那些认识你的人。如果你或你的公司以前已经被媒体报道过了，那么一定要创建一个熟悉你的业绩和故事的媒体列表。在众筹活动正式启动之前，就联系它们，给它们通个气。在众筹活动正式启动后，要为它们提供消息稿和相关的图片和内容的链接，以便于它们在报道时采用。

创建一个相关的博主和记者的列表。关心你所感兴趣的领域的博主都有哪些人，你必须心中有数。Pebble Watch 众筹活动在这一点上做得非常好。“我们仔细阅读了瘾科技博客空间上的每一个博客，将每个博客对 Kickstarter 平台上的众筹项目的报道和评论都记录下来，统计它们多久会报道一次。最终，我们得到了一张包含了大约 80 个博客的列表，”米奇柯维斯基说，“接下来我们创建了一份电子表格，列出了博文数量排在前 60 位或前 70 位的媒体记者，我们考虑在我们的 Kickstarter 项目上线时与他们取得联系。”

Pebble 选择了瘾科技作为项目启动时的独家媒体合作伙伴。为了获得有关这次众筹活动的新闻报道的首发权，“瘾科技”答应为他们做深入报道。这种合作关系非常有效。“瘾科技”的文章不断地被其他新闻媒体转发，于是，这个活动就像病毒一样传播开来了。

步骤十一 制订每周执行计划

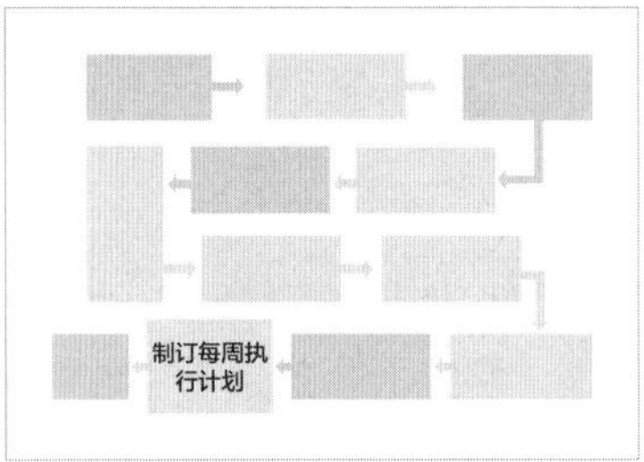

在整个众筹活动过程中与支持者和准支持者保持密切联系是至关重要的。在众筹活动开始之前，就应该与支持者和准支持者进行联系，并且要一直保持下去。Indiegogo 网站在 2012 年完成的一项研究的结果表明，不断有补充资料（即博客文章、视频，等等）出现的项目，所能筹集到的资金比那些没有补充资料的项目多出 218%。更好的消息是，鉴于目前存在着大量的随时都可利用的沟通渠道，而且这些渠道使用起来也异常简便，所以人们要参与你的社群从来不曾像现在这么容易过。

为什么参与如此重要呢？第一，支持者有充分的理由担心他们捐献出去的钱落空。他们希望看到项目状态不断更新。这些人是你的第一批顾客，所以让他们自始至终保持热情应该是你最优先要考虑的事情。在固定筹资活动中尤其如此，他们所捐的款项只有在筹款的目标达成之后才归你处理。在活动持续期间，那些不满的支持者可能会减少他们的资助，甚至会取消资助，因此让他们一直处于参与状态是非常重要的。

第二，参与进来的支持者们会邀请他们的朋友也来参加活动。众筹活动中所筹集到的很大一部分资金就是来自于这些支持者们的“下线”。最好的“下线”肯定来自于那些已经捐助了这次活动、并且对这次活动的发展潜力始终保持乐观情绪的人。

第三，以我们的 ARKYD 太空望远镜众筹项目为例，在我们所筹集到的全部资金当中，有超过 10% 的资金来自于追加捐赠。这就意味着，在活动期间，已经捐助过的支持者为了得到一个更好的纪念品可能会决定捐赠更多的钱。这些追加捐赠主要是由参与度很高的积极分子所驱动的。接下来，就让我们来近距离地观察一下吧。

“促销”活动和竞赛。人们通常都喜欢玩游戏。我们在 ARKYD 太空望远镜的众筹活动中使用过一系列非常成功的策略，其中有一个是这样的：在 Freelancer 网站上举办一场设计大赛。我们与马特·巴里合作，为设计出最优秀的、包含了太空望远镜这个元素的 T 恤衫的那个人，颁发 7 000 美元的奖金。我们希望能够收到上百份设计方案。于是马特开始向他的邮箱列表中的地址发电子邮件——他一共发出了 800 万封电子邮件。结果出乎我们的意料：到最后，我们得到了超过 2 500 个高质量的设计方案，还有大量的积极参与者。另外，获胜的 T 恤衫设计又促成了另一个高潮，它最终促进了更大的销量。

另外，在设计类似的“促销”活动的时候，一定要确保这种竞赛活动与众筹活动的最终任务相一致。我们还在一些不熟悉众筹和互联网的社群内开展了几场比赛，结果都不太成功。

视频直播。在推出 ARKYD 太空望远镜众筹活动期间，我们举办了一系列名人问答活动的现场直播。在活动期间，我本人就采访了雷恩·威尔森、比尔·奈和布伦特·斯派尔。这些事件使整个活动更加透明，因而可以促使人们更深层次地参与进来，并带动了更多的人关注我们的活动页面，最终大大地增加了筹款数额。

步骤十二 采取数据驱动的决策方式

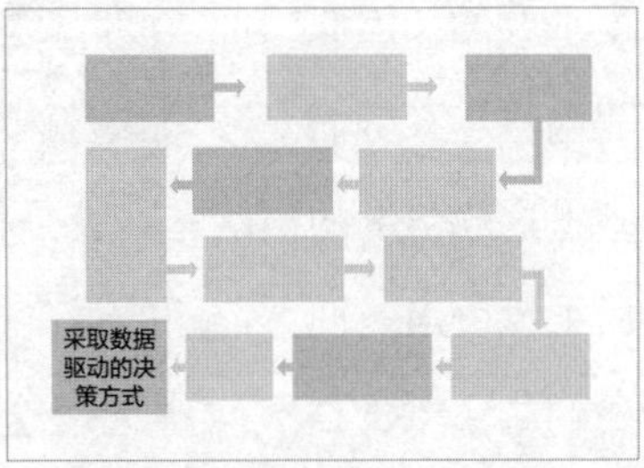

细节存在于数据当中。随着众筹活动的推行，一些较小的趋势和一些较大的模式都开始浮现出来。有效地利用这些信息，就能够给你的众筹活动提供极大的帮助；而要利用它们，首先要找到它们。以下列出了你要找到的一些模式。

时机。在众筹活动中时机就是一切。需要关注两个不同的时机：市场时机和推出时机。

市场时机意味着世界已经做好准备迎接你的解决方案了。为什么 Pebble 的众筹活动一举成功呢？因为普通大众已经非常渴望拥有这种智能手表了。因此，你必须时刻注意行业发展趋势，密切关注同类产品的销售情况，做好分析工作。测试市场的最好方法之一是，向 100 位朋友、家人和同事，以及更重要的完全陌生的人询问，他们对你的产品、服务和创意有什么看法。在众筹活动推出之前，你必须很好地完成这项工作。

推出时机意味着，你必须了解人们的活动是按照特定的时间表进行的。很少有人会在暑假和周末安静地坐在电脑前面。你要充分考虑到学校假期、宗教习俗甚至体育节目的时间表等各种因素，选择最好的时机推出众筹活动。在一星期内，时间越早网络的点击率越高，从媒体的角度来看，如果众筹活动安排在一星期的星期五、星期六或星期日推出，那将是非常糟糕的，所以如果你不能在星期一至星期四推出，那么就请再延后几天吧。不要冒险丢掉一个星期前段的良好时机，而选择一个糟糕的时机推出。大多数众筹投资高峰都出现在活动的开始阶段和结束阶段，而在活动的中间阶段会出现一个平缓期。请针对这一点制定相应的计划。

驾驭趋势、乘势而上。你应该设法在“涨潮期”推出众筹活动，而这也就意味着你必须把握好趋势，这一点非常关键。你的众筹所涉及术语的普及性是很重要的。因此,到“谷歌·趋势”网页上去查一下潮流走向吧。你要做到“驾驭趋势、乘势而上”，而这就要求你在热门关键字变得像病毒一样流行的时候，站上这股浪潮的顶端。这就是你要采取的策略：把自己放到正确的位置上，然后乘风破浪，冲上浪潮的最高峰，利用流行术语来增加你的活动的点击率。在我们的 ARKYD 太空望远镜这个众筹项目中，我们之所以能够提出“太空自拍照”这个设想，原因也在这里。一开始，我们并没有非常热衷于这个想法，直到我们在“谷歌·趋势”中搜索到了“自拍照”这个词。从全球搜索的数量中，我们发现这个词的受欢迎程度正在迅速提高,所以我们决定试一试。事实证明，这个尝试得到了丰厚的回报。

增量销售。在众筹活动中获得动力的最好的方法之一是拉拢支持者，让他们进一步追加资助。在众筹活动网页的点击率居高不下的那段时间内，适当地运用这种“得寸进尺”的策略，能够极大地增加“销售量”。但是，你不能去恳求你的支持者捐献更多，相反，你应该在每个奖励水平上加大参与的回报价值，当回报价值提升时，支持者们自然会主动加大捐赠力度。

成为全球关注的焦点。因为互联网的原因，众筹活动不再是一个地方性的事件。在 ARKYD 太空望远镜众筹活动中，我们不得不把我们的众筹活动页面翻译成多种语言，以迎合来自世界各地的潜在捐献者。在我们所筹集到的资金中，超过 20% 来自欧洲国家，有 3% 左右来自中国。类似地，Pebble Watch 智能手表的 68 000 多名支持者也遍布世界各地。“我们的新闻传遍了世界各地，从美国到加拿大、中东、欧洲、比利时、荷兰，再到新加坡、印尼、中国和日本，”米奇柯维斯基说，“总之，统计数据表明，我们的支持者大约 50% 来自北美洲，50% 来自世界其他地方，而且不只是来自说英语的国家。”这些事实意味着，在当今时代，要成功地实现你的众筹目标，你就必须理解全球市场，因此，马上着手启动对全球市场的调查研究吧，然后再有针对性地为你的众筹活动做好准备。

向你的社群成员提问并倾听他们的意见。众筹活动并不是静态的。并不是活动启动之后，你便可以高枕无忧了；事实恰恰相反，众筹活动推出后，你只会更加忙碌。你要忙于处理数据；不断地评估你的顾客的意见；根据收集到的信息进行迭代改进。在整个众筹活动中，采用数据驱动型的决策方式能够大大提高成功率。下面是我给出的“指导性”意见。

倾听你的社群成员的意见不仅有助于你的筹资活动，而且还将为你提供有关你的产品或服务以及如何使用正确的激励结构的重要反馈意见。当你在收集数据时，请设法了解两件事情：人们想要什么；他们愿意为此支付多少钱。正如所料，调查研究在这种情况下是非常有效的。在许多情况下，当你想确切地知道某些东西时，只需要直接询问你的顾客和社群成员就可以了，这通常是最好的方法。所以请记住以下几点：

分割你的目标群体。只让社群内的某些特定的群体来回答你的问题，这样你反而能够得出更好的结论。

每次只问一个问题。每个人都很忙。回答一个问题是容易的，而且不需要花太长的时间。请一定要问对问题。

要预料到受访者可能会夸张。请注意，在调查中人们倾向于选择比较极端的答案。当真正需要他们提供资助的时刻到来时，只有一小部分人会真正按调查中所选择的数目进行捐赠。

12

指数型工具 3

创建社群

群体智慧时代的人人乐园

DIY 无人机在线爱好者社群，已经制造出军用级的自动驾驶飞机；本地汽车公司的 DIY 社群已经能为会员制造完全定制的汽车。无论是从规模来看，还是从所涉及的领域来看，社群现在能够解决的任务都是以往绝对无法比拟的。声誉经济学从根本上改变了价值定价，从而加速了社群的创新速度。

HOW TO GO BIG,
CREATE WEALTH,
AND
IMPACT THE WORLD

BOLD

声誉经济学

纽约大学教授克莱·舍基（Clay Shirky）对认知盈余（cognitive surplus）[①]这个概念的定义是：我们这个星球上的人所拥有的、可以用于自己关心的事情上的数万亿个小时的自由时间。

本书的整个第三部分都将致力于探索开发利用这种认知盈余的策略，而在本章中，我们将首先讨论最重要的一个问题：如何建立一个社群。你不仅可以利用社群来完成工作任务，而且可以通过它来实现你干成大事、创造财富并改变世界的目标。

为此，我们得先把这里所说的社群（community）这个术语的含义说清楚。首先，社群不同于人群或群众。人群包括在线的每个人，社群则是由人群中“拉出来”的一部分人构成的。社群里的每个人都是与你的工作有关系的人。社群的类型多种多样，但是在这一章里，我们的注意力将集中在以下两类社群上面：DIY 社群和指数型社群。

DIY 社群是为了一个宏大变革目标（massively transformative purpose，简

① 看自由时间如何成就“有闲”世界，克莱·舍基引领“有闲”经济的经典著作《认知盈余》已由湛庐文化策划，中国人民大学出版社出版。——编者注

称 MTP)[①]而联合在一起的一群人，他们构成了一个群体，满腔热情地将自己的时间和想法贡献给他们真正相信的项目。这些人心甘情愿地长时间免费工作，而且永远坚定不移。他们之所以这样做，是因为他们觉得自己的工作是有意义的、非常重要的。

而指数型社群则是由非常热衷于某项指数型技术（例如，机器学习、3D 打印、合成生物学，等等）的一群人构成的社群，他们聚集在一起，分享技术和经验。

在某种意义上，DIY 社群和指数型社群，以及其他类型的社群，其实都不能算是真正意义上的“新生事物”。自人类开始过上了群体生活的那一天起，我们就已经聚集在一起，分享彼此的激情、共同解决问题了。但是今天的 DIY 社群和指数型社群（下文中，在不会引起混淆的情况下，我将把这两类社群统一简称为“社群”）无论是从社群成员的地理分布上，还是从规模和结构上，都已经与历史上的社群完全不同了。下面就让我们仔细分析一下。

最明显的变化表现在地理方面。在历史上，如果你打算建造一艘船，但是最好的桅杆制造商却位于一座巍峨的大山的另一边，那么你就只能怪自己运气不好了。但是，互联网帮助我们消除了这类障碍。正如比尔·乔伊（Bill Joy）所言：“在我们这个星球上，最聪明的人通常都是为别人工作的。”到了今天，技术的发展，已经使你能够非常方便地利用这些最聪明的人的头脑了，不管他们住在哪里，也不管他们心中有没有什么传统的偏见。在互联网上，别人看不到你的皮肤是什么颜色，也不知道你崇拜的是什么神；你穿什么奇装异服、你有什么古怪发型，全都没有关系；即使你抽烟，又有口臭，而且经常无缘无故的傻笑，也都不会造成什么影响。有了这种匿名性，我们不用坐到一起，也能相互分享有意义的或有潜在盈利机会的思想和经历了。

再者，当我们从地理位置和传统偏见的约束中解放出来之后，接触新思

① 此术语由萨利姆·伊斯梅尔在《指数型组织》一书中提出。

想的机会也就更多了。而且，因为创新思想在很大程度上是“冲撞 - 重组”过程的产物：当新的思想与旧的思想发生冲撞时，人们就会提出新的见解，这时候，突破就出现了。这也就意味着，获得的新思想越多，一个社群的创新速度就会越快，它的创新能力就会得到放大。事实上，如果我们可以把这个已经得到倍增的创新能力，与前面描述的那种新发现的能力——利用世界上任何地方的任何一位专家的能力，运用 3D 打印技术、云计算技术等指数型技术的力量，再加上众筹的力量结合在一起，我们就可以完成非常了不起的大事了。这正是今天的社群不同于历史上的社群的第二个关键特征：它们现在可以承担的项目规模是以指数级增大的。

是的，无论是从规模来看，还是从所涉及的领域来看，社群现在能够解决的任务都是以往绝对无法比拟的。一个很好的例子是，有一个名为 DIY 无人机（DIY Drones）的在线爱好者社群，已经制造出了军用级的自动驾驶飞机。还有一个例子是，另一个名为本地汽车公司（Local Motors）的 DIY 社群已经在为会员制造完全定制的汽车。在 10 年前，制造无人机和汽车是个人不可能完成的任务，那是大公司和政府的专属领域。然而在今天，任何能够访问互联网的人都有机会自己动手制造无人机和汽车了。

从结构的角度来看，变化同样是非常显著的。在 20 世纪，信息主要是通过收音机、电视机和媒体扩散开的，因此，信息传播的方向只有一个，通常体现为从上到下。但是今天，通过互联网，无论是自顶向下、自底向上的纵向传播，还是“前后左右”的横向传播，全都易如反掌了。以这种全新的互动模式为基础，在任何一个社群中，都可能涌现出不止一个“社群领袖”。因此，社群中将会形成共同协作的结构。在 10 年之前，这是不可想象的。

更可喜的是，在许多情况下，所有这些结构都是自组织的。在一个社群以正确的方式启动之后，它就会像一个拥有自身生命的有机体一样，茁壮成长起来，而不用过多的直接干预，也不需要密集的资本支出。为了说明这一点，请读者看以下例子。Facebook 首席运营官谢丽尔·桑德伯格（Sheryl Sandberg）

写了一本讨论女性如何追求自己的梦想的畅销书《向前一步》(*Lean In*)，在这本书出版之后，她决定创建一个名为“向前一步”的在线女性朋友圈，以继续凝聚这本书激发出来的“正能量”。他们采取的其中一个策略是，以8位至10位女性为单位，组建一系列地方性的“向前一步朋友圈”；同一个朋友圈的成员可以聚在一起分享经验并相互提供支持。为“向前一步朋友圈”提供技术支持的在线社群建设工具提供商Mightybell的首席执行官司吉娜·比安基尼(Gina Bianchini)说：“这些圈子几乎完全是自组织的。我们所做的就是，向社群提供一些建议,为社群就这些圈子的形式和作用制订一个非常宽泛的指南。在社群内部，没有任何人是专门负责创建和管理这种圈子的。但是仅仅一年之后，社群内就自发地涌现出了13 000多个圈子，而且每周都在继续增加。”

> **KEY WORD**
> **|声誉经济学|**
> reputation economics
> 指由在互联网上积累的良好声誉而带来经济效益。

隐藏在这种全新的合作型结构、自组织机构的背后的推动力量是一种全新的价值定位。描述这种价值主张的时候，研究指数型技术的专家和畅销书作者乔舒亚·克莱因(Joshua Klein)使用了“声誉经济学”(reputation economics)一词。这个术语包含着双重含义。一方面，全世界大约20亿的网民，每个人都拥有自己的“网络声誉”。无论是你在eBay上的卖家评级，还是你在Facebook页面上留下的内容，抑或你在Klout网站上的得分(Klout网站使用社交媒体分析工具，根据用户在社交网络上的影响力对用户进行评分)，这些都构成了你的声誉的点点滴滴。也正因为如此，现在人们彼此之间的相互了解程度是以往任何时候都无法相比的。关键是，这种声誉在许多时候确实非常重要。一个经营得非常出色的博客，有可能会给你带来一系列的东西：从周末的难忘艳遇，到万人大会上的主旨演讲。许多人因为他们在StackOverflow和TopCoder网站上的活动而得到了很好的工作。在StackOverflow上，技术高手们回答彼此提出的问题，然后大家投票评出最好的答案；而TopCoder则经常举办在线计算机编程竞赛。换句话说，我们的在线声誉会对现实世界产生实实在在的影响。

另一方面，以这种声誉为基础，人们可以进行各种各样的、对双方都有益的交易，不过，并不总是金钱意义上的交换。后一点正是关键所在。对此，克莱因解释道："因为我们现在可以获得世界上任何一个人的背景信息，所以我们可以动态地、个性化地确定，怎样进行交换才是对双方最有利的。这正是一个在线社群能够运行下去的基础。在这一点上，几乎所有社群都不例外。"

而且，更加重要的是，我们可以在这个基础上再向前迈进一步。例如，请读者想象这样一种情况。假设本地有一个"烘焙俱乐部"，这个俱乐部的成员喜欢将二氧化碳注入泡沫奶油，烘焙出美味的蛋糕。有一天，俱乐部的某个女性成员认为，他们需要一个更强大的二氧化碳注入器。在互联网上搜索几分钟后，她就联系到一个远在千里之外的人，他自称能够做出完全符合她的要求的设备，但是问题是，他手头只有几个产品原型，而且似乎没有兴趣与他人分享。

> "如果放在以前，"克莱因继续说道，"当你碰到这种情况的时候，你可能会通过这个人撰写的论文或有关的新闻报道来了解他到底是怎样一个人；或者，你可能会写一封信，要求他本人提供更多的信息。但是现在，通过互联网，你就可以将这个人的情况了解得一清二楚。结果你发现，他竟然十分热爱巴伐利亚的民间音乐。巴伐利亚的民间音乐？哈哈。你们俱乐部的首席面包师妻子的姨妈就在巴伐利亚，而且这位姨妈的侄子就是一个精通民间音乐的大师。那么，这个大规模制造蛋糕注气设备的人会不会有兴趣认识一下这位大师呢？那样的话，他应该会让你们试用一下他的设备了吧。在10年之前，这种事情是不可能发生的。而现在，却像呼吸一样普通了。"

声誉经济学从根本上改变了价值定价，从而进一步加速了DIY社群和指数型社群的创新速度。这意味着，即使"手头没有钱"，社群的运转也不会停下来。事实恰恰相反。互利的、非金融性的交换其实比以赚钱为目标的交易更好，它给参与交换的人带来的价值要比普通的以货币为中介的交换大得多。而且，由于这种交易过程中"摩擦"很少，所以人们往往会更主动地进行这种交易。因此，当地理障碍不复存在之后，创新速度就会大大加快，从而使企业家更快地完成跨越。

让我们用比安基尼的话来解释："我的整个职业生涯都在与DIY社群接触，它们一直都能够给我带来惊喜，甚至会令我非常震惊。一个社群一旦启动之后，它就会自动产生一些非常惊人的'思想'；它的发展方向也可能是人们从未考虑过，甚至从未想象过的。这种现象经常发生，你几乎可以将它称为一个规律。我认为，这就是DIY社群可以成为我们应对巨大挑战时的一个非常强大的工具的原因。有了DIY社群，你不需要事先就把与干成大事有关的一切事情都搞清楚。社群不仅会影响前进的路径，而且能够加速前进的过程。它确实是一个令人震惊的杠杆。"

星系动物园，40万人参与的星系照片分类社群

2007年年初，凯文·肖文斯基（Kevin Schawinski）正在牛津大学攻读天体物理学博士学位，当时他的主要研究任务是利用斯隆数字巡天数据（Sloan Digital Sky Surrey）把所有蓝色椭圆星系都找出来。蓝色椭圆星系是一种过渡的星系，也许可以填补星系之间的缺失环节：在仍然处于活跃的形成期的星系与明显早就死亡的星系之间，到底是什么样的星系。事实上，斯隆的研究计划可以说是天文学发展历史上最雄心勃勃的研究计划之一：对差不多1/4个天空进行扫描成像，并根据由此而得到的数据，在更大的尺度上揭示宇宙的结构框架。《纽约时报》把这个研究计划称为"诸天普查"（a census of the heaven），它需要处理的数据比以往任何一次研究都要多10倍。因此，与以往的天文学家不同，肖文斯基要分析的星系照片并不是几百张，几千张，而是差不多100万张。而且不幸的是，在那个时候，我们最好的计算机算法也无法识别蓝色椭圆星系。只有人类的眼睛能完成这个任务。换句话说，肖文斯基需要自己看完这些照片。

在一天连续干10个小时、连续干了5天之后，肖文斯基才看完了5万张

照片。但是他已经疲惫不堪了。“这是能做到的极限了，”肖文斯基解释道，“从这5万张照片中，我们获得了一些有意义的信息，增加了我们的科学知识；我也根据我已经完成的分析发表了几篇论文。但是，每一次，当我们谈论我们还可以做些什么时，我们都不得不加上一句：‘如果我们把剩下的那差不多100万张照片都看完了，肯定会很有惊人的发现。’”

然后有一天，肖文斯基与牛津大学的同为天文学家的克里斯·林托特（Chris Lintott）一起出去喝酒散心。他们在一起闲聊的时候，突然冒出了一个想法：为什么不把这些照片放到网络上去呢？“我们想，别人可能会帮得上一些忙。比如说，外面总有一些业余天文学爱好者吧；他们应该愿意帮助我们识别这些星系照片，”肖文斯基说道，“粗略计算之后，我们认为大约需要5年时间，就可以完成对这100万个星系的分类。”

在一些朋友的帮助下，仅仅两个星期之后，这个想法就变成了星系动物园（Galaxy Zoo）。星系动物园是最早的公民科学网站之一。这个网站的外观非常简洁，整体上看就像一个新闻发布网站，除了一些与这个网站的背景、宗旨有关的信息之外，就只有需要人们识别的照片了。现在，肖文斯基他们所能做的就是等待了。不过他们并不用等太久。

在短短几个小时之内，网民们完成分类的星系照片的数量就超过了肖文斯基埋头苦干一个星期的成果。在24个小时内，网民们每个小时都能完成对7万张星系照片的分类。肖文斯基说：

> 我们很快就意识到，人们参与这项任务需求极其巨大。起初我们都有点儿困惑，为什么有这么多人喜欢到我们这个网站来对星系照片进行分类呢？后来我们认识到，我们在偶然之间，满足了普通人从未得到满足过的一个需求——他们想为科学做出自己的贡献。事实上，我们与一些社会科学家的合作研究表明，人们参与星系动物园的首要原因就是他们存在着强烈的为真正的科学研究贡献力量的欲望。是的，他们想做一些有意义的事情。

很多人都有这种愿望。肖文斯基和他的同事们击中了一个使命。第一代星系动物园（现在已经是第五代了）吸引了 15 万名参与者，他们完成了 5 000 万张星系照片的分类。后续各代星系动物园也吸引了 25 万名参与者，他们完成了超过 6 000 万张星系照片的分类。目前，星系动物园已经升级为“宇宙动物园”了。而且，以星系动物园为蓝本，后来又出现了一系列公民科学项目。你想探索月球表面吗？你想和行星资源公司以及 NASA 一起寻找潜在的可以采矿的近地小行星吗？你想应用历史上的航海日志模拟气候变化的过程吗？你想帮助研究人员理解鲸鱼的“语言”吗？所有这些项目，都已经可以在网上完成，或者正在紧锣密鼓地筹备当中。

在这里，重要的是，肖文斯基和他的同事们在无意中偶然发现了我一再强调的“利基定律”（Law of Niches）。这个定律所包含的思想非常简单：你从来都不孤单。这也是互联网最重要的特性之一。不过说到底，这其实只是一个极其朴素的事实：无论你所坚持的思想多么古怪，都会有很多人拥有与你同样的激情。只是以往，你无法找到这些人；而有了互联网之后，这个问题已经解决了。“企业家的能力很大程度上就体现在他们能机警地发现自己的利基群体并很好地服务于他们，或者从另一个角度来说，他们能够创建一个平台，用来让自己的利基群体满足自己的需求。现在，他们这种能力比以往任何时候都更加突出了，”克莱因解释道，“在过去，初创企业不得不与行业中成熟的在位企业竞争。以汽车零部件行业为例，我有一个朋友所从事的全部业务是为一部分普锐斯牌（Prius）汽车的车主服务，这些车主想改装他们的汽车的电气系统，使它们更加省油。这确实是一个非常‘小众’的利基群体，但是在今天，针对这个群体已经足以做成相当可观的业务了。”

本地汽车公司，13 万活跃成员参与的汽车设计与制造社群

约翰·杰·罗杰斯从小就非常喜爱汽车。他还喜欢摩托车。这也是他的“家庭特色”。他的祖父拉尔夫·罗杰斯（Ralph Rogers）是极具传奇色彩的印

第摩托车公司（Indian Motorcycle company）的最后一任拥有者，也是美国东海岸最早的康明斯发动机（Coummins Engine）经销商。在长大成人的过程中，罗杰斯一直设想自己会从事汽车设计工作，但是，当他真的上了大学后，才发现传统大学系统内并没有“汽车设计师”这种专业。结果，他只好暂且把童年的激情放到一边，从普林斯顿大学获得了一个国际事务和公共政策学位（辅修艺术）。

毕业后，罗杰斯在一个医疗行业的初创公司找到了一个职位，然后在中国工作 3 年，之后他又成了一名金融分析师。后来，罗杰斯又上了斯坦福大学商学院。在庆祝晚宴上，一个同事问罗杰斯，他这一辈子真正想做的事情是什么。“我告诉他，我想制造一些有形有质的东西，并领导他人，”罗杰斯说，“然后我的朋友问我，是否知道如何领导他人，是否曾经有过真正的领导他人的经验。我只能给出否定的回答。于是他建议我加入军队历练一番。”

罗杰斯真的这样做了。在 26 岁那年，罗杰斯放弃了他在斯坦福大学的学位，加入了海军。他 1999 年入伍，前后一共服役了 6 年半，他去过太平洋，也曾经驻扎在伊拉克。2004 年，在第二次被派驻海外时，罗杰斯随身携带了一本名为《赢得石油残局》（*Winning the Oil Endgame*）的书。这本书出自一位很有远见的环保主义者艾默里·洛文斯（Amory Lovins）之手，讨论的是人类社会应该怎样摆脱对化石燃料依赖的问题。在罗杰斯的人生中，这本书成了一个转折点。他是在自己两位最亲密的战友在战斗中牺牲后的那段时间里读完这本书的。这使他意识到，他在自己的一生中，真正想做的事情是确保不再有人因石油而丧生。在美国进口的化石燃料中，71% 都用于为汽车和轻型卡车提供燃料。因此罗杰斯认定，实现他的人生目标的最好的方法是建造一种全新的环保汽车。

罗杰斯知道，实现这个梦想，他还需要懂得更多的商业知识，为此，他离开了军队，进入哈佛大学攻读 MBA。在那里，他在一个讲座中听到了 Threadless 公司的创业故事，即前文提到的那个生产 T 恤衫的开源公司。罗杰斯被这个故事所展现出来的众包力量惊呆了。尽管，制造汽车要比设计T恤衫困难得多，但是罗杰斯却很清楚，制造汽车所需要的人才其实也是现成的。作为利基定律的另一个活生生的例子，罗杰斯知道自己绝不是唯一一个从小梦想着设计汽车、长大以后才发现从事这种工作的机会微乎其微的人。“在精通工业设计的专家当中，只有12%至20%的人真正从事这种工作。”罗杰斯解释说，“这还不包括那些想自己制造汽车，同时又没有成为工业设计师或不能成为工业设计师的人。他们的激情是制造汽车，这是一个巨大的需求，只不过一直被压抑着。”

这个使命很快就开花结果了，那就是罗杰斯创办的本地汽车公司，它是全世界第一家已经投产的开源汽车公司。与传统的汽车制造工厂相比，本地汽车公司设计和制造汽车的速度快5倍，而投资却仅为1/100。这确实是一个现代奇迹。罗杰斯和他的同事们不仅找出了如何加速汽车生产的方法，还找到了使汽车生产非货币化的方法。要知道，在此期间，汽车城底特律的失业率高达23%，而且整个美国汽车业都在缓缓地走向死亡。

在这里，我们应该先停下来好好思考一下。在本书中，我们一直在强调，在今天，小团队也可以完成以往只有大型企业或政府才可能完成的任务。那么，让我们来看一看美国的汽车行业的状况。除了马斯克的特斯拉公司之外，近30年来，美国还没有出现过一个成功的新创建的汽车公司。而且，在过去的7年中，美国政府花了几百亿美元去救助三大汽车公司。这也意味着，本地汽车公司不仅做到了以往只有大型企业和政府才能做到的事情，而且还做到了大型企业和政府做不到的事情，即拯救美国的汽车行业。

那么，本地汽车公司究竟做了什么呢？说白了其实很简单。本地汽车公司想到的办法是：通过一个非常稳定的DIY社群来以集体方式设计和制造汽车。现在，在他们的网站上，经常有各种各样的设计竞赛，而且所针对的都是非常细分的区域市场，例如，索诺兰沙漠越野车、特别适用于加州高流量的高速公路的非常省油的车，等等。这些竞赛将五花八门的概念车型聚集到了一起，它们出自世界各地的设计师、工程师和爱好者之手。然后社群组织投票，胜出的概念车型将由本地汽车公司制造出来。

在这里，至关重要的是，本地汽车公司保证，这个 DIY 社群能够参与汽车设计和制造的每一个步骤。在举办了第一个设计大赛后，本地汽车公司又围绕其他一系列关键的汽车零部件组织了设计和制造比赛。他们还能够利用现有的汽车（零部件）生产厂商，他们让社群投票选出大家最喜欢的可以包含在他们的汽车中的非专门设计的零部件。例如，2009 年，本地汽车公司正式发布的第一辆汽车“拉力战士”（Rally Fighter），它是一辆沙漠越野车，不能上公路行驶（不过可以在城市街道上行驶），这辆车就使用了马自达米亚达（Mazda Miata）的门把手和本田思域（Honda Civic）的尾灯。然后，本地汽车公司又发布了最终设计，并颁发了“知识共享许可”（Creative Commons license），这样社群成员就可以对它进行继续改进；特别是那些有创业倾向的社群成员，就可以开发、生产特定的零件，然后卖给社群。最后，要真正拥有这样一辆车，社群成员（客户）必须实际参与装配过程，地点是在本地汽车公司设在各地的“微型工厂”内。

当然，在一定意义上，我们在这里所讨论的其实就是通常所说的“参与”（engagement）。但是这个词经常被误解。对此，比安基尼解释道：“我们所说的‘参与’并不是在 Facebook 页面上点一个‘赞’这么简单。点赞只是一个单向的表示，而且它实际上并不去往任何地方。社群的基本特点是，社群成员们真的在相互交谈。‘参与’意味着一直在交谈。”

本地汽车公司所做的就是，为那些激情受到压抑的汽车爱好者或狂热者设计和制造汽车的每一个步骤都提供一个有意义的“出口”。他们不仅“掀起了盖头”，让社群成员们一探其汽车设计的奥秘；更重要的是，他们引导社群成员、帮助社群成员成为汽车设计师。其结果是，因为它们所要转化的是一种深层的激情，所以他们甚至不需要建立一个特别巨大的社群，就能够像克里斯·安德森在《连线》中写到的那样，成了“美国制造业未来的脊梁”。

安德森完全没有夸大其词。早在2013年，罗杰斯就和通用电气公司的首席执行官杰夫·伊梅尔特（Jeff Immelt）联合创办了一间本地汽车公司的微型工厂，它专门致力于缩短通用电气的产品推向市场的时间。这间工厂于2014年正式开业，而就在剪彩仪式举行的时候，它实际上已经在生产两个通用电器的产品了。借着这次成功的春风，本地汽车公司又在其他行业创办了50家微型工厂。

人们常常会有一个错误的印象，认为要想利用DIY社群来解决巨大的挑战，那么这个DIY社群的规模就必须非常庞大。实际情况并非如此。现在，本地汽车公司的社群已经拥有了超过13万名的活跃成员，另外还有100万名左右的潜水者（那些在关注，但是尚未参与进来的社群成员）；但是真正参与制造第一辆“拉力战士”汽车的那个小组却是由区区500名社群成员组成的。因此，关键在于，只要你的社群能够为人们提供一个合理而可靠的阀门，供他们发泄一直受到压抑的激情，那么你就可以释放历史上最强大的一种力量。

TopCoder，40万程序员参与的指数型社群

TopCoder始创于20世纪90年代末期。当时，杰克·休斯在康涅狄格州创办了一个软件开发公司，在上一个项目结束、下一个项目尚未开始的间隙，为了不让自己的员工“闲着”，他组织了一系列内部编程比赛。几年之后，休斯出售了这个软件公司，在考虑下一步应该做些什么的时候，他意识到恰恰是那些在“空闲”时间进行的竞争，才是更加根本的东西。

> “我和我哥哥坐在野餐桌边上，”休斯解释说，“讨论一个最基本的商业问题：怎样才能找到真正合格的员工。在软件行业，你要想找到一个伟大的开发人员，一个真正有创造性的人，是一件非常困难的事情。但是我却已经了然于胸了，因为我们已经举行过很多内部编程比赛。开发人员都喜欢比赛。这些比赛是识别顶尖人才的一个非常好的途径。因为有许多编程工作都是在

网络上完成的，所以我开始设想：如果把这种竞赛放到网络上去举办，那么又会怎样？”

到了 2002 年，休斯想清楚了，他立即着手行动。他和他的哥哥创建了 TopCoder，并开始举办比赛。“最初，我们会设一些奖金。但是奖金只是为了让事情看起来更有趣一些，其实大家都是因为骄傲才来参加比赛的。”事实证明，骄傲确实是一种秘密武器。

长期以来，休斯一直是一个狂热的体育迷。他非常喜欢美国全国大学生体育协会（NCAA）每年的“三月疯狂”中使用的分组淘汰赛制度；他也非常喜欢棒球分析师的做法——他们已经开始利用更广泛的各种各样的统计指标，而不再仅仅依赖于本垒打和打点的数据。休斯为 TopCoder 创建了一个排行榜，它的工作原理与美国全国大学生体育协会的分组淘汰赛制非常相似；此外，他还向每个程序员发放电子“棒球卡”。这其实是一张“个人技术统计表”，它显示了某个特定的程序员的一切有关信息：参加了哪些比赛，每场比赛中的得分是多少，最高得分和最低得分是多少，等等。设计这个排名系统的最初目的是，使准备参赛的程序员可以看到其他参赛者的名字和排名，这样就可以预先估计一下，自己是否能够赢得比赛，再决定要不要参加比赛。但是不久之后，这个排行榜上的得分就变成了“骄傲得分”。

对此，休斯解释道：“我们把计算机编程变成了一个大型多人游戏。我们会在网站上公布一个问题陈述，一旦有某位程序员‘打开’了这个问题，就会出现一个电子计时器，滴答作响开始计时。当这位程序员提交了答案之后，我们就根据他解决问题的速度和给出的代码的准确程度来评分。无论你的等级分有多高，那都只是一个‘荣誉勋章’。人们主要不是为争夺奖金而参加编程比赛的，他们希望提高自己的排名。”

当然，金钱奖励也不会造成伤害。也正因为如此，休斯不仅仅在他的社群内部组织比赛，他还承接外部业务。他会将大项目化整为零，分解为多个小问题，然后就每个问题组织一场比赛。通过这种方式，作为 TopCoder 社群的成员的编程专家们每次给出的解决方案就是一小块拼图。有些人擅长编写代码，有些人擅长发现代码中的问题（bug），而有些人则擅长修复错误……当全部比赛结束后，把所有小块小块的拼图组装在一起，就成了一个可以交付给顾客的完整的解决方案。很显然，这是一个伟大的众包模式。

TopCoder社群的这种众包模式产生了巨大的影响。一开始，TopCoder社群大约有2.5万名成员，在那个时候，他们已经能够解决美国政府雇员保险公司（GEICO）和百思买（Best Buy）委托的重大项目了。但是没过多久，随着社群成员的数量的急剧增加，社群的“触角”也延伸到了更远的地方。例如，当波士顿贝斯·以色列女执事医疗中心（Boston's Beth Israel Deaconess Medical Center）的拉米·阿尔诺特（Ramy Arnaout）医生试图从关于免疫系统的巨量遗传信息中筛选出一些有效数据时，他就决定到TopCoder社群试一试运气，而不是去咨询自己本行业的科学家。

> “结果证明，”《波士顿环球报》卡洛琳·约翰逊在报道中这样写道，“TopCoder社群的40多万名计算机程序员能够迅速、高效地解决这个纯粹的生物学问题——如何将制造与免疫系统识别微生物的能力有关的一系列蛋白质的那些基因识别出来。”

而且，更加令人惊叹的是，TopCoder社群为了完成这项任务，所花的时间和金钱全都是那么少。在短短两个星期的比赛中，来自近70个国家的程序员们提供了100多种算法，其中有16种算法比美国国立卫生研究院当时所用的算法更好。而且整个比赛的总成本也只有区区6 000美元，这对那些有兴趣利用TopCoder社群以众包方式满足编程需求（而不是试图以它为范本，创建一个DIY社群）的人来说，无疑是一个非常好的消息。但是，如果你的目的是以TopCoder社群为榜样，创建一个指数型社群的话，那么最重要的一点是，一定要记住，推动它的成长的绝不仅仅是竞争。

> “竞争只是非常碰巧地成了我们的社群中最先为人们所关注的一件事

> 情，”休斯说，“但是 TopCoder 其实在许多方面都更注重合作。人们之所以参加我们的社群，不是因为金钱，也不是因为他们能够以我们的社群为跳板找到一份好工作。相反，他们是因为它的社会性而加入进来的。我们的社群之所以会成为大家欢聚在一起的一个场所，就是因为大家想欢聚在一起。这是我们的社群成功的根本原因。”

2013 年年底，云服务咨询商 Appirio 公司买下了 TopCoder 社群。自那之后，这个社群就由 Appirio 公司的联合创始人纳林德尔·辛格（Narinder Singh）主管。“通过 TopCoder 我们看到了令人惊异的成功可能性，”辛格解释道，“但是我们同时也注意到，目前它只是在一些比较有限的情况下，被数量相对较小的一批客户使用着。无论是什么公司，对创新的期望越高，对强大的技术的需求也就越强烈。我们收购 TopCoder 的目标是，使它成为适用于所有大、中、小型组织的一种主流技术。这些组织需要像 TopCoder 这样的指数型技术，指数型技术将成为它们的技术储备的核心组成部分。”

创建社群实施指南

先请读者回顾前面讨论过的利基定律。互联网揭示的一个事实真相是，任何人都不像自己所想象的那么“独一无二”。这个真相也许会打击你的自尊。但是它其实是一个好消息。它意味着，如果你是一个对某种事物充满激情的人，那么你就有非常好的机会与其他人分享你的激情。所以，创建一个 DIY 社群的最好的理由是“你早就‘单恋’得非常辛苦了”。

谁应该创建社群？

请注意了，如果你能利用现有的社群来实现你的梦想，那么就利用它。但是，如果你对某种事物非常有激情，但是却没有人曾经表达过与你相同的欲求，那么你就可以自己创建一个社群了，而且这样做可以使你拥有先发优势。不要低估这种力量。星系动物园计划刚刚开始的时候，肖文斯基等人曾经以为，肯定只有少数人注册成为会员，但事实却是，在很短的时间内，成千上万的人参与了进来。为什么会这样？原因很简单，希望参与天文学“研究”的人非常多，而星系动物园是他们唯一可以参与的游戏。

我们看到，现在已经出现了许多类似于星系动物园的社群（例如，宇宙动物园）。我再举另外一个例子：行星资源公司和 NASA 也让人们参与识别新的、以前从未探测过的小行星，根据人们识别出来的结果，我们可以建立一个严格的数据集，然后就可以利用这个数据集训练人工智能进行更大规模的识别。这是一个非常小众化的任务，我们在开始的时候根本不知道人们会做出什么反应，但是事实表明，就像星系动物园所遇到的情况一样，人们的反应完全超出了我们的预期。在这个项目启动后的前 6 天，参与者们就“鉴定”好了超过 100 万幅图像，并对 40 多万颗小行星进行了分类。

由此，我们可以得到一个启发：如果你不具备先发优势，那么就问问自己，你有什么新的、令人兴奋的东西可以让人们参与。例如，请想一想混合健身法 Crossfit 这个例子。Crossfit 现在已经形成了一股热潮，甚至使许多原本空空荡荡的健身房都变得异常拥挤起来。但是我们需要注意的是与 Crossfit 有关的两个基本事实：第一，当人们与一群同伴一起健身时，他们会更加努力；第二，以往从来没有直接针对男性的同类健身方法。所以，尽管 Crossfit 缺乏一个先发优势，它仍然可以因为拥有一些新的（其他健身法不具备的）、令人兴奋的元素（你可以得到更好的锻炼）而显得与众不同。这就是它得以流行的基础。

同样重要的是，我们一定要记住，人们之所以加入社群，是因为它强化了他们的身份认同感（详见下文），但是，他们之所以愿意继续留在社群里，却是因为他们一直在参与交流。这也就是为什么那些最好的社群实际上一直在“迫使”成员之间进行交流的原因。如果你是负责组建一个新的社群的人，那么你的主要职责就是推动社群内部的高水平交流。任何一个“社群管理员”都首先必须是一个非常“健谈”的人。当安德森最初创建 DIY 无人机社群时，他平均每天都要花三四个小时去“激活”他的社群。简而言之,如果你不是一个“社交性”特别强的人，或者，如果你是一个特别忙的人，那么创建 DIY 社群这个任务可能并不适合你。

什么情况下不建立一个社群更好?

很多人都创建了社群，但是他们是出于错误的原因而创建社群的，从性质上看，这种错误与把房子建在已经腐烂的地基上完全一样。当你的房子没有稳固的地基时，无论你多么喜欢你的门把手，整栋房子最终都会崩塌。这个结论同样适用于社群。因此，在考虑你为什么应该花一些时间去建立一个在线社群之前，我们还得先解决这个问题：在什么情况下你不应该去创建一个社群。

第一，你不应该出于贪婪的心理。在线社群是用来实现使命的，而不是用来赚取现金的。当然，这样说并不意味着你不能通过在线社群来赚钱，但是要赚钱也不能采取这种方法。在线社群要有真实性和透明度，在你要求真金白银之前，你必须先证明你自己是“货真价实”的。

第二，你不应该出于赚取好名声的目的。声誉经济学告诉我们，人们加入在线社群的主要原因是因为他们希望得到承认。你创建社群的目的是让他们得到承认，而不是你自己被承认。

第三，你不应该出于短期的欲望。首先，一个充满活力的 DIY 社群不可能在一夜之间就建成。其次,人们是因为受到了宏大愿景的吸引而加入社群的。例如，最早加入我们行星资源公司创建的社群的第一批注册用户（他们是我们的社群的基础和中坚力量），不是因为他们想帮助我们建造一架新的望远镜而加入社群的。他们的激情是开拓太空新疆界。

创建社群的 8 个关键步骤

如果你决定要创建一个在线社群，那么请按照以下 8 个关键步骤循序渐进（见图 12-1）。

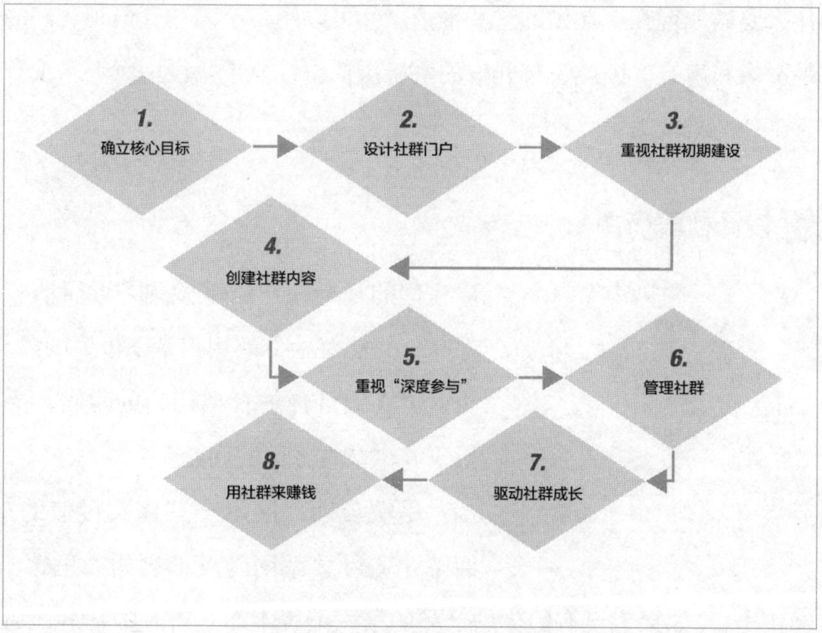

图 12-1　创建社群的 8 个关键步骤

步骤一 确立核心目标

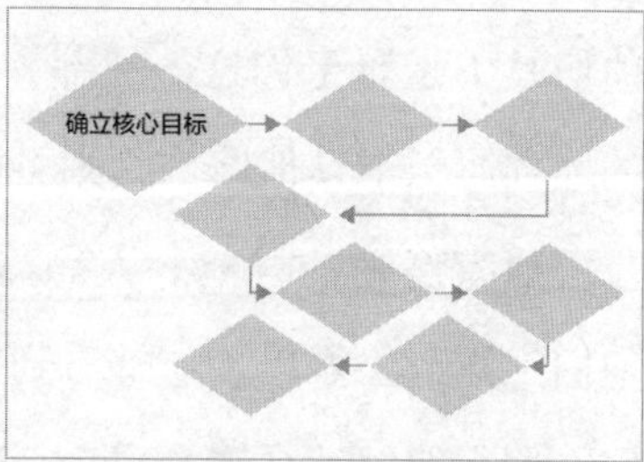

人们之所以愿意加入某个 DIY 社群，是因为它强化了他们的身份认同感。这也就是说，你必须先找到你的“自己人”。你属于什么“部族”？你的身份是什么？你的使命又是什么？罗杰斯告诉我们：“激情是最好的区分器。所以，你得高举旗帜，把你的立场表达得非常清楚。”总之，必须尽可能明确目标。写一个使命宣言，贴在一个你的网站上显著的地方，然后一直坚持这种陈述。换句话说，只有在你非常清晰地认同且真心实意地支持这个使命的时候，利基定律才会发生作用。

这也就是为什么必须把你的故事讲好的原因。使命宣言是必需的，但是这还不够。除非你已经是一个知名的公众人物了，否则人们还需要了解你是谁、你为什么要做你现在正在做的这些事情。你可以用文字表达，但是更好的表达形式是影像和声音。因此，打开你的手机摄像头，录下一段视频吧。千万别忘记，这是你的激情秀。

步骤二 设计社群门户

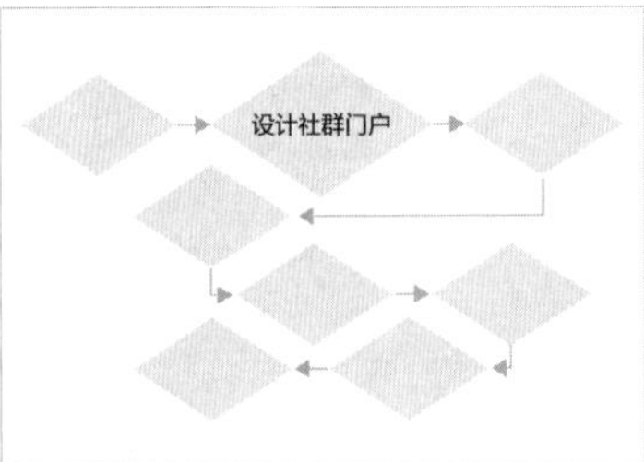

你的社群门户应该做到外形简洁、别有趣味，并能够给你的用户带来极大的参与感。为此，在设计你的社群门户的时候，要注意以下 6 个基本方面的问题。

尽快启动，展示一些真实可信的东西。商务化人际关系网领英的创始人里德·霍夫曼曾经指出，“如果你没有因你的产品的第一个版本而觉得有些窘迫，那么就说明你推出产品的时间已经太迟了”。这个原则同样适用于创建社群。付诸行动才是真的开始了。不要企求一开始就完全正确，更加不能大吹法螺。真实可信非常重要；另一个关键问题是个性化，因为只有这样人们才可以快速地判断他们是不是属于你这个“部族”。但是，重中之重是，你必须给人们一个交流的地方。至于其他修饰，则可以待日后逐步改进。

要有清晰的导航。人们需要了解如何轻松随意地在你的社群里“走动”。他们想知道去哪里、能够看到什么。如果你不能清晰迅速地把这些信息告诉他们，那么他们就会转身离去，因为很明显，互联网有很多其他地方可以去。换句话说，导航栏不是展示你创意的地方。以 DIY 无人机为例（如前所述，这是无人机爱好者的一个在线社群），当你打开他们的网站时，你看到的第一样东西就是一个欢迎框架，上面写着“欢迎来到 DIY 无人机”，并给出了如何使用该网站的说明，其中非常突出的一个选项卡是“我第一次来这里，我应该怎么开始”。这个选项卡是非常重要的。

注册流程要简单。如果在注册加入某个社群时，需要花费超过30秒的时间，那么这个社群就不可能会有成员。同样地，如果在注册时还要求我提供电子邮件之外的信息，那么我就会怀疑你会不会试图通过出售我的个人信息赚钱。对这样的社群，我不会感兴趣。你只能要求我提供电子邮件地址，并且明确告诉我，在这个社群里我可以得到什么；同时你还需要保证，不会将我的信息出售给他人。如果我想邀请我的朋友也加入的话，你还应该给出一个非常简便的方法。

提供必要的信息。到底要在社群平台上发布哪些信息，这在很大程度上是一个个人偏好问题。但是在决定提供哪些信息时，你一定不能忘记，人们之所以要加入网络社群，有4个主要原因：为了获得一种归属感；为了得到一个支持网络；为了发挥更大的影响力；满足自己的好奇心以及探索新的想法。你发布的所有信息都应该是用来满足这些需求的。

表达你的认可。无论你是打算创建一个排行榜或评分系统，还是建立一个开放博客（任何人都可以发布信息），你都一定要突出受欢迎的内容（例如，DIY无人机社群的右半边栏全部用于显示热门内容）。具体地说，对发布的内容要有一个简短的描述，而更重要的则是，发布者的照片或头像要足够大。请务必不要忘记，在这里起作用的是声誉经济学——每个人都希望看到自己的贡献受到了欢迎和重视。

可伸缩性。一般来说，你可能会希望自己的社群的会员越多越好，但是你还得明白，任何一个好社群都是比较“混乱的”。这是非常关键的一点。在一定程度上，你需要这种混乱，因为这有助于更多新想法的涌现，也有助于加速创新速度，并能够使那些讨厌自上而下的权威体制的成员觉得更舒适、更自在。但是，你也必须引导混乱但不要去控制混乱。而这通常就意味着你必须让成员有机会分化组合为一些规模更小的小组。也正是因为这个原因，Facebook并不一定是DIY社群或指数型社群的“最好的家园”。

步骤三 重视社群初期建设

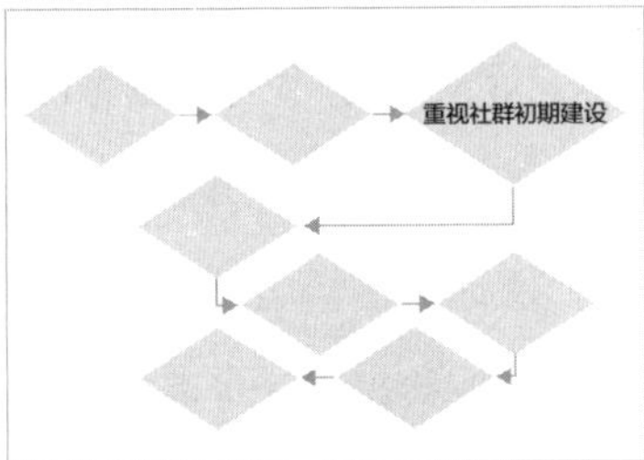

别指望有捷径可走。而且，开始的第几步总是最困难的。但是好消息是，你想发挥影响力，其实并不一定需要非常多的社群成员。事实上，正如在线社群建设咨询公司FeverBee的创始人理查德·米林顿（Richard Millington）在他的博客中写道的那样："社群越大，积极的参与者越少，这就会造成浪费，而且会使社群管理者无法识别社群最好的成员，更不用说与他们紧密合作了。100名每天都能投入1个小时的、活跃的高级成员，远胜于5万个沉默的潜水者。规模不妨小一点儿。要从少数人中提炼出最大的价值，而不要从许多人中提炼出微不足道的价值。"

那么，你到底需要多少个社群成员呢？再一次，可能比你自己想象的要少得多。大多数专家都建议，当你的社群已经拥有了10到15名成员时，就可以着手开展一些活动了（详见下文），这样，当"游客"光临你的社群时，他们就可以看到一些很有意思的东西。通过研究，Mightybell首席执行官比安基尼发现，150这个数字是一个临界点。当一个社群拥有了150名成员之后，一些活动就会自然而然地涌现出来了。

接下来我们给出几点建议。

让自己成为先行者。这一点似乎是显而易见的。一般来说，无论在什么空间中，成为第一个抵达的人总能给你带来相当大的优势。如果人们希望有一个地方可以交流，而你的社群是唯一可行的地方，那么你事实上就已经赢了。如果你不能成为先行者，那么你想要解决的大规模转化问题应该尽可能区别于你的竞争对手，而且你应该更有远见。

精选社群的早期成员。研究表明，社群的早期成员往往会成为你最热心的支持者。在一开始，你可以精心挑选出10到15名"首批成员"，同时一定要让这些人参与社群建设的过程。征求他们的意见，融合他们的思想。不要把你的时间浪费在过度追求“大人物”的过程中，因为一般来说，这些人也都在忙于创建或管理自己的社群。

建立一种仪式，庆祝新人的成长。你要让社群成员觉得有归属感，但是，他们得通过一定努力来争取。创建一个仪式，用于庆祝新人成长过程中的重要的“里程碑”。例如，当新成员发表了第 5 篇博文，或者他们的评论获得了 10 个“点赞”的时候，就向他们颁发一个奖牌。

注意倾听。不管你的核心愿景是什么，如果你的社群成员不支持，那么必定一事无成。因此，请注意倾听他们表达出来的意见，并做好在必要时改变方向的准备。

步骤四 创建社群内容

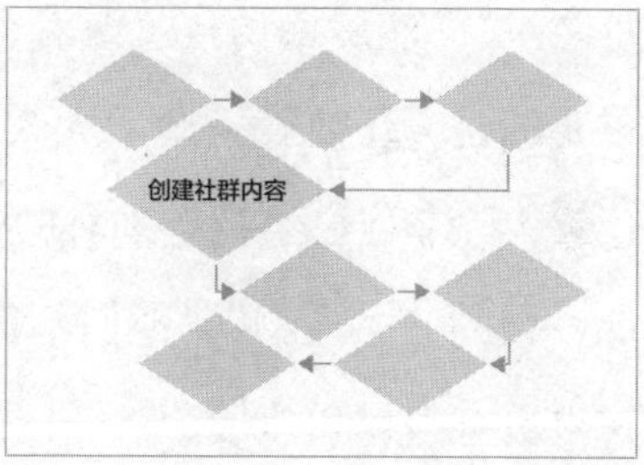

要运行一个在线社群，你就要处理好它的内容。你无法绕过这一点。虽然有很多专家认为，社群管理者过多地卷入具体事务未必是一件好事，但是毫无疑问，如果不闻不问则必然会导致社群成员的流失。与我们讨论过这个问题的大多数在线社群的创始人都告诉我们，他们经常在线，细心照管着他们的社群，尤其是在首发后的前 6 个月内。换句话说，他们都在一定意义上变成了“内容制作机器”。这并不离谱。准备创建自己社群的人应该预料到这一点，并做好必要的准备，然后坚定地进行内容管理。

社群管理员要管理好的内容基本上可以分为 5 类，下面我们将一一给出说明，同时还将讨论如何在此基础上对内容进行扩散传播。

关于未来的信息。你可以采取各种不同的方式来发布这方面的内容。例如，你可以预告或提示未来一周将要举办的活动、将会发生的事件或即将推出的新产品。你也可以对未来一年的趋势进行预测。发布预告是让社群成员们“保持消息灵通”的一个重要手段；而预测往往会成为一场热烈的辩论的起点。它们都是很有用的。

社群消息。你可以发布新闻摘要，也可以“插播”突发新闻。关于新推出的产品的新闻（以及对产品的评论）也可以归入这一类。所有这些都是常用的、相当有效的。不过，由于很多其他网站都在做着同样的事情，所以一定要找到某种方法，使你发布的消息看起来更“新”一些。要让新闻显得更尖锐一些，或者更有趣一些。最关键的是，一定要发布与本社群及本社群成员有关的新闻。我们的社群在做什么？是不是某位成员完成了一项令人惊叹的高难度任务？有哪位成员晋升为“大人物”了吗？利用你的网站来庆祝社群成员的成就吧。这是培养忠诚和热情的一个行之有效的方法。

采访或访谈。采访社群的成员是培养参与感的最有效的方法。选出一位“本月之星”，然后采访他。或者，找到社群中最资深的成员，然后采访他。同样重要的是，还要找一些“大人物”来采访。关于采访“大人物”，这里有一个建议：除非你已经拥有现有的资源，不然最好一步一步来。先找到“级别”略低一些的“大人物”，他们不像大公司的首席执行官那么繁忙，而且对接受采访也更有兴趣和热情。

给出建议。这可以包括创始人的建议，因为人们喜欢听听“勇敢无畏”的领袖怎么说。你也可以征求一般社群成员的意见，然后进行总结提炼，就社群的整体发展提出建议。又或者，你也可以引述类似领域的经验或教训。

为“贵宾”准备一些内容或频道。我们可以请社群的“贵宾”开设专栏或博客，从而为社群外部的人提供一个与社群内部的成员进行交流的窗口，这有助于改进对社群成员的服务，而且能够扩大社群的会员基础。但是，值得指出的是，人们一般都很忙碌；如果你放上了一大堆空白的页面，那么就很可能会把人吓跑。因此，你可以邀请“贵宾”共同创作，不过，你得做好承担其中的较大份额的心理准备。

步骤五 重视“深度参与”

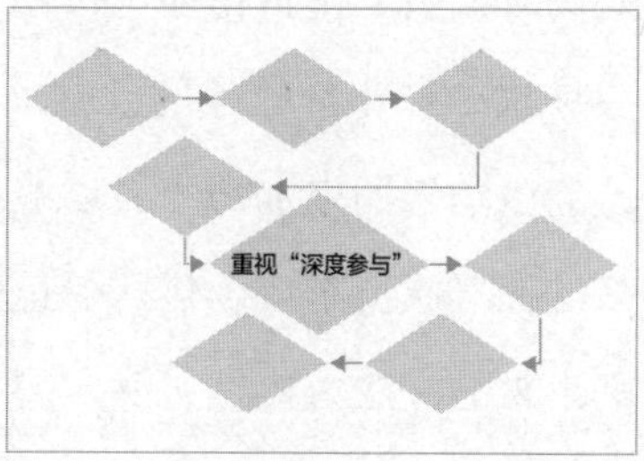

在互联网上，主要有两种类型的参与，它们都很重要。第一类参与被称为“低摩擦参与”（low friction engagement），如Facebook上面的点赞，Twitter上的转发，都属于这一类。这种类型的参与之所以重要，唯一的原因就是它们能够装点门面。很多新人都希望自己刚刚发现并准备加入的这个社群是“真正有来头”的，在这种情况下，Facebook上面的1万个或更多个点赞就会起到一些作用。当然，另一方面，这也就意味着，一个点赞，算不上深度参与。第二类参与被称为“深度参与”（deep engagement）”。与“低摩擦参与”不同，深度参与需要在社群与它的成员之间建立起实实在在的桥梁。“实实在在的桥梁”意味着，人们与你是相互连接的，他们相互之间也是相互连接的，而且这种连接会引发真正的情感的产生。这种深度参与是至关重要的。人们之所以加入某个社群，是由于思想方面的原因；而他们之所以继续留在这个社群，则更多是由于情感方面的原因。

> **KEY WORD**
> **|深度参与|** deep engagement
> 指与社群及其他成员之间建立起实实在在的桥梁的参与方式。

要让你的社群成员对社群、对其他成员产生感情，方法有很多。下面我们将会介绍一些行之有效的方法，但是最重要的是一定要记住，深度参与要求快速实验，而且这些实验的目的是让人们相互交流、一起工作。因此，一定要不断尝试不同的方法，以便使沟通更便利、合作更顺畅。下面是5个最有用的参与策略：

声誉。在本书前面的章节中，我们已经看到TopCoder是如何有效地利用评级系统和排行榜促进成员的参与的。而且不要忘记，现在已经出现了很多这样的软件公司，它们在考察某个新人的时候，除非这个新人已经拥有了TopCoder等级分，不然就根本不会考虑雇用他。这就是说，在这里，参与策略已经演变成了一种基本的技能要求，那么它的作用之大也就可想而知了。与此同时，引入排行榜还可以使你的社群增添一个游戏层。公开人们的“成就”，会导致一种非常有趣的社会动态机制。对于那些较有竞争力的社群成员来说，这会激励他们更加努力，以改善他们在排行榜上的排名。而对于那些竞争力较差的社群成员来说，排行榜也提供一种非常有效的、将社群内部的“专家”识别出来的方法。当然，一定要记住，不要把排行榜搞得过于复杂。事实上，只需要强调社群成员的贡献或成就，就足以提高他们的声誉了。

聚会。如果我们的目标是产生真正的感情，那么最好的途径之一无疑是让大家相聚在同一个房间里。当然，如果你能找到某种方法，使这种聚会以“自组织”的形式出现，那么就更好了。例如，前面提到过的谢丽尔·桑德伯格的“向前一步朋友圈”聚会就是如此。通过这种聚会，既可以实现最高程度的参与，又不用你自己付出多少精力。如果让大家在现实世界中聚到一起确实有困难，那么就让大家在虚拟空间中聚会，而且要大胆地发起结构化的讨论。每个人都很忙，划定讨论的界线、设定对话的焦点，恰恰可以告诉别人，你非常珍惜他们的时间。

挑战。让社群面临挑战，是促进社群成员之间凝聚力的好办法。具体的方法很多，既可以是设立一个激励性大奖赛（详见本书下一章），也可以是承担一个群体项目，还可以是组织一场激烈的辩论。一定要设定最后期限，这样事情会变得更有趣。还要增加一些需要人们合作的规则，例如，你可以规定，一个项目在被特定数量的社群成员“看到”之前，不得作为竞赛项目。

挑战之所以是必要的，还因为它们能够帮助你把“权利”维持在最低水平上。这一点同样重要。“每一个在线社群的目标都是创造一种归属感，”X大奖高级社群主管约诺·培根（Jono Bacon）告诉我们，“但是，归属感的反面是‘权利’。许多社群都在与‘权利’做斗争，因为拥有‘权利’的那些会员会减缓创新的步伐，从而导致社群变得陈旧落伍。任何一个社群，如果不挑战自我，就会面临过时的危险。”

重视视觉效果。无论是社群创始人制作的视频教程，还是社群成员制作的照片集，抑或是一个简单的幻灯片，都要重视。如果忽略了网络是一个视觉媒介，那么受到损害只能是自己的社群。今天，所有人都期望上网可以看到一些“养眼”的东西。而且，技术发展到今天，赏心悦目的东西无论是众包，还是分享，都已经变得非常容易了。

做一个连接器。作为社群组织者,你可能会获得许多关于社群成员的兴趣、活动和背景的信息。让社群成员参与进来并创造巨大的价值的最好方法之一就是，将志同道合的成员介绍给对方。在社群创办的早期，尤其如此。介绍他们认识、安排他们聚会、为他们准备好话题或及时帮他们“添薪加火”，然后你就可以在一旁静候佳音，看那涟漪效应蔓延。

步骤六 管理社群

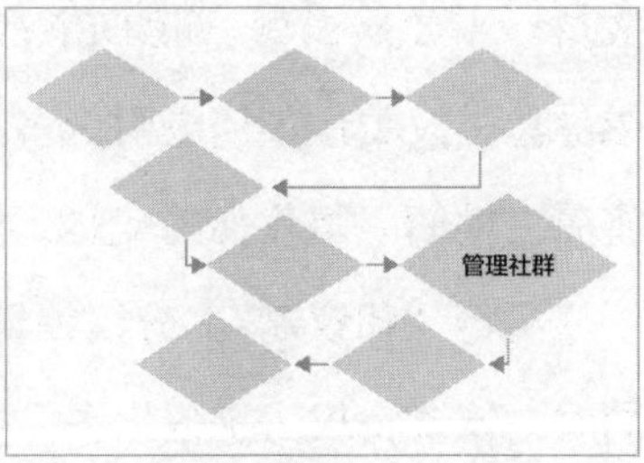

社群是一个混乱的地方。但是你的职责就是稳稳地掌好舵，无论刮风下雨，抑或巨浪滔天。关于如何管理一个社群，人们提出了很多饱含智慧的建议，其中以下 5 点是最重要的：

做一个仁慈的独裁者。与我们讨论过这个问题的所有人，都指出了这样一个事实：最好的社群都是由仁慈的独裁者管理的。罗杰斯说：“在很多时候，你都需要是一个仁慈的独裁者。对于我们来说，我们知道我们打算制造汽车，但是还必须决定制造什么车。我们可以让社群来做出决定，但是社群的决定通常并不明确。在有的时候，人们会基于设计知识或学术方面的理由选择某种车型，但是被选择出来的车型却不一定符合我们的商业模式。而且，我们制造出来的东西必须是有市场的。所以，我们决定先确定一些参数，然后再让我们的社群成员们提出建议。我们也保留了做出最后决定的权利。我们的一切决策过程都是透明的。我们是仁慈的独裁者，但是我们仍然需要独裁者。"

永远保持冷静。让孩子们尽情地去玩，他们会不会偶尔吵起来？那还用说，当然会啦。但是，争吵其实是一件好事。对此，Mashable 博客写手、技术评论家朱莉·奥黛尔（Jolie O'Dell）这样解释道："通常，当一场对话展开之后，作为社群管理者的我们往往干预得太早。事实上，社群成员们的交流通常需要慢慢发酵。人们有时会偏离主题、超级用户有时会打压其他普通用户，侧边栏的聊天也必定会出现，对于这些，管理员一般不应该直接加以评论。没有人会喜欢自己一直被监视的感觉。"

不要"行乞"。立即停止在你的社群中出售东西。你创建社群是为了支持他们，而不是为了让他们买你的东西。时机成熟时，市场自然会在互动过程中浮现出来，而不是相反。

留下"老人"是关键。许多社群"领袖"将自己的所有时间都用于追逐新成员。不要这么做。就 DIY 社群而言，更大并不总是意味着更好。另外，如果你总是只关注如何吸引更多新成员，那么你就会忽视了原来的成员，这样你将失去他们。留住你的成员，保证他们开心地参与进来，这才是更重要的。

实行"代议制"。分权领导是关键，要让社群领导人自然而然地涌现出来，同时一定要将权力扩散出去。把社群成员中最好的博客写手找出来，让他负责评论部分。把社群成员中友善而能干的人找出来，让他们负责欢迎新成员。让社群成员中的代表参加竞赛和科研项目，以及其他事务；同时还要赋予他们相应的权力。你是仁慈的独裁者，所以你要规定总的原则、明确大家的责任。你还应该在需要的时候提供培训，并奖励积极参与者。

步骤七 驱动社群成长

记住，要使你的社群高效运行，并不要求规模特别巨大；但是，如果你想让它成长，那么一定要打好基础。"人们总是喜欢相互交流，"作家塞思·戈丁（Seth Godin）曾经这样说道（他本人管理着一个大型社群），"演化决定了我们

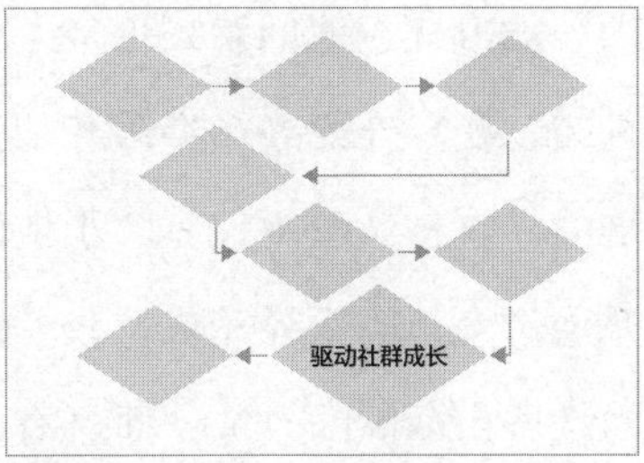

喜欢这样做。所以使一个社群快速成长的最有效、最强大的一个方法就是让大家互相连接起来。但是，如果你只会这一招，那么你所拥有的就不过是一个像咖啡店一样的东西。最重要的是，作为领袖，你必须发出一个信息，你要告诉大家，你想去哪里，想让你的世界发生什么样的变化。你需要一个使命、一种运动、一个人们想去的地方。”换句话说，如果没有一个明确的使命，没有一个供人们聚在一起共同为这个使命努力的地方，你的社群就不可能成长起来。

有了这些基础，你就可以通过如下 7 个有效的扩张策略驱动社群成长了。

“传福音”。口头宣传仍然是促进社群成长的最有效的一个方式。让你的社群成员谈论你付出的努力。例如，为了让人们尽早对本地汽车公司发生兴趣，它的员工经常访问美国各地的汽车设计师的网站。对此，罗杰斯解释道：“我们只是说这样一些话——我们正在制造你们这些人设计的汽车。你认为它们怎么样？重要的是把旗帜高高举起，让别人都知道你要做什么。”

与他人融洽相处。与相近的组织合作：不仅在网络空间要这样做，在现实世界中也要这样做。TopCoder 的成员爆炸性增加的主要原因之一就是，它们与太阳微系统公司（Sun Microsystems）建立了密切的合作关系。与太阳微系统公司的合作不仅帮助它吸引了更多的成员，而且还有力地向世人证明，这个社群确实非同一般。

竞争。人们喜欢竞争。排行榜、评级系统、激励性大奖赛……所有这些都为人们提供了同场竞技的机会，而且他们将会在竞争中成长起来。

“挑起战争”。强化自己的社群的最好方法之一就是让社群成员们去对抗一个共同的对手。找到敌人，表明立场，迎接挑战。

口碑营销。用时尚前卫的方法示范新技术、产品和创意，这能够吸引很多粉丝。例如，一个名为 Better Blocks 的在线社群在推广的时候，就采用了“快闪”的方式。他们聚集很多人一起在街道上用油漆刷出自行车道、在公共场所种树、在户外创办咖啡馆和“弹出式”商店。当然，所有这些都是得到政府批准的。这种做法不仅有助于他们的在线社群的成长，更加重要的是，因为他们是通过众包的途径完成这些“快闪”活动的，所以这些“快闪”不仅会带来临时性城市面貌的改进，而且有可能促进立法的变革和长期性的城市改造。

主办活动。这一点前面已经讨论过了，但是仍然值得在这里重复一遍：让人们在现实世界中聚集在一起，是缩短人与人之间的距离的最好办法。

技术优化。如果你希望你的社群同时在线人数更多，那么不要忘了尝试以下这些东西：搜索引擎优化策略、AdWords、Facebook 广告，等等。

步骤八 用社群来赚钱

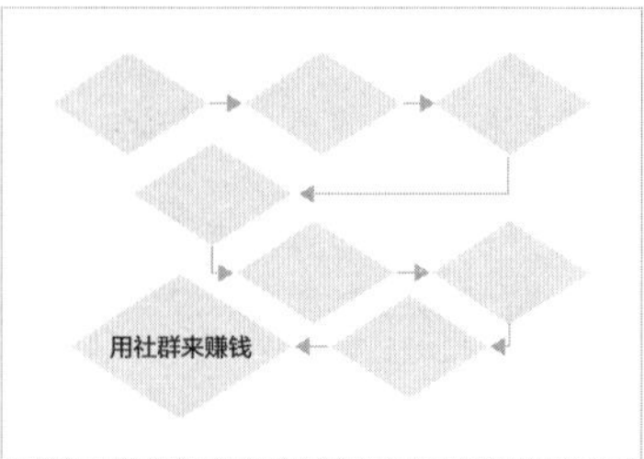

当然，等到时机成熟之后，赚钱也是很重要的，因为说到底，你毕竟是一个企业家。将你的社群货币化，或者说，利用你的社群变现，与其说是一门科学，还不如说是一种艺术。不过，这里也有一些值得注意的基本原则。

透明度和真实性。DIY 社群是建立在开放性的基础上的，所以如果你打算利用你的社群来赚钱，就不要隐瞒这个事实。你要把它明确地写在你的使命宣言里，并发布在网站上。与我们讨论过这个问题的所有社群管理者都同意，在这方面坦诚相告意味着未来的麻烦将会少得多。再者，你的社群也可能在寻找利用大家的激情赚钱的方法，因此，你可以让大家都来讨论这个问题。

出售自己的社群生产的东西。既能赚钱，又不会导致社群成员离心离德的最好的方法是帮助他们赚钱。这正是本地汽车公司、TopCoder 以及许多其他成功的在线社群所采取的方法。即使你的社群不生产实物产品或软件产品，社群成员们仍然可以“生产”专业知识。因此，你可以通过指南、研究报告、电子书、讲座、播客等形式出售社群成员的知识。

迎合最核心的东西。给人们他们真正想要的东西。在你有了稳固的声誉之后，再开始出售真实可靠的商品。在试图利用 DIY 无人机社群赚钱之前，安德森耐心地等待了好几年，而且，当他真的开始这样做的时候，也是通过生产销售他的社群以前设计好的、但因为没有时间和资源投产的四旋翼无人机来实现的。

所有其他典型的赚钱方法。当然，你还可以把广告位卖出去，也可以把高端会员资格出售给社群成员。这些都是常用的利用在线社群赚钱的方法。但是，一定不能忘记“迎合最核心的东西”这个原则。例如，你必须确保你的广告商所出售的是本社群真正需要的东西。类似地，出售高级会员资格也是可行的，但是必须确保高级会员真的拥有一定的特权，而且这些特权不会损害你创建的社群。你可以只让付费会员访问招聘网站，这是一个不错的想法。你也可以只让付费会员参与一些重大的事件；但是，你必须明白，如果社群内部的论坛始终充斥着“内幕传言”（这也就意味着，只能那些在场的人才能理解），那么没有资格参加活动的人将不会在你的社群逗留太久。

在结束这一章的时候，我还要顺便提一下，本书这一部分讨论的两个指数型大众工具，本身也可以作为将一群人转变成一个社群的机制而发挥作用。第一个工具是众筹。当筹资活动成功结束后，所有承诺提供资金的人就自动变成了你的社群的成员。例如，当我们的 ARKYD 太空望远镜众筹活动结束后，我们就增加了 17 000 名愿意与我们合作的社群新成员。

第二个机制是下一章，即本书最后一章的主题：激励性大奖赛，这是一个令人难以置信的创新加速器和社群建设策略。而且，它还帮助我自己实现了职业生涯中的第一次起飞。

13

指数型工具 4

激励性大奖赛

最强大的创新加速器

"无论你是谁，在我们这个星球上，最聪明的人通常都是为别人工作的。"那么，你又该怎样利用这些人来为你工作呢？如果仅依赖于内部创新，那么你肯定在劫难逃。扔掉过去的所有经验和先决条件吧。从头开始，这是重大创新的第一步。当你在大海中捞针的时候，激励性大奖赛会让针自己跑到你的眼前来。

“限制的力量”，大奖赛是一个强大的创新工具

在这一章中，我们将集中关注一个最强大的工具，指数型企业家可以用它来自己创造财富并改变世界应对全球性重大挑战。这也是强大的公司和成功的企业家都在使用的一个工具。这个工具就是激励性大奖赛，它可以把本书前面的章节中讨论过的所有方法、所有经验、所有教训都结合起来。它能够激发人类灵魂深处最强大的力量，即我们在追求意义的过程中迸发出来的力量。

激励性大奖赛非常简单：设定一个明确的、可度量的、客观的目标，设置一个高额奖金，第一个实现这个目标的人将可以获得奖金。正如我们将会看到的那样，这个机制融合了本书前 12 章中的绝大多数知识：使用指数型技术、运用规模思维、通过众包发现天才、创造众筹机会、创建 DIY 社群。除此之外，激励性大奖赛还有一个重要的优点，它是非常客观的，它不关心你在哪里上大学、有没有上过大学，也不关心你的年龄，或者你曾经做过什么。在这里，市值数十亿美元的公司与仅有两三个人的初创企业平等竞争；在这里，人们只有一个衡量标准——你是否实现了目标。

对于指数型企业家来说，无论是为了解决个人面对的重大挑战，还是为了消灭全球性的不公正现象，抑或是为了引入一项非常有前途的技术，激励性大

奖赛都是一个非常有效的机制。在本书前面的章节中，我已经提到，我组织激励性大奖赛的初衷是，找到一个能够让自己实现太空遨游梦想的方法。我早就放弃了 NASA 可能为我提供一张“太空船票”的愿望。因此，我转而开拓商业太空飞行领域，以此完成自己飞离地球所需的技术和资金。但是，除此之外，我还有另外一个动力。

1993 年，我看到了查尔斯·林德伯格（Charles Lindbergh）的名著《圣路易斯精神》（*The Spirit of St. Louis*），这本书曾经荣获 1954 年普利策奖。它是我的挚友格雷格·马里亚克（Gregg Maryniak）送给我的一份礼物。马里亚克希望这本书能够激励我考下飞行员执照。当时，由于缺乏资金和时间，我已经尝试过三次，又放弃了三次。这本书确实发挥了作用，我成功地考下了飞行员执照，但是它给我的灵感远远不止于此。

在阅读《圣路易斯精神》这本书之前，我一直认为，林德伯格所做的事情无非是：某一天早上，当他醒来后，决定向东飞行，然后就轻轻松松地穿越了大西洋。我从来不知道，他是为了赢得奥泰格大奖赛（Orteig Prize）而进行这次飞行的。我更加不知道，原来这种竞赛可以发挥如此之大的杠杆作用。在这个例子中，参加奥泰格大奖赛的 9 支队伍累计花费了 40 万美元，而他们想争取得到的大奖则不过区区 2.5 万美元。这是一个 16 倍的杠杆。要知道，奥泰格不需要向失败者支付一分钱。

这个大奖赛内含的激励机制自动给了林德伯格巨大的支持；而且事实上，从某种意义上说，林德伯格是“最不合格”的参赛者。更妙的是，媒体非常关注这个竞赛，它们对与之有关的新闻狂热炒作，极大地激发了公众的兴趣，进而令一个行业起飞。因此，这是一个极佳的例子：一个激励性大奖赛，引发了今天价值 3 000 亿美元的全球航空业的兴盛。

当我读完《圣路易斯精神》一书后，设立一个激励性大奖赛的想法就已经在我的脑海中成型了。我要设立一个大奖，奖励最先制造出能够在亚轨道飞行且完全可重复使用的私人太空船的人。因为当时我不知道谁会成为我设想的这个大奖中的“奥泰格”，所以我把它叫作 X 大奖赛。字母 X 是一个变量，或者说，只是一个占位符，一旦有什么人或者哪家公司愿意投入 1 000 万美元的资金时，他（或它）的名字就会取代这里的“X”。我为什么要将大奖的金额设定为 1 000 万美元、我如何筹集所需的资金、我如何制定 X 大奖赛的规则……对于这些问题，我都将在下文中一一做出回答。

回想当年，在我意识到激励性大奖赛可能会帮助我实现我个人的“登月”梦想后，我立即着手去了解与这种大奖赛有关的一切信息：它们的历史是怎样的；它们是怎样发挥作用的；它们为什么能够发挥这种作用，等等。

当然，激励性大奖赛并不是奥泰格发明的。事实上，在林德伯格驾驶飞机横越大西洋三个世纪以前，英国议会为了帮助人们乘船横渡大西洋，就决定向社会广征贤能，于是在 1714 年设立了经度奖（Longitude Prize）：第一个提出在大海中准确测量经度方法的人，将可以获得 2 万英镑的大奖。后来，1765 年，钟表商约翰·哈里森（John Harrison）成功地摘得经度奖。这个大奖赛不但使大海向人类敞开了怀抱，而且它的成功还使激励性大奖赛作为促进创新一种非常有效的方法进入了公众视野。

此后，这种方法迅速传播开来。例如，1795 年，为了保证军队可以远征俄罗斯，拿破仑设立大奖，提供了 1.2 万法郎的奖金，公开征求长期保存食物的方法。获奖人是法国糖果师尼可拉·阿佩尔（Nicolas Appert），他提出了制作罐头的基本方法，而他的方法一直沿用至今。

1823 年，法国政府又设立了一个大奖，悬赏 6 000 法郎，征求发展大规模商用液态涡轮机的方案。这一次，获奖的设计成了推动纺织工业蓬勃发展的强劲动力。其他的一些大奖赛则分别在交通运输、化学和医疗保健等领域引发了重大突破。

“从历史上看，对于各国王室和实业家来说，激励性大奖赛一直是促进创新的有效工具，”德勤咨询公司首席顾问马库斯·辛格勒茨说，“但是直到现在，这种大奖赛才真正达到了鼎盛时期。在我们这个人与人之间紧密相连的世界里，社会化媒体已经非常成熟，众包工具层出不穷，因此我们设计并利用这种大奖赛去提升突破和创新的能力，已经达到了历史上前所未有的高度。”

这些大奖赛的成功不是偶然的。总结它们的成功原因，我们可以归纳出以下几个基本原则。首先，也是最重要的，激励性大奖赛可以极大地提高某个特定挑战的“可见度”，吸引来自全球各地的创新者和“离经叛道者”。激励性大奖赛还有助于人们形成这样一种信念，即任何一个挑战都是我们能够面对的。正如我们都知道的事实，人类存在着许多认知偏差，因此这绝对不是一个微不足道的东西。在安萨里 X 大奖赛推出之前，几乎没有投资者会认真考虑载人太空飞行的商业性市场，因为探索和开发太空通常被认为是完全属于政府的事情。但是，等到安萨里 X 大奖赛名花有主之后，马上就出现了 6 家太空公司，每一家的投资额都超过了 1 亿美元，而且还售出了几亿美元的太空飞行机票。

其次，在某些领域，由于市场失灵，投资者的投资热情可能会受到影响；市场上在位者的故步自封也可能阻碍技术进步。在这种情况下，创办一个激励性大奖赛，引入竞争，就可以将大量资金吸引到有关领域来。这是因为，在激励性大奖赛这个机制下，赞助商和捐助者向某支参赛队伍提供资助时，考虑的并不仅仅是潜在的投资机会，还有社会形象和公关需要。例如，各大公司作为赞助商，每年都会投入 450 多亿美元，去支持各种不同的球队（见图 13-1）。难道他们的目的就是让不同形状、不同大小的球在不同的场地上动个不停？毫无疑问，通过类似的方式（激励性大奖赛），这些公司也可以资助试图解决我们这个星球面临的重大挑战的各支参赛队伍。

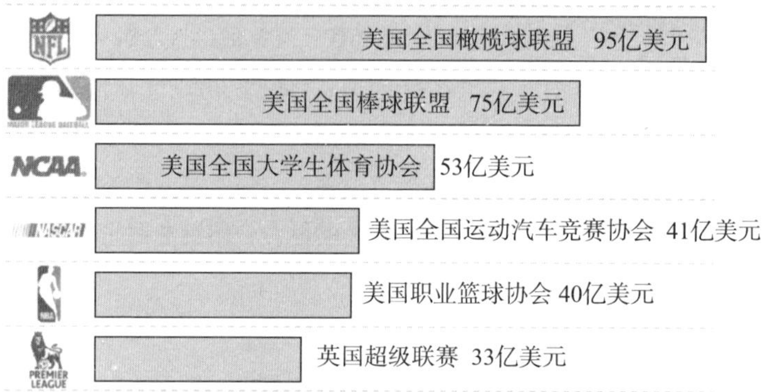

图 13-1　大生意：公司赞助体育的支出

资料来源：http://www.sportsbusinessdaily.com; http://www.bizofbaseball.com; www.deloitte.com。

除了上述两点之外，激励性大奖赛能够取得巨大成功的第三个原因在于，它们拥有“广撒网”的能力。任何一个人，无论是初学者还是专业人士，无论是大型公司还是“个体户”，都可以报名参加激励性大奖赛。某个领域的专家跳到了另一个领域，带去了非传统的思想观念。而边缘人士也有可能一跃成为主角。例如，当英国议会设立经度奖的时候，许多人都认为得奖的应该会是某个天文学家,但是,最终的赢家却是一个自学成才的钟表匠。类似的一个例子是，在我们举办的温迪·施密特石油清理 X 挑战赛（Wendy Schmidt Oil Cleanup XCHALLENGE）中，在比赛开放注册的前两个月，就有来自 20 多个国家的大约 350 支参赛队伍注册参赛，其中的一支参赛队伍由拉斯维加斯的一家纹身店派出，所有成员从未涉足过石油除污业务（在下文中，我们还会谈到这次大奖赛）。

当然，激励性大奖赛的好处还有很多。因为大奖赛创造了激烈竞争的氛围，所以人们的风险偏好迅速上升，而这又进一步促进了创新的形成。此外，要想参加这类大奖赛，就必须筹集数目相当可观的资金，在这种情况下，人们可以通过众筹来吸引资金。最后，竞争能够激发出数以百计的不同技术方案的涌现，而这也就意味着，参赛者们不仅贡献了一个个单独的解决方案，而且为整个行业做出了重大贡献。

美国人类学家玛格丽特·米德（Margaret Mead）曾经说过："一小群有自己想法的执着的公民可以改变世界，这是毋庸置疑的。事实上，古往今来都是如此。"正如我们在本书前面的章节中已经看到过的，约翰逊为他的"臭鼬工厂"制定的第三条规则也表达了同样的意思："与项目有任何关连的人的数量应该受到严格限制。"这些看法无疑都是很有道理的。大型组织，甚至中型组织，例如公司、运动团体等，成立时并没有考虑行动的灵活性，它们也不愿意承担重大风险。这些组织的设计都是着眼于稳定发展的，而重大的突破往往需要投入很大的赌注，这对它们而言风险太大了，以至于这些组织难以承担。

不过幸运的是，小团体或小型组织就不是这样了。小型组织没有官僚作风，也没有多少可以失去的东西。不仅如此，它们还希望证明自己的激情，因此在创新方面，小型组织的表现总是比大型机构更加优秀。激励性大奖赛正是一种能够使小型组织的能量完全发挥出来的完美机制。

在激励性大奖赛中，另外一个非常强大的心理原则也可以很好地发挥作用，那就是：限制的力量。我们常常被告知，所谓创造性，就是一种天马行空、无边无际、"什么都可以"的"胡思乱想"。大量论述"超越常规"的商业策略的著作和论文也都遵循着这样一种思路。但是，如果创新是我们真正的目标，那么就像畅销书《让创意更有黏性》（*Made to Stick: Why Some Ideas Survive and Others Die*）的作者丹·希思（Dan Heath）和奇普·希思（Chip Heath）在《快公司》杂志中所指出的："我们在思考时，无须超越常规，恰恰相反，我们要走进常规。要一个接一个地不断尝试，直到我们找到可以催化自己想法的那个常规。好的常规就像高速公路上车道之间的标志，是迈向自由之路必不可少的一种限制。"

在一个没有任何限制的世界里，大多数人都会慢条斯理地推进自己的计划，他们往往低估计划的风险，同时又毫不客气地把你提供给他们的所有资金花得一干二净。他们总是想用更舒适的传统方法去实现他们的目标，这当然不可能带来任何新意。但是，这恰恰是激励性大奖赛之所以能够促成改变的另一个原因所在。想象一下，如果你告诉别人，他们的预算只有原来的 1/10、他们能够用的其他资源也只有原来的 1/10（或者换一种说法，他们必须用原有那些资源实现比原来大 10 倍的目标），那么大多数人都会放弃，说这是不可能实现的。虽然一些富有冒险精神的企业家可能会愿意试一试，但是如果他们真的理解自己所面临的挑战的话，那么他们从一开始就应该明白，以往的方法将不再奏效。他们唯一的选择就是，扔掉过去的所有经验和先决条件，从头开始，这正是做出重大创新的第一步。

接下来，就让我们一起来看看 X 大奖赛是如何利用这种“限制的力量”的。首先，奖金金额在一开始就决定了参赛者会为比赛投入的金额。安萨里 X 大奖赛的奖金为 1 000 万美元。大多数的队伍也许都会对获奖持有乐观的态度（如果一个人不是一个乐观主义者，怎么会追求这种太空大奖呢），因此会对他们的赞助人说，赢得的奖金将大大超过比赛的支出。但是在现实世界中，几乎每支参赛队伍的支出都会超出预算，而且各参赛队伍花在解决问题上的总经费通常会比奖金多得多（因为这种大奖赛的设计原理就是，通过后端经营的方法来帮助他们回收投资成本）。对这种资金上限的明确意识，往往可以把不喜欢承担风险的传统参赛者排除在大奖赛之外。例如，就 X 大奖赛而言，我的目标就是要拒绝像波音公司、洛克希德·马丁公司和空中客车这样的大公司参加。相反地，我希望新一代企业家能够重塑航空行业的面貌，而这正是目前正在发生的事情。

激励性大奖赛设定的时间期限则是另外一种迈向自由之路的限制。在比赛中，参赛者时刻都被笼罩在巨大的压力下，越来越近的最后期限使团队成员迅速明白“过去那些传统的方法都没有用”这个事实。因此，他们被迫去尝试新的东西。无论是对是错，他们都必须先选定一条路，试着在这条路上走下去，然后再观察会发生什么。当然大多数参赛队伍都可能会失败，但那又有什么关系呢？参加比赛的团队往往有数十个甚至数百个，只要一个团队在这些限制下取得了成功，它也就实现了真正的突破。

每一个大奖赛都有一个明确且大胆的目标，这也是一个非常重要的限制。使命能够激发人们的激情，吸引最有天分、最敢冒险的人才参加比赛并发挥他们的全部潜能。例如，当大奖高达 3 000 万美元的谷歌月球 X 大奖赛于 2007 年推出的时候，全世界只有两个国家曾经把飞行器送到月球上去过，而且在最近的 30 多年，从来没有人类登上过月球。因此，谷歌月球 X 大奖赛的使命就是，推动新一代的指数型企业家找到一种方法，制造出成本只有过去 1/100 的宇宙飞船，以开辟太空新疆域。为了赢得这个大奖，来自世界各地的 25 支队伍参加了竞争，它们全都由最优秀、最聪明的顶尖人才组成。

综上所述，正如三个多世纪以来的历史事实所证明的，**由于有效地利用了人们的激情，摆脱了官僚主义的束缚，同时又充分发挥了限制的力量，激励性大奖赛成了我们最强大的创新工具之一。**

温迪·施密特石油清理 X 挑战赛

2010 年 4 月，英国石油公司位于美国墨西哥湾的一个名叫深水地平线（Deepwater Horizon）的石油钻井平台发生了爆炸并沉没于海底，引发了石油工业史上最严重的石油泄漏事故。在石油泄漏被封堵住之前，马孔多油井喷出的超过两亿加仑的石油全部流入了大海，泄漏的石油数量远远超过了大约 18 年前发生的另一起臭名昭著的石油泄漏事故——1989 年发生的埃克森石油公司（Exxon）的瓦尔迪兹号（Valdez）油轮泄漏事故。事故发生后，墨西哥湾被浮油覆盖的面积高达 6 000~10 000 平方千米，相当于 11 个夏威夷的面积。

在组合使用了各种传统方法之后，清理团队最终只清除了远远不到一半的泄漏石油，即大约 6 900 万加仑。自然分解和蒸发“解决”了 8 400 万加仑，但是仍然留下了 26% 左右（即约 5 300 万加仑）的泄漏石油，它们严重地污染了海洋和附近的沿岸地区。

在事故发生一个月后，即 2010 年 5 月，泄漏的石油仍然源源不断地涌入墨西哥湾。有关石油泄漏的新闻连篇累牍。这样的日子似乎永远不会到头。当时新当选的 X 大奖赛董事、海洋探险家、奥斯卡获奖电影制片人和导演詹姆斯·卡梅隆（James Cameron）给我发了一封电子邮件，建议我们快速做出反应，以帮助解决这场环境灾难。为此，我和 X 大奖赛基金会奖项开发部副总裁法兰西斯·贝兰德（Francis Béland）潜心研究了这个问题。贝兰德也是一位海洋探险家。我们显然不可能参与封堵石油钻井的任务，因为英国石油公司永远不会让我们接触他们的数据。接下来，我们转而考虑参与清理泄漏石油的任务。我们就很快发现，自 1989 年埃克森石油公司的瓦尔迪兹号油轮泄漏事故发生以来，油污清理技术一直没有显著的提高。事实上，人们在墨西哥湾使用的那些清理设备，与几十年前在阿拉斯加使用的设备完全相同。为什么会这样？进一步的研究表明，这个问题涉及很多层面，还与一系列不正当的动机有关。实际执行清理任务的团队（通常是由权利没有什么保障的渔民组成）的报酬一般是按小时支付的，这样他们就没有金钱上的激励使工作更快一些或更有效率一些。与此同时，石油公司也没有动机花钱去开发更好的清理油污的技术，因为现有的技术已经满足了保险公司和监管机构设定的最低要求。最后，政府和其他监管机构也没有对石油公司施加足够的压力。换句话说，在这个行业，长期以来一直存在着对油污清理技术的冷漠，而这种冷漠恰恰为通过竞争实现技术创新创造了完美的条件。因此，我们决定设立一个大奖，以加快清理泄漏石油的速度，力争在油污摧毁海岸线之前，彻底清除它们。

我将这个设想以邮件的形式告诉了 X 大奖赛理事会的全体董事和我们最大的捐助者。在这封邮件中，我这样写道：“我们希望找到一些清理泄漏石油的方法，以保证墨西哥湾发生的这种悲剧事件不再重演。我希望找到一位赞助者，以便及时组织实施这个既非常重要也非常急需的大奖赛。”不久之后，我就得到了好消息。慈善家温迪·施密特（Wendy Schmidt）愿意提供资助。施密特是施密特家庭基金会主席，她的丈夫就是当时担任谷歌主席和首席执行官的埃里克·施密特。于是，在一天之内，我们就签署了一份两页长的协议，决定由我们主办奖金为 140 万美元的温迪·施密特石油清理 X 挑战赛。

在判断参赛者所采取的技术是否成功的时候，我们主要利用了石油行业通行的两个指标：第一个指标是采油速度（ORR），即每分钟抽取上来的石油的数量；第二个指标是采油效率（ORE），即一定体积的水中所包含石油的数量。几十年来，石油行业最高的采油速度是每分钟 1 100 加仑。为了保证我们这个挑战赛的难度，也为了吸引人们的关注，我们希望参赛队伍能够将这个速度提高至少一倍。最后，我们设定的最低标准是：采油速度为每分钟 2 500 加仑，同时保证 70% 的采油效率。

2010 年 7 月 26 日，温迪和我在全国新闻俱乐部（National Press Club）公开宣布，温迪·施密特石油清理 X 挑战赛启动了。很快地，来自世界各地的 350 支参赛队伍就报了名，其中有 27 支参赛队伍在 2011 年 4 月的最后期限前提交了合格的计划书。最后，我们从中选出了 10 支决赛队伍。我们是根据以下 5 个方面的标准来对队伍的资质做出判断的：有完善的技术路线和商业化计划；不会对环境造成负面影响；技术拥有可扩展性和易用性；成本低廉且不需要投入过多的人类劳动；能够改进现有的收集和清理泄漏石油的技术。

参加温迪·施密特石油清理 X 挑战赛决赛的 10 支参赛队伍刚好是一个老人与新人的“折中”。其中有 6 支参赛队伍是由石油工业的原从业者组成的，他们拥有或正在开发油污清理技术；另外 4 支参赛队伍则全都来自初创企业，没有或几乎没有任何石油行业背景。我们的实地测试是在石油和有害物质模拟环境测试舱内完成的，它隶属于美国国家溢油应急响应与可再生能源测试中心。这个测试舱可以说是同类测试舱中最大的一个，它有 203 米长、20 米宽、3.35 米深，里面装了整整 260 万加仑的盐水。这是一个庞然大物，有了它，我们就可以在一个安全的、受控的环境中模拟实际的海洋条件和石油泄漏事故，而且它还拥有先进的数据采集设备和视频记录系统，能够将模拟结果记录下来并进行分析。每支参赛队伍都要在石油和有害物质模拟环境测试舱中完成 6 轮比赛，其中 3 轮在“风平浪静”时进行，另 3 轮在“波涛汹涌”时进行。他们要对付的目标则是一片大约 192 米长、18 米宽、2.54 厘米厚的油污，其总体积大约为 2.7 万加仑。

比赛结果令人激动万分。在 10 支参赛队伍中，共有 7 支参赛队伍的采油速度达到了行业最高历史纪录的两倍。名列榜首的是一支名为伊莱斯特／美国海环的参赛队伍，其采油效率高达 89.5%，采油速度则达到每分钟 4 670 加仑，这比以往的行业历史最高纪录提高了整整 400%。而且，在比赛结束后，伊莱斯特／美国海环又进一步把采油速度提高到了每分钟 6 000 加仑以上。

但是，最令人震惊的结果来自没有获胜的一支决赛队伍。Vor-Tek 队也是将泄漏石油清理速度提高了一倍的队伍之一，不过它没有进入前三名。但是，最关键的一点是，这支参赛队伍的组成人员全都没有从事过任何与泄漏石油清理有关的工作。事实上，这支参赛队伍是在拉斯维加斯一家纹身店里组建起来的。他们的“首席技术官”是一位纹身艺术家，他们参加这次挑战赛的资金则是由这家纹身店的一些客户资助的。在参赛之前，他们只在一只按摩浴缸中进行过“演练”。因此，在石油和有害物质模拟环境测试舱参加的比赛，是他们的技术第一次真正接受考验；可是，他们仍然把行业历史最高纪录整整提高了一倍。当他们被问及经验和感受时，Vor-Tek 队“首席技术官”兼纹身艺术家弗瑞德·乔瓦尼蒂（Fred Giovannitti）这样说道：“人们总是问我们：‘你们从事石油行业多久了？’我则反问他们：‘从今天开始算行不行？”

因此，这个案例给我们的最大启发是，在激励性大奖赛中，很可能出现一些非常不同寻常的结果。一些你从来没有想到过的人会取得令人惊叹的成绩，一些你从来没有预料到的技术会涌现出来。对此，X 大奖赛的赞助人之一李·斯坦（Lee Stein）总结得非常好：“当你在大海中捞针的时候，激励性大奖赛会让针自己跑到你的眼前来。”

Netflix 大奖赛

最好的激励性大奖赛应该是针对那些人们希望并想去解决的重大难题的。“希望得到解决”与“想去解决”之间存在着一定区别。温迪·施密特石油清理 X 挑战赛试图解决的是前一类问题。我花了 10 多年时间才为安萨里 X 大奖赛筹集到所需的资金,但是温迪·施密特只花了不到 48 小时就决定赞助温迪·施密特石油清理 X 挑战赛。当然，我之所以能够这么快就为石油清理 X 挑战赛筹集到资金，一个很重要的原因是，在那之前我已经积累了不少成功的记录、已经拥有了一定的社会资本。不过，更加重要的原因则在于，当时每天都有 80 多万加仑泄漏的石油流入墨西哥湾。灾难是一个很重要的激励因素，因为灾难引发的同情心是一个很强大的动力。很显然，连续一个多月播放的关于这场环境灾难的电视画面，极大地激发了人们的同情心。但是，我在这里要强调的关键，并不在于利用人们的同情心，而在于如何获取动力。

每一个优秀的大奖赛都需要这种势头。根据高通公司（Qualcomm）与 X 大奖赛基金会联合主办的高通三度仪 X 大奖赛的章程，第一个制造出满足以下要求的简单易用的移动医学诊断设备的参赛队伍可以获得 1 000 万美元奖金:它对一个病人的诊断比一群注册医生的诊断还要准确。在这个大奖赛启动之后的 12 个月内，就有来自全世界 33 个国家的 330 支参赛队伍报名参赛。为什么会这样？这是因为，更快、更准确地完成医学诊断这一需求符合所有人的共同利益，同时也是一个重大的挑战。它不仅与几百亿、几千亿美元的医疗资金有关，而且与如今在世界上的许多地方，仍然严重缺乏医生有关。对很多人而言，这是一个生死攸关的问题。这也就意味着，你不需要利用对他人不幸的同情来积聚动力。在这种情况下，一个宏大的愿景就可以发挥同样的作用了。

在设计一个大奖赛的时候，除了利用人们的情感之外，还可以利用另外一种重要的动力，那就是，人类与生俱来的对竞争的渴望。以程序员为例，想想我们可以从杰克·休斯和 TopCoder 那里学到什么。首先，程序员是一群渴望竞争的人。他们喜欢击败对手，他们喜欢拿排行榜上的高名次来炫耀。但是，除了这些之外，程序员们还喜欢做什么呢？他们喜欢看电影——很多的电影。为了参加《星球大战》（*Star Wars*）的首映式，他们愿意排上 3 天队；他们还会熬夜辩论与“弗雷迪和杰森”有关的各种问题。既然如此，如果你能利用程序员的这些特点——他们喜欢激烈竞争、他们热爱电影（电视），设计一个激励性大奖赛，或者说，如果你能围绕程序员文化的核心内在动力设计一个大奖赛，那么结果又会怎样呢？

这种大奖赛已经有了！这就是我们接下来要分析的这个案例：Netfix 大奖赛——让程序员设计一个更好的电影推荐引擎。

电影推荐引擎是一个软件，它可以告诉你，根据你以往看电影的历史和你对以往看过的电影的评分（从“一星”到“五星”），你最想看的下一部电影是什么。Netflix 原先所用的电影推荐引擎出现于 2000 年，名为 Cinematch，它是一个非常成功的软件。在问世后的几年之内，Netflix 接近 2/3 的影片租赁业务都源于这个推荐引擎的推荐。因此，一个明显的推论就是，一个更好的推荐引擎会使电影租赁商的生意更好。然而，问题也就出在这里。

到 2005 年左右，Netflix 的工程师已经把 Cinematch 的潜力都挖掘出来了，它优化的速度也越来越慢。每一次，在 Cinematch 给出的推荐中，总会有一个推荐是完全不靠谱的，例如，根据你对《蒂凡尼的早餐》（*Breakfast at Tiffany's*）一片的兴趣，它认为你也会喜欢《裸体午餐》（*Naked Lunch*）。顾客们对这种推荐大为恼火。而且，随着 Hulu、YouTube 和亚马逊等竞争对手的崛起，顾客的不满很快就成为了 Netflix 的不可承受之重。基于这个原因，Netflix 决定对这个问题正式攻关。2006 年 10 月，Netflix 大奖赛宣告启动：如果谁能够提出一个算法，使现有的系统的表现提高 10%，就可以赢得 100 万美元。

这个大奖赛堪称是一个完美的例子，它很好地说明了，当你设计的大奖赛与参赛者的核心内在动力完全契合时，将会发生什么。竞争、编程，还有电影！对于程序员来说，又有什么事情能够比这三者的结合更加有趣呢？在短短的两星期之内，Netflix 就收到了将近 170 个算法，其中胜过 Cinematch 的就有 3 个。在接下来的 10 个月内，共有来自 150 个国家的 2 万多个团队参加了这场比赛。到 2009 年，当这场比赛最终落下帷幕时，参赛队伍的数字又翻了一番，达到了 4 万个。

但是，参赛队伍的数量，远远无法反映 Netflix 大奖的广泛影响和深远意义。对此，乔丹·埃伦伯格（Jordan Ellenberg）在《连线》杂志的一篇文章中给出了生动的描述："保密根本没有成为 Netflix 大奖赛的一个重要组成部分。获奖者，甚至是各支参赛队伍的领袖，全都在公开讨论他们正在使用的方法。他们的行为更像是一群正在讨论一个棘手问题的学者，而不是在竞争总额高达 100 万美元的奖金的竞争对手。2006 年 12 月，一个名为 simonfunk 的参赛者公布了他的完整算法，而当时他正处于并列第三的位置上。这种做法显然给他人提供了超越他的机会。对此，Netflix 负责电影推荐系统的副总裁说，**'我们并不知道，人们会在多大程度上互相合作'。**"

这并不是一个特例。在迄今我们启动的总共 8 个 X 大奖赛中，我们已经观察到了大量的合作现象，例如，主动向其他的参赛队伍提供建议、不同参赛队伍相互合并、几支参赛队伍共同分享技术和专家（顾问），等等。很显然，当大奖赛契合某个使命时，尽管一支参赛队伍的主要目的是赢得比赛，但是他们也强烈地希望看到大奖赛首要目标能够达成，因此各参赛队伍之间往往会表现出很高的合作意愿。

一个设计良好的激励性大奖赛会促成一种"整体大于部分之和"的健康心态。这是因为，正确的动机会促进人们的合作，并进而达到事先无法预知的网络效应。例如，2007 年 11 月，实现 Netflix 所要求的改善原有算法 10% 的目标的速度开始出现了明显变缓的迹象，极客们似乎已经想尽了一切可以想到的方法，就在这个时候，一位来自英国的心理学家加文·波特（Gavin Potter）闯了进来。与绝大多数运用纯粹数学方法的参赛者不同，波特在运用数学方法的同时考虑了人的因素，因此取得了惊人的进展。事实上，他把数学部分"外包"

给了他的女儿，后者当时还在读高中。尽管波特最终没能赢得这场比赛，但是获胜的参赛队伍确实将人的因素考虑了进去。这是他们获胜的一大助力。

在未来几年，像 Netflix 大奖赛中出现的这类竞争将变得越来越重要。当今世界上，充斥着各种各样的海量数据，这是一个价值数百亿美元的宝藏，其中有无数有用的信息等待着我们去挖掘。从信息的角度来看，明天的世界无疑将会更加拥挤。我们正在进入一个以“万亿传感器和无所不在的网络”为特征的时代，我们将能在任何时候、任何地方收集我们想要的关于任何事物的信息。激励性大奖赛为指数型企业家提供了一个非常有效的、从海量信息中提炼关键知识的方法，而这也就意味着为他们提供了一个全新的、在历史上从未有过的创新加速引擎。

英雄 X 平台

我经常为不同公司的高管做报告，在这些报告中，我经常会提到以下几个关键点：唯一不变的事物就是变化；变化速度是不断加快的；即使你不去颠覆自己的公司，别人也会来颠覆你的公司；竞争和颠覆性的冲击不再来自海外的某些跨国公司，而来自某个在车库里利用指数型技术创办企业的、你根本不知道姓甚名谁的家伙。

正如比尔·乔伊（Bill Joy）曾经指出过的那样，“无论你是谁，在我们这个星球上，最聪明的人通常都是为别人工作的”。那么，你又要怎样来利用这些人为你工作？

如果你依赖于你的公司的内部创新，那么你肯定在劫难逃。你必须利用外界“大众”的力量来保持你公司的竞争力。

虽然 X 大奖赛基金会已经取得了一系列令人难以置信的成功，但是这几年来，我还是听从自己内心的呼唤，向自己提出了这样一个问题：我怎样做才能颠覆我自己的公司？或者，说得更明确一些，别人只要怎样做，就有可能颠覆X大奖赛基金会？现在，答案已经是显而易见的了。如果有人创建了一个在线平台，允许任何人在任何领域就他所关注的问题推出一个大奖赛，让大家为比赛设计奖项、筹集资金，并最终竞争大奖，那样的话，就可以颠覆X大奖赛基金会。在这样一个平台上，每年都可以举行成千上万个小型挑战赛，从而远远超越每年只能启动3个大奖赛的X大奖赛基金会（尽管每个大奖赛的奖金都高达数百万美元）。这种场景，将类似于Craigslist与Indiegogo遭遇时的场景。

事实上，这样的平台已经出现了，那就是英雄X平台。不过，对我来说幸运的是，它是在X大奖赛总部孵化出来的。与任何一个“臭鼬工厂”一样，将英雄X与X大奖赛基金会这个母体分离开是至关重要的。英雄X平台雇用了一个充满激情的小型虚拟团队，它的成员散布于从加拿大到乌克兰的世界各地。目前，担任英雄X平台首席执行官的是克里斯蒂安·科蒂奇尼（Christian Cotichini），他原来是英雄X平台的第一个外部主要股权投资者。

与任何一个初创企业一样，企业启动初期的发展是至关重要的，所以我们还是要寻求现有支持者的帮助。格雷厄姆·韦斯顿是Rackspace的联合创始人之一，他成了英雄X平台的第一位顾客。韦斯顿想帮助墨西哥企业家在美国边境地区开办企业，特别是在他的家乡圣安东尼奥市。为了实现这个目标，他在英雄X平台推出了为期24个月、总奖金为50万美元的圣安东尼奥Mx挑战赛。

> “墨西哥企业家面临的两大障碍是，他们很难获得签证和必需的信息，”韦斯顿告诉我，“第一，在美国，要取得工作签证是非常困难的。法律不是专门为科技企业家制定的。第二，许多打算在美国开办企业的墨西哥企业家对美国的有关法律了解很少，因此在融资、招聘等各个环节，他们都是一头雾水，也不知道从哪里可以得到信息和帮助。”

为了克服这些障碍，圣安东尼奥Mx挑战赛将提供50万美元的资金，任何个人、团队或组织，只要设计出一个可重复运用的“模板”，并将之付诸实施，以帮助墨西哥科技公司在圣安东尼奥市成功地开办企业，就可以摘得大奖。为了选出最后的获胜者，这个大奖赛将使用一个积分系统，每个“模板”的分数是根据它在以下 3 个方面的绩效而确定的：两年内被吸引过来的墨西哥公司的数量；两年内这些公司的总收入；这些公司及其业务模式的可持续性。

圣安东尼奥 Mx 挑战赛在圣安东尼奥市成功地启动之后，英雄 X 现在扩展到了几十个城市。在洛杉矶市，它开办了以缓解 405 号州际公路的堵车状况为目标的挑战赛。Simple Music 公司也在利用英雄 X 平台开发一种虚拟钢琴，其目标是让音乐表演不再受笨重乐器的限制。教育软件巨头 Ellucian 则利用英雄 X 平台提高学生的保留率和毕业率。还有一个年仅 15 岁的高中生，他的名字叫艾利·瓦希（Eli Wachs），正在利用英雄 X 平台向世界证明，年轻人才是变革的最大力量。

但是，真正重要的是英雄 X 平台的方便可用性。英雄 X 正在形成一个在线社群，它的成员是那些热情的大奖赛设计和开发者，他们可以帮助任何一个企业家设计并推出任何类型的竞赛；此外，他们还会帮助企业家使用众筹方法筹集奖金、运行赛事，并最终选出获胜者，然后为其颁奖。英雄 X 的总目标是改变人们的观念和心态，即让他们明白，面对问题根本不需要对其抱怨和悲叹，因为现在完全可以通过推出一个激励性大奖赛来解决这些问题。

大奖赛实施指南

大奖赛组织者的 12 项好处和参赛者的 3 个动机

在这一节中，我有两个目标：第一，帮助你识别清楚，对你以及你的业务有用的、值得设立大奖赛的事项有哪些；第二，告诉你如何利用英雄 X 设计和推出你自己的英雄 X 大奖赛。但是我们首先要考虑的一个问题是，为什么你要利用激励性大奖赛这个方法呢？或者说，这个方法对你、你的公司和社会有哪些好处呢？好处当然有很多，我简单地列示如下：

它可以为创新者吸引新资金来解决问题。我们通常认为，政府机构或大型企业才是创新活动的主要资金来源。但是，激励性大奖赛却可以把一种完全不同的、非传统的资源引导到创新活动中去，这种资源就是以往一般会流入慈善活动和用作赞助支出的资金，其金额每年高达数十亿美元。

你只需要为赢家颁奖。大奖赛是非常有效的手段，它们可以催生大量的创新，这些创新往往足以颠覆某个行业或创造出一个新行业来；而且你只需要承担向获胜的参赛队伍支付奖金的成本，那些没有获胜的参赛者的成本不用你来承担。在奥泰格大奖赛的那个例子中，当时最著名的飞行员都以失败收场，而林德伯格这个名不见经传的、被媒体称为“会飞的傻瓜”的菜鸟飞行员却赢得了比赛。假设奥泰格本人也在参赛者身上投资，那么林德伯格必定会是那个最不可能获得投资的人。

“大批量”地发现天才。高额奖金会吸引很多“新面孔”的加入，他们包括：外行、离经叛道者、菜鸟，以及其他不可能聚集在一个传统研究机构中的创新者。如果设计合理，一个激励性大奖赛甚至可以吸引全世界的人才踊跃参加，这是传统的研究开发项目不可能比拟的优势。激励性大奖赛能够推动全世界最优秀、最聪明的天才（不分年龄、种族和性别）一起更加努力、更加快捷地工作，而且能够促进人们的合作。

引导公众关注特定的重大问题，提高该问题的“可见度”。这就是说，激励性大奖赛还有“教育功能”，它会引导公众关注重大问题。反过来，全球媒体的密切关注，也会进一步激励各参赛队伍更加努力奋斗、更加勇于承担风险。

突破现有的约束。激励性大奖赛能够帮助你突破社会规范、法律、监管法规和政策的限制。在参加激励性大奖赛时，你的年龄大小、所在行业、工作职位，全都无关紧要；重要的是你思想的质量及其执行效果。这样一来也就意味着，许多受古板的“领导”或自我设限的工会制约的创新思想和解决方案都可以挣脱束缚，更快地变成现实。

改变现有范式。激励性大奖赛有助于改变人们通常公认的范式（或认知模式）。在林德伯格成功飞越大西洋之前，乘坐飞机被认为是冒险者和勇敢者的专属领域。在林德伯格之后，飞机就成了乘客的普通交通工具，而飞行员及其他机组人员也成了一种职业。跨大西洋飞行促成了公众的视角转换，为航空业的诞生和发展铺平了道路。类似地，在安萨里 X 大奖出现之前，太空飞行是政府的专属领域，而现在它却已经成了一个商业领域。

启动一个行业，产生持久的效益和影响。我们在设计激励性大奖赛的时候，一定要争取做到这一点：不使颁奖仪式成为故事的结局，而成为一个全新行业的开端。因此,只鼓励创新是不够的。为了促成造福人类重大突破的产生，必须引导这些创新进入市场。激励性大奖赛的最终目标是解决问题、激发创业，带来一系列新的产品和服务，进而使之成为一个新的产业的支柱。

提供财务杠杆。一个优秀的激励性大奖赛可以轻而易举地撬动比奖金总额大一个乃至几个数量级的投资。创新者和投资者之所以愿意投入远远超过奖金总额的资金，原因有两个：首先，大多数参赛队伍通常都是由乐观主义者组成的。在一开始的时候，他们总是认为自己可以赢得比赛，而且支出必定少于奖金；然后，随着时间的推移，他们会逐步将更大的投资合理化。其次，如果设计得好，那么各参赛队伍可以通过某种后端业务模式，获得投资回报。

创造市场需求。在奥泰格大奖赛之前，根本不存在跨大西洋航班的需求，因为几乎没人相信飞越大西洋是可能的任务。在安萨里 X 大奖之前，普通公众对太空商业飞行的认识也是如此。高超地设计、出色地实施激励性大奖赛，可以创造巨大的市场需求。巨大的市场需求意味着巨大的市场潜力，因而吸引投资也就不在话下了。

吸引新的专家加入，产生跨学科解决方案。真正的突破往往出自本领域专家的知识体系之外。如果设计得当，激励性大奖赛的“可见度”会非常高，从而产生非传统的创新者，并促成原本不怎么可能合作的不同学科学者之间的跨学科合作。

推动监管改革。在某些情况下，一个强大的激励性大奖赛甚至可以推动政府基本政策的改变，这有助于明确监管与竞争之间的关系。确实，大量的报道、狂热的气氛，再加上参赛者的努力，可以形成明显的政治压力，从而促进政府改革其政策。以安萨里 X 大奖为例，激烈的竞争推动 NASA 修改规章，允许我们利用可以重复使用的太空飞行器从事商业性太空飞行业务。

产生灵感、凝聚希望，促进知识领域的冒险。说到底，激励性大奖赛的目的是培养创新精神，并为那些陷入困境和停滞的领域注入希望。如果非传统的参赛队伍敢于承担风险，闯入主要由厌恶风险的“在位者”控制的领域，那么真正的突破就更有可能产生。请读者一定要记住，任何一个突破性想法，在真正实现之前，通常都被人们认为不过是一个疯狂的想法。

根据我对大奖赛的不懈研究，我已经确定了吸引各领域精英组队参赛的 3 大主要动机。对这些动机有了透彻的了解后，你在设计大奖赛时就可以有效地对比赛进行微调，以吸引尽可能多的参赛者。

意义 / 认同。这个地球上“潜伏”着很多人才，他们渴望获得向全世界证明自己的机会。大奖赛，尤其是那些有崇高使命和极高知名度的大奖赛，是获胜者得以迅速成名的极佳机会。

金钱。虽然很多参赛队伍不是为了钱而来参加大奖赛的，但是在许多情况下，金钱确实可以成为一种强大的动力。保罗·麦克格雷迪（Paul MacCready）博士的情况就是这样。他设计和制造了蛛丝神鹰号（Gossamer Condor），这是有史以来第一架成功飞行的人力飞机，它在相隔半公里的两个标记之间飞出了一个“8”形。麦克格雷迪参加这场比赛的主要动机就是，赢得 5 万英镑的奖金，以便还清个人债务。

对现状的不满。在许多情况下，例如在温迪·施密特石油清理 X 挑战赛中，参赛者们决定参赛的主要原因是：他们对现状非常不满，并希望自己能够帮助人们解决一些问题。而大奖赛可以给他们一个明确的“靶子”，让他们在发泄自己的不满的同时取得成功。

哪些情况下大奖赛最有意义?

当然，激励性大奖赛也不是万试万灵的灵丹妙药。许多重大挑战太过复杂，无法用这种方法来解决；另外，有些问题需要参赛队伍投入太多的成本。根据我的经验，当下列情况出现了一种或多种时，激励性大奖赛是最有意义的。

你对你的目标已经有了一个清晰的理解，但是你不知道实现它的方法。以安萨里 X 大奖为例，我很清楚，我想要的是这样一艘宇宙飞船：它可以载着消费者飞到距离地球表面 100 千米外的太空中，而且可以重复使用；我不清楚的是（我可能也不关心），它需要用什么类型的推进系统、登陆系统或它需要用什么燃料。

你有一个足够大的创新者群体可以利用。你应该希望创新者来自全球各地，要是只允许少数“天才”参加比赛，效果肯定会比较差。温迪·施密特石油清理 X 挑战赛吸引了来自世界各地的 350 个团队。如果我们规定，只有大学生才能参加比赛，那么可能永远不会达到预期的目标。

只需要一个小团队就能够解决挑战。你的问题应该是通过让一些规模相当小的团队相互竞争就可以解决的。在美国国防高级研究计划局无人驾驶汽车挑战赛中，获胜者是来自斯坦福大学的几个研究生。在安萨里 X 大奖中，获胜者是由缩尺复合体公司（Scaled Composites）的 30 位工程师组成的一个团队。如果需要组建更大的团队来参赛，那么就可能会面临很难克服的资金和管理问题。

你可以灵活安排时间，而且对解决方案的类型、获胜者的选择都有很大的弹性。在利用激励性大奖赛来寻找解决方案的时候，你确实放弃了对比赛一定的控制权，这是换取那些“非传统”参赛者可能会做出的意想不到的突破的需要。如果你设定的范围太狭隘，例如，指定必须使用哪些技术、规定哪些领域的人才有资格参赛，那么你获得你希望得到的结果的机会就会降低。

在谁最终拥有参赛作品的知识产权这个问题上，你也处于主动地位。在下文，我们将更细致地讨论与知识产权相关的问题。截至目前，在大多数 X 大奖中，知识产权都由获胜参赛队伍保留，因为提供赞助的公司或慈善家的目标在于提升自己的公共形象，并给世界带来真正意义上的改变。但是，在英雄 X 平台上却不一定。在某些大奖赛中，赞助者可能拥有最终的知识产权。

设计大奖赛的 15 个关键参数

当你在设计你自己的激励性大奖赛时，或者，利用英雄 X 举办大奖赛时，你应该细致地考虑一下如下 15 个关键参数。

简单的、可度量的、客观的规则。当你创办一个大奖赛时，你一定要为之制定简单的、可度量的、客观的规则，你划定的终点线也必须非常清晰，以保证奖金的最终归属明确无误。以奥泰格大奖赛为例，它的规则是“在纽约和巴黎之间完成直飞”；而在安萨里 X 大奖赛中，规则可以简单地表述为，“用同一艘载 3 人的宇宙飞船，飞到海拔 100 千米的太空，且必须在两个星期内完成两次飞行”。当然，具体的细则无疑要复杂得多，但是，任何一个优秀的大奖赛，它的规则都必定是很容易解释和理解的。

定义问题，而不要去定义解决方案。大奖赛的规则应该定义的是要解决的问题，而不是用来解决问题的方案。例如，在安萨里 X 大奖赛的规则中，我们根本没有提及运载火箭的细节（推进系统、着陆方法，等等）。唯一的目标就是让 3 个人在两个星期内到海拔 100 千米的太空与地球之间往返两次。其结果是，在竞争中涌现出了十几个别出心裁的解决方法。

选择一个合适的赛制结构。激励性大奖赛可以采取很多种不同的赛制结构。下面列出了一些值得考虑的选项，你不妨从中找出一个最适合你的：

最先抵达终点者胜。在这种赛制下，最终实现了既定目标的那支参赛队伍赢得奖金。

在最后期限前最先抵达终点者胜。我们的安萨里 X 大奖赛就采取了这种赛制：在 2004 年 12 月 31 日之前，第一个在一个星期内两次飞到 100 千米高度的人可以获得 1 000 万美元奖金。

同场竞技。这种赛制与奥运会最相似。比赛在某个事先确定的日期举行，所有参赛队伍面对面竞争，表现最优异者赢得奖金。

绩效有最低要求的同场竞技。温迪·施密特石油清理 X 挑战赛采取的就是这种赛制：各参赛队伍携带自己的装备，到同一个地点同场竞技，表现最好的参赛队伍（同时必须高于最低标准，即每分钟清理 2 500 加仑石油）赢得比赛。

解决市场失灵问题。在需要重新启动一个已经被“死锁”住了的行业，或者开拓一个新市场的时候，激励性大奖赛可以大显身手。因此，大奖赛应该致力于解决那些由于市场失灵而无法解决的问题。以下是各种类型的市场失灵的常见例子：

- 人们认为某个问题是不可能得到解决的。当然，这是一种误解；机构和公众都可能有这种误解。
- 某个问题已经被污名化了，人人避而远之，甚至连尝试着去解决它的人都没有。
- 顽固的在位企业或工会阻碍了公平竞争，使行业变革和技术转型无法实现。
- 虽然亟须解决的问题很重要，但是却没有奖金流入作为激励。
- 监管机构阻止创新的出现。

目标应该既是大胆冒险的，同时又是可以实现的，在两者之间取得平衡。大奖赛的目标必须是足够大胆的，这样才能鼓舞人心（即必须有一个使命）。但是与此同时，它又不能过于困难；也就是说，它不应该是无法实现的。例如，当我最初宣布安萨里 X 大奖赛的目标是实现距离地球表面 100 千米的亚轨道飞行时，许多人都对此提出了批评，他们认为应该把目标设定为实现地球轨道上的私人飞行。如果真的以此为目标，那么肯定无人能够摘得这个大奖（因为从所需能量的角度来看，地球轨道飞行的难度要比海拔 100 千米上的亚轨道飞行高 50 倍）。换句话说，实现亚轨道飞行这个目标就已经是足够大胆的了，而且它也是可以实现的。我们没有必要再进一步要求参赛者彻底颠覆原有的范式。

奖金的高低。奖金的数目可大可小；X 大奖赛的奖金通常介于 200 万美元到 3 000 万美元之间。而英雄 X 挑战赛的奖金则大致介于 10 万美元至 100 万美元之间。奖金数目大小的设定取决于一系列因素：推动参赛者大胆创新所需要的激励、后端市场的价值、参赛需要付出的最低成本（即估计一下，参赛者的支出最低可能是多少）、公众对问题重要性的感知，以及赞助者（公司或个人）所期望的效果（他们是不是要求“有史以来最大的”）。如果激励性大奖赛有一个后端业务模式，使参赛者能够收回投资的话，那么他们愿意付出的总投入通常会比奖金高得多。设置高额奖金（例如，1 000 万甚至更高的奖金）的目的是，通过媒体报道制造轰动效应，从而提高问题的可见度，并吸引非传统参赛者。

让媒体全程关注。一个设计得很好的激励性大奖赛，必定包括一个非常有效的竞争架构，因而能够一直吸引媒体的注意力，使大奖赛自始至终都成为公众关注的焦点。这种持续的关注能够吸引出资人、有助于我们创建社群，并可以带来我们所期待的思维方式的变化。例如，在安萨里 X 大奖赛中，参赛者需要在两周内完成两次飞行，这样他们的曝光机会就比只需要在某一天完成一次飞行更高。好的设计能够让比赛从头到尾都保持极高的活力。

漂亮的、“镜头感十足”的闭幕式。大奖赛的闭幕式应该是“镜头感十足”的。这就是说，如果有一个非常完美的、非常有视觉冲击力的闭幕式，将有助于促进媒体对比赛加倍关注，而这反过来又会推动各参赛队伍为了赢得桂冠，而投入更多的时间和金钱（因为每个人都想出名）。一个完美的闭幕式还能够进一步推动媒体对此进行纵深报道，进而“教育”公众，使他们对大奖赛所带来的变化有更加深刻的理解。

设置多重大奖和“特别奖”。设置多重大奖（例如，除了第一名之外，第二名和第三名也可以获奖）和“特别奖”，不仅可以吸引更多的参赛队伍，而且可以推动各参赛队伍更加积极地尝试不同的解决方法。如果第二名、第三名也可以获奖，那么即使已经出现了一个超级强大的“领跑者”，其他参赛队伍也会继续努力，甚至在获得第一名的队伍赢得了大奖后，其他队伍仍然可以继续参赛。因此，设置多重大奖和“特别奖”也可以延长比赛的时间，从而增加推动范式变迁的可能性。

在“超级可信度之线”之上启动。在第一次公开宣布你将举办激励性大奖赛的时候，你应该采取一种可见度极高的、比“超级可信”还要可信的方式。这就是说，你必须在“超级可信度之线”之上启动你的大奖赛。启动仪式应该争取最大限度的媒体曝光，在保证大奖赛和赞助者得到适当宣传的同时，还要确保公众和参赛者从一开始就认真对待大奖赛。如果处理得当，一个位于“超级可信度之线”之上的启动仪式，可以使公众对参赛者的看法发生根本性的变化，即从“他们怎么可能做到？”变为“他们什么时候能做到？最终谁能够胜出？”。还有一点也非常重要：在启动仪式上，一定要请一些知名人士来充当“代言人”（他们可以分享一定的“声誉股权”），还应该请一些准备组队参赛的人参加仪式。

全球参与／向所有人开放。最好的激励性大奖赛必定是全球性的。如果能够保证合格的参赛队伍最广泛的代表性——无论是年龄、还是学历，抑或是经验都不会构成任何障碍，那么也就最大限度地提高了你通过大奖赛获得突破性成果的机会。换句话说，不要试图去预测解决方案将来自哪个（些）专家或哪个（些）领域。在这个方面的一个反例是，在英国议会举办的经度奖中，占据了评奖委员会多数席位的来自英国海军的代表们认为，大奖得主只可能来自“仰望星空”的天文学家；这种“先入之见”甚至导致了这样的后果：当钟表匠约翰·哈里森成功地解决了这个问题之后，在差不多10年的时间内一直无法领到奖金。

设定合理的时间表和最后期限。大奖赛持续的时间长短应该是一个比赛难度的函数。通常而言，奖金较低、规模较小的“英雄X挑战赛”的赛程大约为半年到一年，而奖金更高（1 000万美元及以上）、规模更大的X大奖赛的赛程则大约为3至8年。合理的赛程，再加上一个恰当的最后期限，可以促使参赛者一直“加速推进”。以安萨里X大奖赛为例，它是在1996年5月份推出的，总共持续了8年；当大奖最终名花有主时，距离2004年12月31日的最终期限已经不到3个月了。

合理规定谁将拥有知识产权和媒体权利。一般来说，在X大奖赛中，参赛队伍保留知识产权，而相关的媒体权利则归X大奖基金会所有。但是并非必须如此。在其他的大奖赛或挑战赛中，也可以规定公众可以随意利用知识产权，或者规定部分知识产权归赞助者所有（或授权给赞助者）。如果赞助商通过提供奖金来换取知识产权，那么这就是一个商业性的比赛。如果知识产权归参赛队伍所有或者开放给公众，那么这就是一个慈善性的比赛，奖金通常是免税的。因此概括起来，知识产权的归属有以下4种情况：

- 慈善性比赛，获胜者保留知识产权。
- 慈善性比赛，知识产权向公众开放。
- 商业性比赛，知识产权归发放奖金的赞助商所有。
- 商业性比赛，知识产权授权给发放奖金的赞助商（或者，与发放奖金的赞助商共享）。

在设计大奖赛的时候，把后端业务模式整合进来。最理想的大奖赛应该是这样设计的：提供后端业务机会，让各参赛队伍有机会弥补参赛成本。例如，在安萨里X大奖赛中，我们规定参赛者必须使用可以乘坐三人的宇宙飞船，而不是只能搭载一个人的宇宙飞船，从而开启太空旅游的可能性。事实上，这等于是创造了一种商业模式，这样一来，各参赛队伍不但更加容易筹集到资金，而且还愿意进一步加大投入资金（其投入总额远远超出了奖金总额）。当大奖赛结束、大奖名花有主后，公众的关注和媒体的造势将带动大量投资，使新技术迅速投入应用。而且市场也能快速接受这些技术及资金，从而催生出一个全新的产业，这样也就彻底解决了长期以来市场失灵的问题。这正是我们举办大奖赛的初衷。

制定最终的规则。这些规则是一个激励性大奖赛的DNA，它们将决定大奖赛的成败及其长期有效性。如果你制定的规则在技术或政治/社会条件发生改变时会变得无效，那么它们就是有问题的。如果规则显得很稚嫩或者很容易被打破，那么它就会一事无成，甚至导致完全负面的结果。在这个方面，一个很好的例子是由诺贝尔奖获得者理查德·费曼（Richard Feynman）设立的两个奖项。1959 年，在诺贝尔奖获奖演说中，费曼指出“在小尺度上仍有大量的空间”，并设立了两个奖金各为 1 000 美元的奖项，分别奖励给第一个制造出能够放入一个 1 立方毫米的立方体内的电机，以及第一次能够将一本书缩小 2.5 万倍复制到另一个载体上的人。他在制定第一个奖项的规则时显然考虑不周，因为他的目标是推动纳米技术，而他收到的却是一名能干的研究生利用精细的工匠技能和常规工具（珠宝镊子和显微镜）制造出来的一个电机。费曼为之支付了奖金，但是他的目标显然没有达到。后来，到了 1985 年，汤姆·纽曼（Tom Newman），斯坦福大学的一名研究生，因为成功地把狄更斯的《双城记》的第一段缩小了 2.5 万倍，而获得了费曼的第二个奖。

如今，X 大奖基金会在思考“根本目标”上花费的时间是最多的。问题的关键在于，如何实现一个目标，而无须指定确切的过程，同时避免“虚假的胜利”（例如，像那种利用传统工具、传统方法制造出来的微型电机）。在每一个大奖赛开始的时候，我们都会先提出一组规则草案，然后公开征求意见；我们还会与各参赛队伍就比赛规则进行深度交流。在 8 个月后，关于这个大奖赛的最终规则才会正式出台。在太空船一号的揭幕仪式上，伯特·鲁坦指出，“这个 X 大奖赛的规则是在 1996 年就宣布的，可是到了 8 年后的今天仍然有效，这是一个弥足惊人的成就”。这是我们一个非常重要的经验。

设计和启动大奖赛的 7 个关键步骤

考虑了所有上述因素后，你就可以开始着手设计和启动你自己的大奖赛了。你可以在英雄 X 平台的帮助下来完成这个任务，也可以完全凭借自己的力量来完成这个任务。具体的步骤见图 13-2。

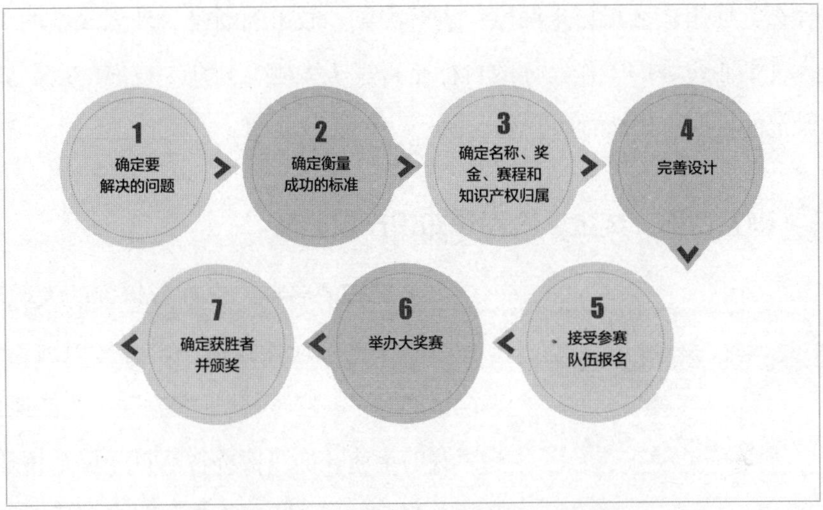

图 13-2　设计和启动大奖赛的 7 个关键步骤

步骤一 确定要解决的问题

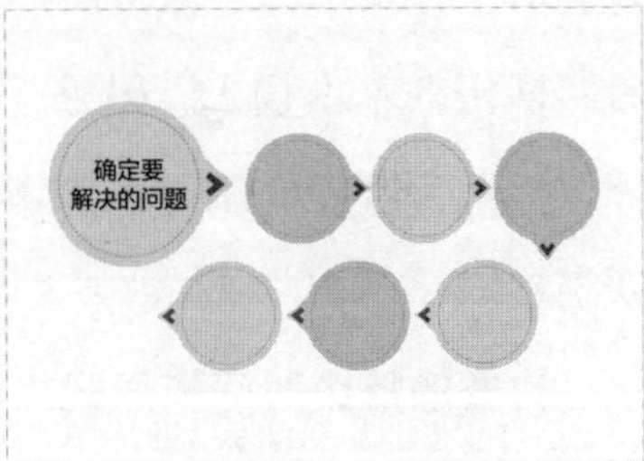

找出问题的关键。是什么问题让你彻夜难眠？它可能是技术方面的、社会方面的，也可能是市场方面的。你试图通过大奖赛改变的东西是什么？大奖赛结束之后世界将会有什么不同？把阻碍进步的市场失灵现象找出来，然后层层剖析，确定关键的核心。在这个阶段，你需要确定自己专注于解决什么问题（或问题的哪些部分）。

步骤二 确定衡量成功的标准

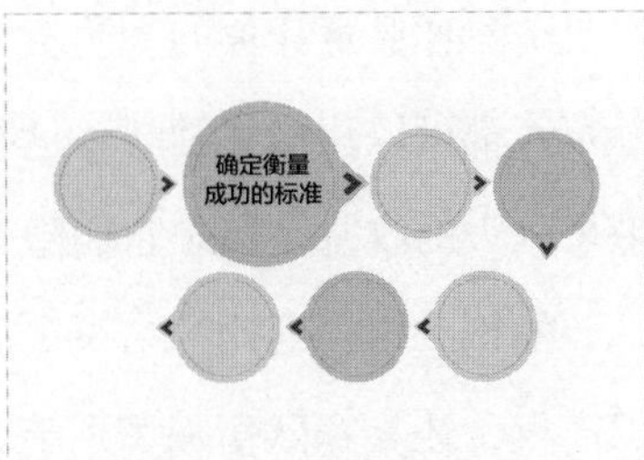

你的下一个步骤是将“成功的”关键性质全都界定得一清二楚。你希望各参赛队伍通过参加比赛实现什么东西？你要设定一条什么样的“终点线”？你要测度的成功的指标是什么？你用什么指标来测度？进行测试、做出判断是一件无成本的工作，还是一件烦心费力的工作？你的目标是否过于大胆？公众（或你的社群成员）对你设定的目标有什么看法？

步骤三 确定名称、奖金、赛程和知识产权归属

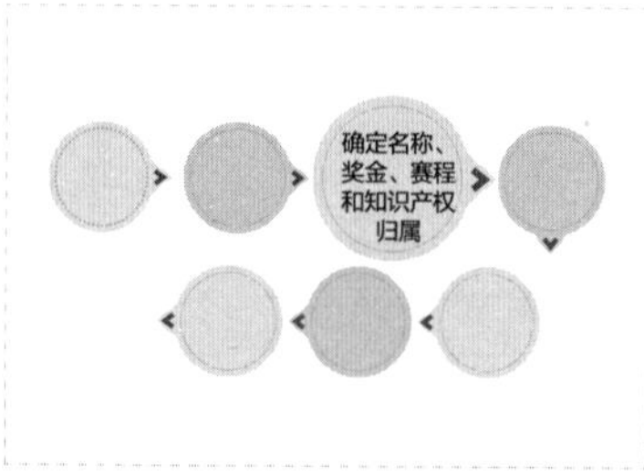

大奖赛的名称。你准备给你的大奖赛取什么名字？你应该找到一个容易识别、容易记忆的名字，它最好既“酷炫”，又能抓住大奖赛的本质，而且能够像病毒一般地传播。

奖金。你设定的大奖的金额有多大？解决问题方法的价值又有多大？我们的目标是，奖金数目必须大到足以吸引创新者，但是又不能过大，以免把原有的在位者也吸引进来（其目标是保护弱势群体）。奖金通常应当足以弥补志在创新的参赛队伍的基本投入。另外，如果你缺少资金，那么众筹将是一个可行的选择。但是，你必须有一个适当的名称和使命，这样你的社群成员们才会为之踊跃捐献。

比赛的持续时间和形式。大多数大奖赛都应该设定一个最后期限（而且，必须保证你可以延期比赛）。因此，你认为要解决问题需要多长时间？请记住，赛程越短，参赛者在短期内承担风险的动能更足；但是，赛程过短可能会使许多潜在的参赛者在一开始就决定不参加比赛。你的大奖赛的最佳赛制结构是什么？第一支完成任务的参赛队伍将获得大奖吗（当然，其成绩必须在最低标准之上）？你愿意让你的大奖赛变成一个年度比赛，这样每一年“成绩”最好的参赛者都可以获得奖励吗（这有点类似于奥运会）？每一种赛制都有可能为你带来巨大的收益，但是它们隐含的成本和要求的运行方式各不相同。

知识产权。当比赛结束之后，谁将拥有成果的知识产权？如果你不拥有知识产权，让参赛队伍保留所有创新成果，那么你可能会吸引更多的参赛队伍。

当然，你也可以要求他们将知识产权许可转让给你，或者开放给公众。

步骤四 完善设计

在正式启动你的大奖赛之前，一定要对其规则进行重新审查。你在优化你的大奖赛设计的时候，以下因素是值得考虑的：

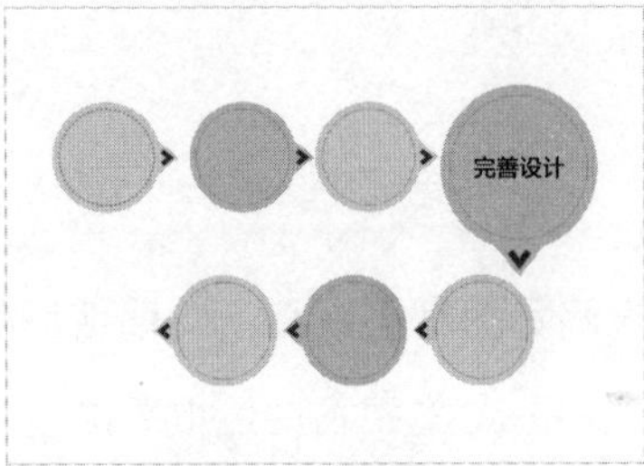

- **一定要保证任何人都很难作弊。**回顾一下我在前面说过的费曼奖的例子，那个研究生用镊子制造了一个微电机，然后赢得了大奖。你能够通过完善你的规则来防止类似的欺骗或“虚假的胜利”吗？
- **再三检查，以确保衡量成功的关键指标是足够客观的、可测量的。**换句话说，要确保你非常清楚如何挑选比赛的赢家。你邀请的“裁判”能够很容易就判定谁胜谁负，还是需要借助于昂贵的、稀奇古怪的特殊设备才可以判断？在启动大奖赛之前把这些问题的答案找出来，日后你就可以避免许多麻烦，节约大量时间。
- **估计相关费用。**你估计整个比赛需要花费多少钱？你能想出一种更加便宜的方法来举办和推广比赛吗？
- 当你向你的朋友解释你的大奖赛的时候，他们是否能够搞清楚一支参赛队伍要怎么做才能赢？你的比赛规则是不是足够清晰，以至于一个孩子在饭桌上就可以将它解释给他的父母听？你是不是设置了便于沟通的在线渠道？
- 大奖赛出现胜利者那一刻的场景是不是非常夺人眼球、能够吸引各大媒体的兴趣？或者，你所精心设计的大奖赛其实不过是一个无聊的比赛（获胜者最终只是用原有的技术以极其微弱的优势取胜）？
- 当你的大奖赛落下帷幕时，获奖技术能够产生你所希望出现的影响吗？它能够解决先前存在的市场失灵吗？它能不能催生一个新的产业？

步骤五 接受参赛队伍报名

你的下一个目标是，在“超级可信度之线”之上启动大奖赛。为此，你得

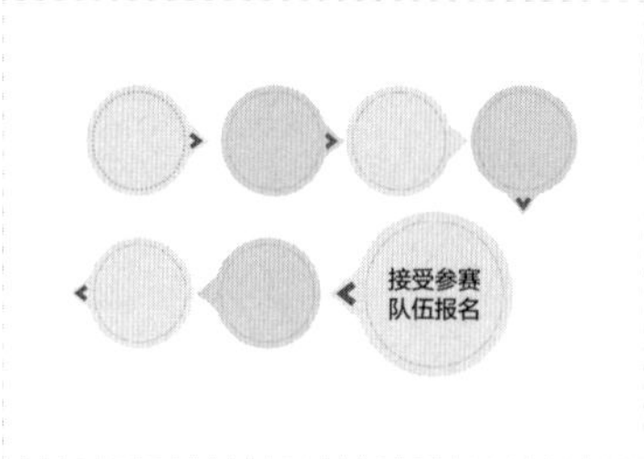

让你的大奖赛成为各大媒体和社交网站热议的焦点。你还得创造便利条件，让潜在的参赛队伍积极报名参赛。你要考虑清楚，你的参赛队伍可能来自哪里：大学、小公司、你的员工、你的社群……，总之你得有准确的目标群体定位。请记住，参赛队伍才是一个大奖赛的真正核心。要让他们参与进来，并且尽一切可能满足他们的需求。这是一个大奖赛成功最重要的一环。

步骤六 举办大奖赛

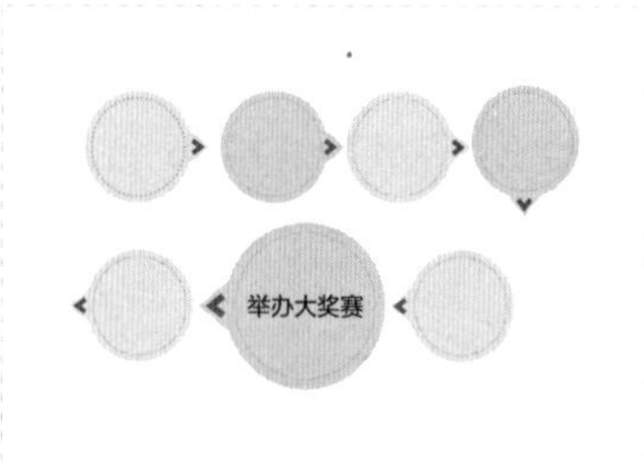

绝大多数人都没有明确地意识到，运行一个激励性的大奖赛绝不是免费的。事实上，运行一个大奖赛的成本往往与这个大奖赛的奖金不相上下。管理赛事、与各参赛队伍交流、处理好相关的法律事务、确保比赛维持一贯的较高水平、维护赛事形象、化解公关危机，所有这些都需要工作人员和时间。整个过程可能延续好几个月甚至几年。请确保你拥有充分的资源应对所有这些挑战。

即使在利用英雄 X 平台来举办大奖赛的情况下（它可以帮助你创造条件，满足上述要求，同时还可以显著地降低运行大奖赛的成本），你要成功地举办一个大奖赛，仍然必须找到许多不同领域的人来助你一臂之力。

法律顾问。要报名参加大奖赛，各参赛队伍都必须签署一份有法律约束力的协议。它描述了大奖赛的规则，并说明了当各种不同的情况发生时，有关各方的权利和义务。根据我的经验，最好的做法是创造一个简单的机制，让所有有兴趣参赛的队伍都能够很方便地表达自己的意见（当然，第一步是要收集他们的联系方式）。然后，你的法律顾问要准备好主协议，让所有参赛者都在上面签名。这份有法律效力的协议规定了，各参赛队伍要想赢得比赛，需要符合什么条件；你保留的权利有哪些，他们保留的权利又有哪些，等等。

大奖赛发言人。任何一个大奖赛都要有一个“代言人”，他不仅应当能够对大奖赛的愿景和使命侃侃而谈，而且当大奖赛面临困难或出现问题时（这种情况随时可能发生），他也应当能举重若轻地将它们化解于无形。

社群和参赛团队经理。这个人能够统一管理社群和参赛团队，使之凝聚为一个强大的整体，因而能够从容应对各种问题，确保比赛产生最大的影响。

裁判。要有一些完全独立的人帮助你确定大奖赛的胜利者，他们就是裁判。

步骤七 确定获胜者并颁奖

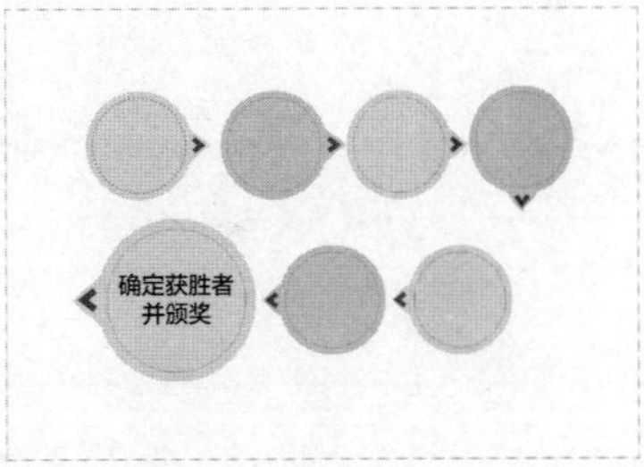

在大奖赛的最后一个阶段中，你得确定哪支参赛队伍可以赢得大奖。在做出最后“裁判”的时候，必须确保你自己、所有的参赛者、媒体和公众都非常明确地了解，哪一支参赛队伍无可争议地赢得了比赛，理由是什么。

接下来是颁发奖金（以及奖杯）的环节。你要利用这个胜利时刻展开进一步的推广活动，一定要让获胜者、赞助者、裁判以及所有人都参与进来。我们的目标是促成有深刻意义的变革，而这只能通过增加比赛的曝光度来完成。要让所有人都知道，一个原先看似完全不可能解决的问题，现在已经可以被解决了。我们在前面一再强调过，一个镜头感十足的闭幕式非常重要，原因也就在这里。

结语

拥抱富足的指数时代

在过去的几年中，我已经确定了自己的核心目标。经过多次迭代和试错，我终于发现，最令我快乐的事情是：帮助创业者，让他们在创造非凡财富的同时创造一个富足的世界。这个核心目标源于我的以下认识：这个世界面对的最大问题，就是这个世界最大的商机。这些问题是不折不扣的现代金矿。问题越大，其价值越大，解决问题的方法也就越重要。

令人欣喜的是，到了今天，在我们这个星球上能够挖掘这个金矿、解决这类挑战的人的数量在迅速激增。几百年前，这样的活动是王室的专属领域。甚至直到几十年前，它们仍然只属于各国政府的领导人和跨国公司的负责人。但是现在，几乎任何一个有激情的人都有可能为这个世界带来真正的变化。

本书的核心要旨也就体现在这里。我们在本书的第一部分讨论的各种指数型技术给了我们能够做出彻底改变的物理工具，第二部分描述的各种心理策略则为我们构筑了成功的精神框架，而第三部分阐述的各种利用大众力量的指数型工具则可以帮助我们获得冲过终点所需要的所有其他额外资源（人才、资金，等等）。

这里最重要的一点是：富足绝不是一个技术乌托邦式的愿景。仅仅凭借技术本身，并不会给我们带来一个美好的世界。一切都依靠你我的共同努力。为了使这个美好的愿望变成现实，需要我们进行广泛的合作——这无疑将成为有史以来最大规模的合作。换句话说，未来是光明的，前景是美好的，但是，接下来会发生什么事情，则取决于我们自己。

这也就带出了我最后的一些思考。在《富足》一书的结尾，我和科特勒讨论了“指数型技术的危险”。而在这里，我们将把注意力转向领导力，以此来结束本书。领导力无疑是一个极端重要的问题。

> 业界重要的创新领袖、德勤咨询公司的马库斯·辛格勒茨曾经这样分析领导力的重要性：“即将到来的指数时代将把各种足以改变游戏规则的技术放到每个人的手中。这可能会引导我们人类走上富足的道路，但是另一方面，它也可能会导致财富和权力高度集中在少数人手中。对于未来的动荡时代，我们必须提早做好准备；为此，我们迫切希望不会被这种绝对权力腐蚀的新生代道德领袖们尽快涌现出来。”

辛格勒茨对于新一代道德领袖的呼吁无疑是非常及时的。我们这本书讨论的是无所畏惧的创业精神，因此，在本书的结尾部分，我们还要呼吁无所畏惧的领导力。

大多数恶行都发生在阴暗的地方。在没有受到监督的情况下，独裁者和暴君可以随心所欲地压迫妇女、儿童和少数民族。但是，到了未来的指数时代，将会出现数以万亿计的传感器，还有无数的无人机、卫星和监控设备，因此“总是会有人看到”。虽然这会引发人们对于隐私权的严重关切，但同时也为我们提供了结束压迫的契机。这也许是新一代全球道德领袖登上历史舞台的开端。

谁将成为未来指数时代的马丁·路德·金和圣雄甘地？历史经验告诉我们，像他们这样的道德领袖是极其罕见的，而且当他们刚刚出现时，世俗的人往往会低估他们。也许，这样的领袖会从虚拟世界中涌现出来，或者从众包的竞争中脱颖而出；甚至，他们会以仁慈而无所不能的人工智能的形式出现。这些可能性中无论哪一种最终成为现实，都将是史无前例的。当然，这样的领袖也可能仍然像历史上那样，从极少数关爱他人、忧心世界的公民当中成长起来。他们的目光更远大、希冀更深沉，一贯尽心尽力地弥合现在把我们分割得四分五裂的巨大裂痕，并为此心甘情愿地忍受漫长而孤独的时光。

无论如何，有一件事是可以肯定的，正如伏尔泰的不朽名言所云："能力越大，责任就越大。"（斯坦·李在《蜘蛛侠》一片中也引用了这句名言）我们每个人，不管我们喜欢与否，现在都已经收获了"大能力"。这意味着我们现在已经拥有了解决我们这个星球的重大挑战、创造一个富足世界所需要的能力。但是与此同时，这也就意味着我们必须战胜一切古老的坏习惯。贪婪、恐惧、奴役、残酷、暴虐，所有这些诅咒能否真的失去了其用武之地？

请读者仔细想想，我们今天已经走到了哪一步。有个栖身之所是我们人类最古老的需求之一，但是现在我们已经可以用 3D 打印技术，在一天之内就为 10 个家庭打印出他们满意的住宅了；卫生保健是另一个人类最古老的需求，而在未来 5 年内，我们将能利用人工智能来诊疗疾病，从而实现每个人都保持身体健康的目标；我们一直恨不能"手可摘星辰"，长期以来，我们只能满足于"仰望星空"，感叹宇宙之奇美，但是在未来 10 年内，我们就可以实现在小行星上开采矿产的愿望。毫无疑问，我们人类是一个天生就勇往直前的物种。但是，人类以往的历史也告诉我们，如果没有无所畏惧的领导力引领我们开拓进取，那么我们也可能陷入最糟糕的决策沙漠中不可自拔，甚至永世不得超生。

相邻可能（adjacent possible）是由理论生物学家斯图亚特·考夫曼（Stuart Kauffman）创造的一个非常精妙的术语。每个新的发现都可以解锁无数的路径，而在一个简单的新观念当中则可能隐藏着丰富的世界。富足就是这样一个简单的观念。富足的时代已经到来。一切都取决于我们能否勇往直前，去打开这种相邻可能，发挥指数时代的全部潜力。我们人类岂可辜负这个时代？

译者后记

本书是《富足》一书的姊妹篇。

事实上，在《富足》一书出版之后，简学老师就告诉我，彼得·戴曼迪斯和史蒂芬·科特勒正在写下一本书，而且邀请我继续翻译，他说的书就是现在这本《创业无畏》。《富足》告诉我们，未来比我们想象的还要更加美好；《创业无畏》则为我们提供了创造富足世界的“路线图”。

当然，本书也不仅仅是一本路线图。贯穿全书的，是一种理性乐观精神。我们这个世界正面临着无数重大挑战，但是正如戴曼迪斯一再强调的，我们所面对的最大的问题，也就是我们最大的商机。

未来将是一个指数时代，让我们从《创业无畏》这本书中学会指数思维吧！无论你是不是打算创业，阅读本书都会让你获益匪浅。

翻译本书是一个非常美妙的智识经历（或许也是“指数级”的？），但是要把作者的知识、经验和理性乐观主义精神转达给读者，也是一个很大的挑战。以往，曾经有读者告诉我，“你的翻译还是相当流畅的”。这也许不算夸奖，但是我深知，译文如果不能“流畅”，那么无疑会使读者的阅读体验大打折扣。

在做到“译文流畅”这一点上，我的妻子傅瑞蓉给了我非常大的帮助。她仔细地阅读了全稿，纠正了很多错误。当然还要感谢儿子贾岚晴，他现在已经认识了很多字，也会在旁边提出意见了；他的成长和进步，无疑也是指数级的。这才是我最大的快乐。

感谢汪丁丁教授、叶航教授和罗卫东教授的教诲。感谢何永勤、虞伟华、余仲望、鲍玮玮、傅晓燕、陈叶烽、李晓玲、何志星等好友的帮助。感谢岳父傅美峰、岳母蒋仁娟对我儿子的悉心照顾。

限于译者水平，书中定有不足之处，敬请读者批评指正！

贾拥民于杭州

未来，属于终身学习者

我这辈子遇到的聪明人（来自各行各业的聪明人）没有不每天阅读的——没有，一个都没有。巴菲特读书之多，我读书之多，可能会让你感到吃惊。孩子们都笑话我。他们觉得我是一本长了两条腿的书。

——查理·芒格

互联网改变了信息连接的方式；指数型技术在迅速颠覆着现有的商业世界；人工智能已经开始抢占人类的工作岗位……

未来，到底需要什么样的人才？

改变命运唯一的策略是你要变成终身学习者。未来世界将不再需要单一的技能型人才，而是需要具备完善的知识结构、极强逻辑思考力和高感知力的复合型人才。优秀的人往往通过阅读建立足够强大的抽象思维能力，获得异于众人的思考和整合能力。未来，将属于终身学习者！而阅读必定和终身学习形影不离。

很多人读书，追求的是干货，寻求的是立刻行之有效的解决方案。其实这是一种留在舒适区的阅读方法。在这个充满不确定性的年代，答案不会简单地出现在书里，因为生活根本就没有标准确切的答案，你也不能期望过去的经验能解决未来的问题。

湛庐阅读App：与最聪明的人共同进化

有人常常把成本支出的焦点放在书价上，把读完一本书当作阅读的终结。其实不然。

时间是读者付出的最大阅读成本

怎么读是读者面临的最大阅读障碍

“读书破万卷”不仅仅在“万”，更重要的是在“破”！

现在，我们构建了全新的“湛庐阅读”App。它将成为你“破万卷”的新居所。在这里：

- 不用考虑读什么，你可以便捷找到纸书、有声书和各种声音产品；
- 你可以学会怎么读，你将发现集泛读、通读、精读于一体的阅读解决方案；
- 你会与作者、译者、专家、推荐人和阅读教练相遇，他们是优质思想的发源地；
- 你会与优秀的读者和终身学习者为伍，他们对阅读和学习有着持久的热情和源源不绝的内驱力。

从单一到复合，从知道到精通，从理解到创造，湛庐希望建立一个“与最聪明的人共同进化”的社区，成为人类先进思想交汇的聚集地，与你共同迎接未来。

与此同时，我们希望能够重新定义你的学习场景，让你随时随地收获有内容、有价值的思想，通过阅读实现终身学习。这是我们的使命和价值。

湛庐阅读App玩转指南

湛庐阅读App结构图：

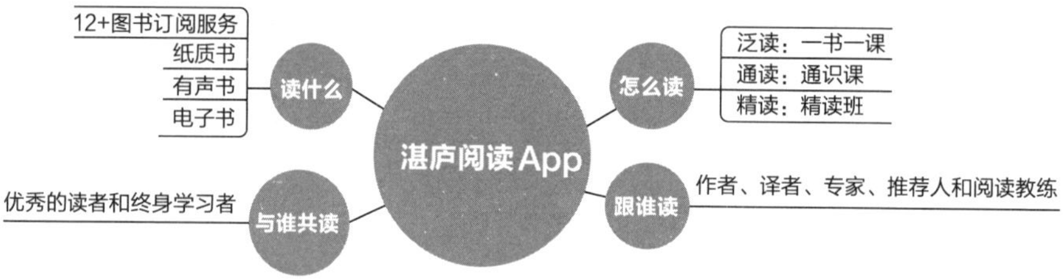

三步玩转湛庐阅读App：

App获取方式：

安卓用户前往各大应用市场、苹果用户前往App Store
直接下载“湛庐阅读”App，与最聪明的人共同进化！

使用App扫一扫功能，
遇见书里书外更大的世界！

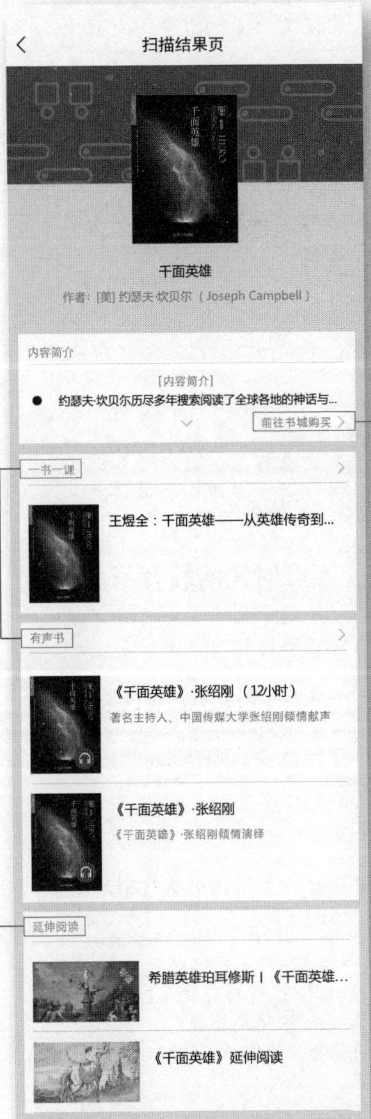

快速了解本书内容，
湛庐千册图书一键购买！

大咖优质课、
献声朗读全本一键了解，
为你读书、讲书、拆书！

你想知道的彩蛋
和本书更多知识、资讯，
尽在延伸阅读！

湛庐CHEERS

延伸阅读

《富足：改变人类未来的 4 大力量》

使用"湛庐阅读"App，"扫一扫"获取本书更多精彩内容。

ISBN 978-7-213-07655-8

◎ X 大奖创始人、奇点大学执行主席彼得·戴曼迪斯震撼之作。

◎ 指数级增长的技术、"DIY"创新者、科技慈善家和崛起中的 10 亿人是实现人类富足的 4 大力量，未来比我们想象的更美好。

◎ 海尔集团董事局主席兼首席执行官张瑞敏、大自然保护协会北亚区总干事长张醒生、阿里巴巴集团副总裁兼高级研究员梁春晓、《罗辑思维》主讲人罗振宇、特斯拉公司首席执行官埃隆·马斯克、谷歌公司工程总监雷·库兹韦尔等联袂推荐。

◎ 李嘉诚案头最显眼的重磅著作，政府、行业和企业家通向未来的战略路线图。

《指数型组织》

使用"湛庐阅读"App，"扫一扫"获取本书更多精彩内容。

ISBN 978-7-213-06921-5

◎ 奇点大学创始执行理事、奇点大学全球大使萨利姆·伊斯梅尔重磅新书！

◎ 海尔集团董事局主席张瑞敏、清华大学教授陈劲、北京大学新闻与传播学院教授胡泳、奇点大学执行主席，X 大奖创始人彼得·戴曼迪斯、谷歌公司工程总监，奇点大学校长雷·库兹韦尔、德勤领先创新中心联合董事长约翰·哈格尔三世联袂推荐。

《翻转课堂的可汗学院：互联时代的教育革命》

使用"湛庐阅读"App，"扫一扫"获取本书更多精彩内容。

ISBN 978-7-213-06048-9

◎ 可汗学院创始人萨尔曼·可汗阐述属于未来的教育理念——让地球上的任何人都能随时随地享受世界一流的免费教育！

◎ 免费、灵活、适合个体、全球共享的教育即将到来！

◎ 当教育没有了贫富之分，课堂没有了年龄之别，实习没有了假期之限，当学生开始为自己的兴趣和未来而学习，教育才能最终达成其目标。

《合作的财富》

使用"湛庐阅读"App，"扫一扫"获取本书更多精彩内容。

ISBN 978-7-213-08523-9

◎ 腾讯公司社交网络事业群总裁、集团高级执行副总裁汤道生，北京大学新闻与传播学院教授、洞察中国社会数字化进程先行者胡泳，浙江大学经济学教授、浙江大学跨学科社会科学研究中心主任叶航，互联网革命伟大的思考者、畅销书《人人时代》《认知盈余》《小米之道》作者克莱·舍基联袂推荐！

◎ 在普遍信仰"人性自私"的社会，为你解构获取合作红利的制胜法宝！

图书在版编目（CIP）数据

创业无畏：指数级成长路线图 /（美）彼得·戴曼迪斯，史蒂芬·科特勒著；贾拥民译 .—杭州：浙江人民出版社，2015.8（2021.1重印）

ISBN 978-7-213-06780-8

Ⅰ.①创…　Ⅱ.①戴…　②科…　③贾…　Ⅲ.①企业管理　Ⅳ.①F270

中国版本图书馆 CIP 数据核字（2015）第 145319 号

浙江省版权局
著作权合同登记章
图 字：11-2015-39 号

上架指导：趋势 / 创新管理 / 经营管理

创业无畏：指数级成长路线图

作　　者：［美］彼得·戴曼迪斯　史蒂芬·科特勒　著
译　　者：贾拥民　译
出版发行：浙江人民出版社（杭州体育场路347号　邮编　310006）
市场部电话：（0571）85061682　85176516
集团网址：浙江出版联合集团　http://www.zjcb.com
责任编辑：朱丽芳
责任校对：张谷年　鞠　朗
印　　刷：唐山富达印务有限公司
开　　本：720mm ×965 mm 1/16　　**印　　张**：22
字　　数：29.5万　　**插　　页**：3
版　　次：2015年8月第1版　　**印　　次**：2021年1月第6次印刷
书　　号：ISBN 978-7-213-06780-8
定　　价：69.90元

如发现印装质量问题，影响阅读，请与市场部联系调换。